本书为清华大学文化传承创新基金项目"中国与欧盟关系发展研

中欧文化外交及影响

张利华　主　编

王　亮　副主编

知识产权出版社

全国百佳图书出版单位

图书在版编目（CIP）数据

中欧文化外交及影响/张利华主编. —北京：知识产权出版社，2014.7
ISBN 978 - 7 - 5130 - 0401 - 5

Ⅰ.①中… Ⅱ.①张… Ⅲ.①文化交流—研究—中国欧洲 Ⅳ.①G125②G150.5

中国版本图书馆 CIP 数据核字（2014）第 073455 号

内容提要

本书主要研究中国与欧盟及欧洲国家开展的文化外交。在明确界定文化外交的内涵、外延及其功能的基础上，主要研究了欧盟的文化外交战略与政策，欧盟在对外关系中注重采用规范性力量影响国际社会的做法，1989 年以来欧共体暨欧盟对中国运用规范性力量进行人权外交的手段、途径及特点，中国对欧盟开展的文化外交，中国与欧盟成员国英、法、德、意、荷、瑞典、波兰开展的文化外交，中国与欧洲国家瑞士开展的文化外交。研究了中欧文化外交的若干重大项目和案例，如中欧高等教育合作项目对中国学术界的影响，法中合作项目——清华中法研究中心运作机制及其成果，孔子学院在德国和英国的运作机制及其成效，歌德学院在中国的运作机制及其影响。本书研究成果可以为进一步发展中国与欧盟及欧洲国家文化外交提供重要参考。

责任编辑：贺小霞 责任出版：刘译文

中欧文化外交及影响
ZHONGOU WENHUA WAIJIAO JI YINGXIANG

张利华 主 编 王 亮 副主编

出版发行：知识产权出版社 有限责任公司	网 址：http://www.ipph.cn
社 址：北京市海淀区马甸南村 1 号	邮 编：100088
责编电话：010-82000860 转 8129	责编邮箱：HeXiaoXia@cnipr.com
发行电话：010-82000860 转 8101/8102	发行传真：010-82000893/82005070/82000270
印 刷：北京科信印刷有限公司	经 销：各大网上书店、新华书店及相关专业书店
开 本：720mm×1000mm 1/16	印 张：14.75
版 次：2014 年 7 月第 1 版	印 次：2014 年 7 月第 1 次印刷
字 数：234 千字	定 价：48.00 元

ISBN 978-7-5130-0401-5

导　言

　　这是一部专门研究中国与欧盟及欧洲国家开展文化外交的论文集，主要研究中国与欧盟的文化外交，中国与欧盟成员国法、德、英、荷、意、瑞典等国的文化外交，以及中国与欧洲国家瑞士开展的文化外交。

　　文化外交指的是一国政府所从事的对外文化关系的总和，包括一国政府对外文化战略和政策，由政府主办、主导、资助或支持的对外文化交流活动和项目。

　　中国既是一个古老的国家，也是一个现代的国家。中华文明中的"和谐思想"对改革开放以来的中国影响很大，"和谐思想"倡导"和而不同"、和平合作、互利共赢。在中国外交中的体现就是倡导"建设和谐世界"、"睦邻、安邻、富邻"、新安全观，建立新型大国关系等。新中国成立以来，文化外交就伴随着政治外交和经济外交而展开。改革开放以来，中国政府更加重视文化外交，与世界各国的文化外交活动的规模日益扩大，种类逐渐增多。21世纪以来，中国政府已经把文化外交与政治外交、经济外交一起作为国家外交的三大支柱。

　　欧洲联盟是由欧共体转化而来的。欧盟既是"二战"以后欧洲一体化的结晶，也是欧洲人民追求和平与合作的成果。作为主权国家联盟，欧盟不可能运用军事力量在国际社会发挥作用，而更多地依靠经济力量、政治力量和软实力在国际社会发挥影响力。所以，欧盟的性质决定了它必然重视文化外交，重视运用规范性力量。文化外交也是欧盟对外政策的三大支柱之一。

　　1992年以来，中国与欧盟及其成员国的文化外交快速发展，促进了中欧之间的经济关系和政治关系。本书主要研究中国与欧盟及欧洲国家的文化外交，考察其发展进程和状况，归纳其特点，寻找其问题，总结其经验，为中国与欧洲国家今后进一步扩展文化外交提供参考和借鉴。

　　本书内容分为三个部分。第一部分论述了文化外交的内涵以及关于国家文化吸引力的问题。在界定和厘清文化外交和文化吸引力概念和内涵的基础上，研究了欧盟的文化外交战略与政策，欧盟在对外关系中采用规范性力量影响国际社会的做法。还分析了1989年以来欧共体暨欧盟对中国运用规范性力量进行人权外交的手段、途径及特点。提出了中国如何认识和应对欧盟人权外交的建议。

　　第二部分研究了中国与欧盟成员国法国、意大利、荷兰、瑞典、波兰以及非欧盟的欧洲国家瑞士开展的文化外交，梳理现状，归纳特点，分析反响，找出问题，提出今后的改进建议。之所以选择这几个国家为研究对象，主要是从欧洲的地理位置来考虑，在西欧、南欧、北欧、中东欧各选了一两个具有代表性的国家加以研究，还选择了瑞士这样一个非欧盟的中立国加以研究。这样的研究有一定的代表性和典型性。

　　第三部分是对中欧文化外交的几个重大项目和案例的研究。研究了欧盟对中国开展的高等教育合作项目及其对中国学术界的影响，总结了欧盟开展这个项目的成功经验；比较分析了孔子学院在德国的发展以及德国歌德学院在中国发展的经验和问题，着重总结了歌德学院在中国发展的成功经验，提出了改进孔子学院管理机制的建议；考察了孔子学院在英国的运作状况，通过分析英国主要媒体对孔子学院的报道及评价，总结了孔子学院在英国取得的成就和存在的问题。本书还邀请了一位法国人撰写了一篇"法中合作项目——清华中法研究中心的运作与管理"的文章。这位作者在这个中心工作过几年，他用自己的亲身体会和搜集到的第一手资料介绍分析了该中心的运作情况、管理模式、取得的成效和存在的问题。

　　本书的出版对于了解中国与欧洲国家的文化外交及其影响，对中国和欧洲国家今后更好地开展文化外交具有重要的参考价值，同时也对世界各国进一步开展文化外交具有现实意义。

　　由于本项目是一项开拓性的研究，论文集的文章大多是初探性的，所以，书中难免有一些资料遗漏和分析不足之处，欢迎读者批评指正。

张利华

2014 年 3 月于清华园

目 录

第一部分

文化外交及其功能

张利华

第二次世界大战结束以来，世界大多数国家处在长期的和平发展时期。随着经济全球化的加速进行和信息时代的来临，各国越来越重视文化外交，一些国家已经把文化外交与政治外交和经济外交一起列为对外关系的三大支柱。文化外交在国际关系中发挥着越来越重要的作用。国内外学术界也兴起了研究文化与国际关系以及文化外交的热潮。

本书是研究中国与欧洲国家开展文化外交的文集，主要研究中国与欧盟的文化外交，中国与若干欧盟成员国开展的文化外交，还包括中国与非欧盟的欧洲中立国瑞士开展的文化外交。

本文首先探讨文化外交的定义和内涵，并将文化外交与几个相关联的概念进行对比辨析，明确文化外交的内涵和外延，论述文化外交的影响。

一、文化与文化外交

关于文化的概念和内涵，古今中外专家学者有很多界定和阐释，本书不再赘述。

本书所说的文化主要是指精神文化，即人们在精神领域所生产和创造的观念形态的成果，包括自然科学、人文学科、社会科学、世界观、方法论、价值观、宗教、信仰、意识形态、政治文化等。历史实践证明，精神文化在一定共同体范围内可以形成人们的共有观念，如一个国家或地区的文化价值观、民族精神、国民心理等。

精神文化的核心是文化价值观。文化价值观是指一定的共同体的大多数成员共同认同的价值观，也叫主流价值观。如中华传统文化价值观、美国文化价值观、欧盟文化价值观等。对于没有宗教信仰的人来说，价值观可以起到信仰的作用。先进的文化价值观❶在一定的共同体内发挥着凝聚力和吸引力的积极作用。

本书所说的外交是指主权国家的对外战略、政策和行动的总和。这一概念也适用于主权国家联盟如欧盟。外交任务通常由政府领导人、外交部门和官方相关部门及人员来承担和完成。当今时代,外交任务的承担者范围有所扩大,除了政府领导人、官方机构和人员以外,还包括由国家政府委托的非官方专业技术人员来承担和完成。外交通常采用谈判、交涉、对话、交流、协商等和平方式来进行,其目的是执行本国的对外政策,维护本国的国家利益,扩大本国的国际影响。

文化外交指的是国家政府对外文化关系的总和。这一概念也同样适用于主权国家联盟。文化外交包括国家对外文化战略、政策和策略,以及由政府主办、主导、资助或支持的对外文化交流活动和项目。

国家之间零星的文化外交活动古已有之,如中国古代唐朝皇帝李世民曾支持唐玄奘去印度取佛经,为玄奘提供了出使西域的官书,玄奘取经回来后在中国大地传授佛经,讲授佛学;历史上日本政府曾经派大批"遣唐使"到唐朝学习儒家学说和礼仪典章。唐朝盛世时期,都城长安成为世界上最繁华多彩、兼容并包的城市,来自印度、波斯、阿拉伯半岛、叙利亚、日本、高句丽的商人、僧侣和使节活跃于长安的大街小巷,各国使节带来了风情各异的文艺表演和艺术作品。

文化外交的英文词汇是 Cultural Diplomacy,这个词最早是由英国议会创造并收录在 1934 年的《牛津词典》里的。当时英国议会创立了致力于海外英语教学的英国文化委员会,于是便把这种由议会和政府支持的对外语言传播称为文化外交。1935 年 3 月 20 日,伦敦《泰晤士时报》(The Times)刊登英国文化委员会(British Council)成立公告时,曾对文化外交的功能进行了简要的阐述:"致力于推进海外世界对英国语言、文学、艺术、音乐、科学、教育体制和我们国民生活其他方面的了解,从而增进海外世界对英国的好感,保持彼此之间密切的关系。"❷

---

❶ 关于先进文化价值观概念和内涵的论述,详见笔者发表的《论文化价值观的性质与作用》一文,《理论学刊》2013 年第 6 期。

❷ 胡文涛. 解读文化外交:一种学理分析 [J]. 外交评论, 2007 (3): 53.

"'文化外交'的概念最早由美国外交史学家拉尔夫·特纳（Larf Turner）于20世纪40年代所提出，由美国外交史专家弗兰克·宁柯维奇（Frank Ninkovich）进一步加以阐述。"● 宁柯维奇认为："见识深远的政治家总是承认外交同样需要考虑文化价值观，由于这些价值观在形成外交理解力上起着至关重要的作用，因而较之意识形态信仰或抽象的理念更具意义。"文化外交"是国际政治中运用文化影响的特殊政策工具"●。

英国学者 J. M. 米切尔（J. M. Mitchell）在1986年出版了专著《国际文化关系》（International Cultural Relations），他从概念入手分析了文化外交与文化关系和文化宣传之间的异同，全面阐述了文化关系的缘起、发展、组织机构的演变、目标与手段以及作用与效果。● 米切尔认为，实施对外文化关系，可以是私人机构也可以是政府组织，前者为民间的对外文化关系，后者为官方的文化关系，而一国政府所从事的对外文化关系就是文化外交。● 米切尔把官方对外开展的文化活动称为文化外交，比较明确地界定了文化外交的概念。

美国学者约瑟夫·奈在20世纪90年代创造了软实力的概念。他认为，一个国家软实力的资源主要有三种：对外界具有吸引力的文化，在国内和国外都兑现了政治价值观，被视为具有合法性和道德权威的对外政策。● 软实力概念被许多学者运用于文化外交的实践和理论研究，使学术界对文化外交的研究迈上了一个新台阶。

中国第一本比较系统地研究文化外交的专著是李智在2005年出版的《文化外交——一种传播学的解读》，李智在这本书里对文化外交的概念作出了界定。他认为："文化外交是一国政府所从事的对外文化关系的总和，或者说，是以主权国家为主体、对外行使主权的官方文化关系。严格地来定义，文化外交即是以文化传播、交流与沟通为内容所展开的外交，是主权国家利用文化手段达到特定政治目的或对外战略意图的一种外交活动。"●

● 李智. 文化外交——一种传播学的解读［M］. 北京：北京大学出版社，2005：1.

❷ 彭新良. 文化外交与中国的软实力［M］. 北京：外语教学与研究出版社，2008：11.

❸ 胡文涛. 解读文化外交：一种学理分析［J］. 外交评论，2007（3）：51.

❹ 邓显超. 新时期中国文化外交兴起的必然［J］. 攀登，2006（5）：140.

❺ Joseph S. Nye, Jr, Public Diplomacy and Soft Power, Annals of the American Academy of Political and Social Science, Vol. 616, Public Diplomacy in a Changing World（Mar. , 2008），pp. 94－109.

❻ 李智. 文化外交——一种传播学的解读［M］. 北京：北京大学出版社，2005：24.

"文化外交，从历史的角度看，是国家和民族间文化交流发展到一定阶段的政治化产物，同时也是外交活动迈向成熟的标志；而从根本处看，文化外交又是一切外交的基础和内核，一切外交活动都离不开文化外交因素。"❶

前中国文化部副部长孟晓驷从实践的角度说明了文化外交的内涵，她在 2005 年发表的《文化外交的魅力》一文中指出，"'文化外交'可以定义为围绕国家对外关系的工作格局与部属，为达到特定目的，以文化表现形式为载体或手段，在特定时期、针对特定对象开展的国家或国际间公关活动。某项活动是否属于'文化外交'的范畴，可以用四条标准衡量，一、是否有明确的外交目的；二、实施主体是否是官方或受其支持与鼓励；三、是否在特殊的时间针对特殊的对象；四、是否通过文化表现形式开展的公关活动"。❷

彭新良在《文化外交与中国的软实力》一书中指出，文化外交的具体含义是："主权国家以维护本国文化利益及实现国家对外文化战略目标为目的，在一定的对外文化政策指导下，借助包括文化手段在内的一切和平手段所开展的外交活动。"❸彭新良在这部著作中对文化外交的表现形式作出了归纳："文化外交的正向实施形式表现为文化合作，包括文化方面的合作和缘于文化认同上的外交合作。文化外交的反向实施形式表现为文化制裁，它包括以文化为手段的制裁和以文化利益为目标的各种制裁。"❹

中外专家学者虽然从不同的角度各自阐述了文化外交的定义，但是，他们对文化外交的界定有一个基本的共识，即文化外交属于国家对外文化关系范畴。根据这个共识，本书将文化外交界定为一国政府对外文化关系的总和，包括一国政府对外文化战略和政策，由政府主办、主导、资助或支持的对外文化交流活动和项目。这个概念也适用于主权国家联盟如欧盟这样的共同体。

"文化有着人们喜闻乐见、易于接受的丰富表现形式，在满足人们精神享受的同时达到潜移默化的效果。"❺ 文化外交的功能是促进国家之间、人

---

❶ 李智. 文化外交——一种传播学的解读 [M]. 北京：北京大学出版社，2005：23.

❷ 孟晓驷. 文化外交的魅力 [J]. 人民日报，2005－11－11（7）.

❸ 彭新良. 文化外交与中国的软实力 [D]. 北京：外语教学与研究出版社，2008：76.

❹ 同上，78－79.

❺ 孟晓驷. 文化外交的魅力 [J]. 人民日报，2005－11－11（7）.

民之间的相互交流、沟通与理解，执行国家对外政策，维护本国的国家利益，构建和提升本国的国际形象，扩大本国在国际社会的影响。

二、相关概念辨析

文化外交与政治外交、公共外交、民间外交、文化交流、文化营销、文化软实力等概念有一定的相关性或相同点，但它们又是各不相同的概念，有各自的含义。下面将这些概念进行对比分析，以进一步明确文化外交概念的内涵。

文化外交与政治外交

政治外交（Political Diplomacy）是指国家之间政治关系的总和，是由国家政府之间在政治领域开展的外交活动，包括国家之间签署的政治关系协议，政治谈判与协商，政治领域的对话、交流与合作等。政治外交是由政府官员和职业外交官所从事的外交活动和实践，其对象是外国政府部门和官员。政治外交强调的是外交活动的政治属性。政治外交与经济外交、文化外交共同构成了当代国家的总体外交，三者之间互相呼应，侧重点不同。

文化外交与政治外交的相同之处是两者都是由政府开展的外交活动，其目的都是执行对外政策，维护本国的国家利益和扩大国际影响。其不同之处在于：文化外交是政府主办、主导、资助或支持的对外文化活动和项目，主要限定在文化领域。文化外交的承担者既可以是政府官员、职业外交官，也可以是政府委托、资助或支持的社会组织、民间组织和民间人士，如专家学者、艺术家、文化教育人员等。文化外交的对象是外国政府与民众。而政治外交的承担者是政府官员、职业外交官和政府工作人员，其工作对象是外国的政府部门和官员。

文化外交与公共外交

"公共外交"（Public Diplomacy）一词是由美国人埃德蒙·格利恩（Edmund Gullion）最早提出来的。1965年，担任美国塔夫兹大学（Tufts University）弗莱彻法律与外交学院院长的格利恩在该学院所属的爱德华·默罗公共外交研究中心成立时发表讲话，正式提出"公共外交"的概念，其特点是将公共外交主体界定为本国政府,客体界定为外国公众。❶ 他认为"公共外交"包括一国政府对其他国家舆论的开发和培植。美国学者艾伦·汉森认为:"公共外交的核心是信息与思想的跨国际流通,这是一种带有政治性质的国际文化交流与传播,其实质是国际政治传播。"❷ 约瑟夫·奈提出软实力概念后,也对公共外交作出了解释。按照约瑟夫·奈的观点,公共外交是政府运用软实力资源来与其他国家交流并对他国产生吸引力的工具,而且对象不仅限于他国的政府,还有他国的公众。❸

1987 年,美国国务院编辑的《国际关系术语词典》把公共外交定义为:"由政府发起交流项目,利用电台等信息传播手段,了解、获悉和影响其他国家的舆论,减少其他国家政府和民众对美国产生错误观念,避免引起关系复杂化,提高美国在国外公众中的形象和影响力,进而增加美国国家利益的活动。"❹ 2000 年,美国官方对公共外交又进行了最新的解释:"通过国际交流,国际信息项目、媒体、民意测验以及对非政府组织的支持等,了解、获悉情况和影响国外民众,扩大美国政府、公民与国外民众的对话,减少他国民众对美国的错误观念,提高美国在国外公众中的形象和影响力,进而增进美国国家利益的外交形式。"❺

根据美国官方的界定,公共外交活动主要包括通过媒体等信息传播渠道在外国制造公众舆论;开展对外事务的报道和宣传;通过外交人员的公关活动展示国家的对外政策。公共外交的对象是外国公众而不是外国政府。

中国学术界系统地研究公共外交的第一部著作是赵可金的《公共外交的理论与实践》,他在这部书中对公共外交作出了这样的界定:"公共外交是由一个国家为了提高本国的知名度、美誉度和认同度,由中央政府或者通过授权地方政府和其他社会部门、委托本国或者外国社会行为体通过传播、公关、媒体等手段与国外公众进行双向交流,开展针对另一个国家民众的外交活动,以澄清信息、传播知识、塑造价值进而更好地服务于国家

---

❶ 彭新良. 文化外交与中国的软实力 [D]. 北京:外语教学与研究出版社,2008:87.

❷ 同上,88.

❸ Joseph S. Nye, Jr, Public Diplomacy and Soft Power, Annals of the American Academy of political and social science, Vol. 616, Public Diplomacy in a Changing World (Mar., 2008), pp. 94–109.

❹ 邓显超. 新时期中国文化外交兴起的必然 [J]. 攀登,2006 (5):141.

❺ 同上。

利益的实现。""具体来说，公共外交具有四个要件。（1）公共外交的主体必须是一国中央政府或者经由中央政府授权或者委托的地方政府和非政府组织、个人。（2）公共外交对象必须具有公共性，必须是另一国的公众，特别是公民社会领域。（3）公共外交手段是传播、媒体和公关。（4）公共外交目标具有层次性，短期目标可能就是澄清事实，提高本国在国际社会的知名度或者知晓度；中期目标是传播知识，提高本国的美誉度；长期目标则是塑造形象，确立价值，增强国际公众对该国的认同度，增强一个国家在国际社会的软权力。"❶

由此可见，公共外交主要是国家在对外信息传播领域和公关领域开展的活动。而文化外交则是国家在文化领域里开展的对外交流活动和项目。

根据上述界定，文化外交与公共外交既有相同之处，又有不同之处。

文化外交与公共外交的相同之处在于：两者都是由政府主办、主导、资助或支持的活动和项目；两者的主体都是政府或政府委托的非政府组织和个人；两者的目标都是执行国家对外政策，维护国家利益，塑造国家形象，增强国家的国际影响力。

文化外交与公共外交的不同之处在于：文化外交与公共外交的活动领域有所不同。文化外交主要活动领域是文化领域，如文化节、文艺表演、艺术展览、语言教育等。公共外交的主要活动领域则是信息传播和公关领域，如国家媒体、国家授权或委托的私人媒体、政府的对外宣传、外交官的公关活动等。文化外交的活动和项目一般不涉及政治领域，具有非政治性、非敏感性。公共外交所开展的活动经常涉及政治领域，具有一定的政治性和敏感性。文化外交的对象是外国政府与民众。公共外交的对象则是外国民众和民意代表，不包括政府部门和官员。

在英国，通常把文化外交和公共外交混为一体。在中国，学术界通常把文化外交和公共外交视为既有内容交叉又不相同的两种外交形式。

文化外交与民间外交

民间外交的全称是民间对外文化交流。民间外交指的是由非政府组织、民众和个人开展的对外文化交流活动，包括非政府的社会组织、民间组织、私人企事业单位或个人进行的对外文化交流活动，如在外国举办个人画展

---

❶ 赵可金. 公共外交的理论与实践［M］. 上海：上海辞书出版社，2007：15 – 17.

或团体画展，举办各种展览、文艺演出等，这类民间自发进行的文化交流活动与政府没有关系，既不受政府委托，也不使用政府财政资金，而是采用民间资金，或自筹资金开展活动。有学者称民间外交为"二轨外交"。相对于政府外交，民间外交具有更加广泛的参与性和较低的风险性，还具有途径的多样性和方法的灵活性。目的是增进各国民众之间的相互了解和友谊。文化外交活动则是由政府主办、主导、资助或支持的对外文化活动和项目，采用政府财政资金开展活动目的是执行国家对外政策，维护国家利益，提升国际影响力。所以，文化外交和民间外交的活动虽然都涉及文化领域，其对象都包括外国民众，但是，两者的主体承担者不同，经费来源不同，目的也不尽相同。

当今世界，许多国家借助民间对外文化交流为政府文化外交铺路。因为民间对外文化交流可以避开政治的敏感性，做一些官方不能做或不便做的事情。有时候，民间外交也可以为政府外交投石问路。如中国许多城市与外国的一些城市结为"友好城市"或"姊妹城市"，大多是民间组织先行，开展了许多民众之间的交流合作活动，帮助市政府之间建立联系，为市政府之间签署"友好城市"协议架桥铺路。所以，民间对外文化交流在国家对外关系中发挥着独特的作用。不少国家在大力开展文化外交的同时，积极鼓励民间对外文化交流，使政府文化外交和民间对外文化交流互相配合，互相促进。

文化外交与文化交流

文化交流是指世界各国和民众之间的文化交流活动和项目，既包括国家之间的文化交流活动，也包括非政府的民间组织和个人开展的对外文化交流活动。与此相对应，文化交流的对象也是既包括外国政府，又包括外国民众。而文化外交则是特指由国家政府主办、主导、资助或支持的对外文化活动或项目，不包括纯民间的对外文化交流活动。所以，文化外交和文化交流虽然领域和对象相同，但是，两者的范围有所不同，文化交流的主体承担者和对象比文化外交的主体承担者和对象更为广泛。

文化外交与文化营销

文化营销是指私人企业或单位采用商业运作手段对外销售和传播本国的文化产品和品牌。虽然文化营销客观上也起着在国外扩大本国文化产品的影响等作用。但是，文化营销通常由企业或营利性组织承办，以盈利为目的，以市场需求及文化消费者的需求为准则。如"金六福的福文化塑造、大红鹰嫁接胜利文化、脑白金捆绑中国送礼文化、宛西制药的仲景国医文化、SOHO 中国的娱乐地产文化、上海滩（服饰）的复古时尚文化、唯美陶瓷的欧式文化等，使品牌和文化之间找到了最好的嫁接"。❶ 文化产业企业在对外出口文化产品的过程中就具有文化营销的性质。

文化外交则是国家政府使用财政资金主办、主导、资助或支持的对外文化交流活动和项目，不以经济上的盈利为目的，反而由国家单向性地投入大量资金。其目的是维护本国的国家利益，扩大本国的国际影响。所以，文化外交与文化营销虽然都在文化领域里活动，但两者的主体承担者、对象和目的不同。

文化外交与文化软实力

软实力（Soft Power）的概念是由美国学者约瑟夫·奈最先提出的，他在 1990 年美国的《外交政策》杂志上发表了一篇文章，首次将国家综合国力划分为两种实力，即硬实力和软实力。他认为由资源、经济、军事和科技四大实力元素构成的硬实力始终是有限的，而真正具有无限力量的动力元素是软实力。2004 年，他在新著《软实力——国际政治的制胜之道》中较为完整地阐述了软实力概念，"软实力是通过吸引而非强迫或收买的手段来达己所愿的能力。它源于一个国家的文化、政治观念和政策的吸引力。"❷也就是说，软实力是指一个国家的精神文化所产生的吸引力和影响力。文化软实力是指软实力中的精神文化，即一个国家的精神文化的观念形态的成果，如文化价值观、意识形态和政策等。文化价值观是指一个国家大多数人认同的主流价值。文化价值观是文化软实力的核心要素。

软实力包括文化吸引力和文化影响力（也叫文化辐射力）。文化吸引力是指一个国家的精神文化的对内凝聚力和对外吸引力，它是通过一国的文化价值观和文化精神及其表现形式而使他国民众产生积极印象并乐于在此基础上加深了解。如中国古代唐朝"贞观之治"时期，周边的国家受中华文化的吸引，崇尚中华文化，纷纷派使者到唐朝都城长安来学习唐朝文化

---

❶ 娄向鹏. 从文化外交到文化营销 [J]. 企业文化, 2008 (5)：74.

❷ 张国祚主编. 中国文化软实力研究要论选：第一卷 [M]. 北京：社会科学文献出版社, 2011：27.

礼仪和典章制度，许多外国人在长安等城市长期居住。所以，文化吸引力是一个由外向内凝聚的过程。

文化影响力也称文化辐射力，是指一个国家的文化价值观和精神产品对外国民众和国际社会的影响力或辐射力。汉唐盛世时期的儒学思想就曾经对东亚国家产生过强大的影响力或辐射力，从而形成了儒学文化圈。所以，文化影响力或辐射力是一个由内向外的传播和散发过程。

文化软实力和文化外交的相同之处是两者都属于精神文化范畴，不同之处则在于两者的范畴各异，文化软实力是指一个国家的精神文化力量，文化外交则是一个国家对外开展的文化活动和项目。文化软实力是文化外交的资源，文化外交则是文化软实力的实践。文化软实力为文化外交提供文化价值观、民族精神等，文化外交则为本国文化价值观的对外传播提供途径。

三、文化外交的功能

文化是一种无形的力量。人是在文化土壤中长大的，各国领导人也是在本国的文化土壤里成长起来的，国家领导人的对外决策、立场和行为不仅受到本国利益集团的影响，而且深受本土文化价值观和公众舆论的影响，尤其是多党竞选议会制国家，政府领导人的对外决策和立场更是如此。所以，国家的对外政策深深地打上了本土文化传统的烙印，国家的文化价值观不仅对政府领导人选择制定对外战略、政策和目标起着重要的作用，而且对国家领导人的外交行为、风格和手段也产生着巨大的影响。

"文化具有民族特性，表现为特定的语言、传统、意识、伦理、性格、宗教、生活方式、价值观念等等，它赋予国家对外行为以民族特色。"❶ 例如，英国文化传统和民族性中的重利益和善于应变性就在英国外交中有充分的体现。"没有永久的朋友，没有永久的敌人，只有永久的利益"是英国外交的准则。近现代历史时期英国在欧洲大陆长期奉行的"均势"外交就体现了这一点，丘吉尔内阁的对外政策更是将此准则发挥的淋漓尽致。第二次世界大战前担任英国首相的丘吉尔对共产主义极端仇视，俄国十月革命胜利后，丘吉尔曾组织反对苏联的武装干涉。但是，"二战"期间当德国

---

❶ 俞正梁. 当代国际关系学导论［M］. 上海：复旦大学出版社，1996：79.

法西斯主义成为英国的主要威胁时，他转而联合苏联抗击德国。"二战"后，丘吉尔认为苏联是英国的主要威胁，他发表"铁幕演说"，很快转向联合美国和西欧国家抗衡苏联。

中国是一个具有悠久农业文明历史的国家，长期的农耕文明需要了解天时地利，按照自然规律从事生产和生活。几千年前，中华大地就出现了顺应天道、地道和人道的"道法自然"的和谐思想。虽然中国经历了两千多年东方专制政体，传统文化和政治文化中有许多糟粕，但是，先秦时期的民间思想家老子的道家哲学和孔子的儒学通过各种途径影响中国老百姓两千多年，和谐、仁、义、礼、智、信、忠、孝等文化价值观被大多数中国人所认同并传承下来，成为中国人判断是非好坏的标准。新中国成立后，中国政府提出的"和平共处五项原则"，"建设和谐世界"，"新安全观"、"睦邻、安邻、富邻"，"平等互利"、"合作共赢"等原则和目标就是在中华文化的土壤中产生的。

历史事实证明，先进的文化价值观为国家大多数人所认同，可以成为国家的主流价值观而形成向心力和凝聚力，在国家外交中发挥辐射性的作用，从而扩大国家的国际影响力。

李智在《文化外交——一种传播学的解读》一书中把文化外交的表现形式分为两种，一种是文化援助或合作，一种是文化制裁与封锁。文化制裁与封锁指的是一些霸权国家向输入国输出自己的文化价值观和政治制度，一旦遭到对方的抵制，它们就向输入国施加压力，采用封锁消息、禁止教育技术转让、撤销文教卫生合作计划项目等方式制裁对方，蓄意制造这些国家在文化发展上的困难，以迫使其接受自己的文化价值观和政治制度。❶

笔者认为，如果把文化外交分为文化援助合作和文化制裁封锁两种表现形式的话，前者可以称之为积极的文化外交，后者可以称之为消极的文化外交。目前世界各国的文化外交大多是积极的，消极的文化外交只是发生在非常时期和个别国家之间。本书所研究的文化外交属于积极的文化外交范畴。

文化外交不仅限于国家之间在文化领域的交流与合作，而且反映着一个国家的软实力。文化外交的功能可以归纳为以下几个方面：

---

❶ 李智. 文化外交——一种传播学的解读 [M]. 北京：北京大学出版社，2005：27.

13

第一，传播本国语言和文化，增进外国政府和民众对本国文化及国情的了解。譬如，英国文化委员会❶、法国法语联盟、德国歌德学院、中国的孔子学院，就通过传授语言和举办文化活动促进外国人对本国语言掌握，从而增进外国民众对本国文化的了解。

第二，深化国家之间的文化领域、政治领域和经济领域的合作。文化外交对国家的政治外交和经济外交起着重要的促进的作用，在一定的条件下，文化外交还可以起到缓解国家之间在政治经济领域里的矛盾冲突的作用。譬如，中国在世界各国建立的孔子学院培训了难以数计的学汉语的学生，这些掌握汉语的学生在本国或中国的政治、经济、文化和社会各个领域工作，客观上促进了中国与各国的文化交往，促进了中国与各国的政治外交和经济外交。无论中国与其他国家的关系处于平稳时期，还是动荡时期，孔子学院这类的语言文化机构依然"润物细无声"地开展工作，对国家之间的矛盾起着潜在的弥合作用。

第三，塑造国家形象，提高国际影响力。文化外交的载体是由政府主办、资助或支持的对外文化活动和项目，国家的文化价值观通过文化外交活动的途径传播出去。内涵先进、通俗易懂、生动活泼的文化外交活动易于为外国民众接受，有助于各国人民之间的思想情感交流，反之，则难以为外国民众所接受。所以，一个国家的文化外交活动的形式和内容是十分重要的。

与经济外交和政治外交相比，文化外交属于软性外交，具有柔和平稳、灵活多样、潜移默化等特点。积极的文化外交对外国民众发挥着逐渐而持久的影响。人们可以通过一个国家的文化外交，直接感受该国的文化价值观和软实力，进而了解一个国家的对外政策和领导人的外交风格。

世界各国的文化外交内容庞杂，包罗万象，本书不可能一一研究。只能选择其中具有代表性和典型意义的对象进行研究。本书主要选取中国与欧洲的文化外交作为研究对象。因为中国和欧洲都有悠久的历史、深厚的文化底蕴，中欧人民都有文化自豪感，都注重对外传播自己的文化价值观。冷战结束以后，中国与欧盟都在国际社会大力倡导和平、合作、互利、共

---

❶ 英国文化委员会是20世纪30年代英国成立的一个官方机构，主要负责对外语言传授和文化传播。

赢等价值观，在环境保护、反对核扩散、反对军备竞赛等方面有共同的立场。2007 年欧盟委员会发布了《全球化世界中的欧洲文化议程》，2008 年，欧洲理事会发布了《关于促进文化多样性和跨文化对话结论声明》，提出欧盟对外关系中的战略性文化途径，要将文化融入在对外关系的欧洲战略和特定战略。2009 年《欧盟运行条约》（the Treaty on the Functioning of the European Union）第 167 条规定，欧盟有义务将文化因素纳入其所有政策领域，以便尊重和促进文化多样性。这一点适用于所有欧盟与第三方国家和地区关系中。2010 年《欧洲文化议程执行报告》显示欧盟对外关系中的文化诉求更为突出。欧盟是一个主权国家联合体，难以动用军事力量等硬实力在国际社会发挥作用，但它注重利用自己的软实力，即文化价值观和规范性力量影响国际社会，如影响国际组织的制度规定，通过对外文化援助影响其他国家民众对欧盟的认知。中国是一个既古老又现代的国家。历史上的汉唐明清极盛时期曾对周边国家产生过强大的文化吸引力和影响力。这种传统传承下来，当今中国政府十分注重本国的文化建设和文化影响力，所以，文化外交在当今和今后中国对外关系中占据重要地位。研究中国与欧洲国家的文化外交及其影响，比较分析中国与欧洲国家文化外交的战略、政策、策略和经验，认识中国文化外交的成就和不足，寻找可资借鉴的运作机制和做法，对于中国加强文化建设，更加有效地开展文化外交具有重要的参考价值和现实意义。

（张利华，博士，清华大学国际关系学系教授，中欧关系研究中心主任。）

关于文化吸引力的探讨

荣启涵

　　2009 年，美国《新闻周刊》根据美国、加拿大、英国等多个西方发达国家网民的投票，评选出进入 21 世纪以来世界最具影响力的十二大文化国家和每一个国家最有影响力和代表性的 20 个文化符号。[①] 其中美国位列第一，中国居于第二，领先于英国、法国等欧洲国家。在所评选的 20 个文化符号中，传统的中国文化意象占绝大多数，从中不难看出中国传统历史文化依然有着长久不衰的生命力。然而，这一事例的背后也引发了我们的反思：长期以来人们引以为傲的中华传统文化确实颇有吸引力，但历史在前进，如何让当代中国文化也达到同样的高度？国与国之间文化意义上的吸引力究竟从何而来？

　　中国共产党的十八大报告中提出要扎实推进社会主义文化强国建设，并明确提到要增强文化整体实力和竞争力，提高国家文化软实力。全球化发展到今天，大国之间的竞争与博弈表现出新特点，西方文化在全球的文化扩散正在被更多元的文化要素所平衡。不同于硬实力的强制性力量，在当前这个联系越发密切的世界里，各国间关系微妙而复杂，富有韧性的文化要素正在无形中发挥着越来越重要的作用。

　　近年来，诸如文化软实力、文化影响力、文化竞争力等一系列"文化力"的概念层出不穷，但它们之间模糊不清的边界让这些抽象的概念看上去更加摇摆不定。可以理解，当文化作为国家战略的一部分而越来越被重视的时候，文化力的研究也就更有意义，研究者纷纷从自身学科的角度出发探讨文化力量的深刻作用和影响能力。本文之所以提出文化吸引力的概

　　[①] 黄会林. 中国文化：强大生命力的第三极［EB/OL］.（2011.5.4）http：//www.cflac.org.cn/ysb/2011 - 05/04/content_ 22676288. htm.

念，是希望厘清文化资源与文化能力之间的关系。

一、研究文化吸引力的重要性

作为一个研究的集合，目前关于软实力（或作"软权力"，Soft Power）的研究已有较多。首创软实力概念的美国学者约瑟夫·奈认为："软实力是通过吸引而非强迫或收买的手段来达己所愿的能力。它源于一个国家的文化、政治观念和政策的吸引力。"[❶] 美国的"普世性文化"是软权力的重要来源，因其巨大的包容力而产生吸引和同化，英语语言的广泛传播、美国流行文化的普及、美式高等教育的认同都体现出美国文化吸引力的强大。中国学者李莉曾提出实现文化的软权力化需要三个条件：文化的传播能同化他人的观念和思维方式；他人观念的同化有助于本国战略目标的实现；在通过文化同化实现本国战略目标的过程里，国家控制力得以增强。[❷]

而在软实力之下，关于文化吸引力的研究文献目前尚不多见，一些学者通过研究孔子学院考察中国文化对外是否具有吸引力。李开盛、戴长征认为，国际舆论环境是制约孔子学院海外发展的重要因素，通过对孔子学院数量最多的美国的舆论环境评价，他们得出结论，自 2005 年第一所孔子学院设立以来，美国对孔子学院的负面评价呈上升趋势。之所以对孔子学院作出负面评价，是因为一些美国人认为这一借用传统文化名义的文化输出方式会成为中国宣传意识形态的政治工具和文化扩张的手段；而为数不多的积极评价中潜藏了大量功利因素，主要是看中孔子学院带来的经济机会和商业桥梁，获得积极评价的根本原因在于美国是否可以从中国获益。[❸] 关于孔子学院是否可以帮助中国在国际社会中获得软权力并赢得更多朋友，有两种意见，一种认为孔子学院成立至今时间仍较短，还看不出结果；另一种则认为中国在他国的文化活动日益增加，无法辨别孔子学院是否真的

---

❶ 张国祚主编. 中国文化软实力研究要论选（第一卷）［C］. 北京：社会科学文献出版社，2011：27.

❷ 李莉. 美国文化霸权理论研究［M］. 洛阳：解放军外国语学院出版社，2006：18.

❸ 李开盛，戴长征. 孔子学院在美国的舆论环境评估［J］. 世界经济与政治，2011（7）.

起作用。❶ 尽管世界范围内掀起的"汉语热"和孔子学院的广泛设立可以视作传播中国文化、获取他国民众理解和产生吸引力的典型事例，但应该看到，这一现象并不是孤立的。汉语学习的兴趣有时并不单纯是对中国文化的倾慕，很多人出于经商、获得工作机会的考虑而将汉语作为外语来学习。传统文化精华固然是中国文化中最有深度的部分，今日中国构建国家吸引力要依托历史的积淀，但不能只重传统而忽视了当代中国文化的力量。

阎学通、徐进在《中美软实力比较》一文中把软实力界定为三个维度，即国家吸引力、国际动员力、国内动员力。其中，国家吸引力包括两项指标："国家模式吸引"和"文化吸引力"，这里的文化吸引力主要是考察同质文化国家的数量。❷ 尽管此文是中国国内对软实力进行定量分析的代表作，但在指标选择与结果的科学性上有待商榷。首先，相似的政治制度未必带来相同的国家模式，用政治制度的相似性来论证国家模式的吸引力，其证明力度不强；其次，同质性文化和异质性文化究竟何者更有吸引力并不是一个确定的结论，用相同民族文化国家的数量衡量一国文化吸引力似乎难以成立。

从既有研究来看，相关学者越来越重视对文化吸引力的研究，但究竟什么是文化吸引力并没有专门的讨论。结合前人的研究经验，笔者认为，文化吸引力是指一个国家的精神文化成果所产生的能够引起他者兴趣和关注，使之乐于主动了解并接纳、认可该文化主体的一种能力。文化吸引力通过两种渠道表现出来，对内表现为该民族和国家的凝聚力，对外呈现为对他国及其民众的吸引力，后者正是本文所要讨论的重点所在，这种吸引力虽然是表象性的，却也是塑造国家软实力的基础。

文化吸引力不同于文化竞争力，后者更加看重输赢、强弱，多体现在文化产业及其相关可量化的事业中，但文化吸引力更加温和，更加注重文化自身价值带给他者由衷的兴趣。

研究文化吸引力，不仅因为文化的重要性已经被提升到各国战略的高

---

❶ James F. Paradise: China and International Harmony: The Role of Confucius Institutes in Bolstering Beijing's Soft Power, Asia Survey, Vol. 49, No. 4 (2009), pp. 647 – 669.

❷ 阎学通，徐进. 中美软实力比较 [J]. 现代国际关系，2008 (1).

度，更是因为从长远来看，文化的吸引力和影响力比经济和政治的影响力更为深刻且深远。打开一张世界地图，社会学家似乎更容易指出伊斯兰文明、基督教文明、儒家文明等的覆盖区域，却不能很好地勾勒出某种文化的所属范围。文化与文明不同，文化常指观念，文明多为受文化支配所产生的实践成果。文化是基础，文明是其呈现方式，但并非所有的文化源流都能结出文明之果，而任何文明都有它深层的文化作支撑。

文化吸引力既是一种结果也是一个过程。文化价值观指导行为体的选择，而只有理解了不同文化的价值导向和思维差异，才有可能避免因文化误解而带来的冲突，增加在国际事务中的集体认同。任何一种有生命力的文化资源都有可能产生文化吸引力，但并不是每一种出于兴趣和自发的吸引都能促进软实力发展。如何把浅层面、短时期内的文化吸引转化为具有认同度的深层文化吸引力，应该是研究提升国家文化力的关键所在。

二、文化吸引力概念与内涵

由于"文化"这一概念本身就从未形成规范的定义，所以对文化吸引力的理解也是见仁见智。从词义上来看，"吸引"与"排斥"相对，指一切具有接近、收缩性质的运动形式。文化吸引力是通过一国的历史文化精粹及其表现形式而使他者产生积极印象并乐于在此基础上趋近和加深了解，是人类精神成果对他者吸引的强度，是客体性精神成果对主体人的吸引、关注、牵引和影响，也是主体人对客体精神成果的态度和倾向。❶

正如文化本身的抽象性一样，关于每一种文化力的研究也是多中心而缺乏范式的。文化吸引力并不是一个既有的概念，回顾学者的研究可以看到，"文化所具有的吸引他者的作用"往往被放置在对软实力这一概念的解释里。

1990 年，自由主义的代表人物，软实力理论的缔造者约瑟夫·奈首次提出"Soft Power"的概念。他将"软实力"解释为：文化（在能对他国产生吸引力的地方起作用）、政治价值观（当它在海内外都能真正实践这些价

---

❶ 徐光. 增强文化的吸引力和感召力主要障碍因素分析［J］. 福建论坛（社科教育版），2008（6）：51.

值时）及外交政策（当政策被视为具有合法性及道德威信时）。❶ 当前关于软实力研究的发源，多数始于此。只是约瑟夫·奈在提出这一概念的时候有他依托的背景环境，其提出的目的也是服务于冷战后新形势下美国如何领导世界。奈也认可自己是一个"自由主义化的现实主义者"❷，某种意义上将"Soft Power"翻译为"软权力"似乎更贴合实际。由软实力衍生而来的文化软实力概念，已经脱离了奈的解释范畴，更多地成为中国语境下的特殊概念。国内多数研究者将文化定义为软实力的核心，甚至用文化软实力替代了软实力的全部，并将文化软实力的作用和影响扩大升华。

那么，文化吸引力与软实力是什么关系呢？笔者认为，文化吸引力是软实力的重要组成部分。软实力是指一个国家的精神文化精华所产生的吸引力和影响力。软实力既包括文化吸引力，也包括文化影响力。文化吸引力是由外向内的凝聚过程，文化影响力是由内向外的扩散过程。文化吸引力是文化影响力的基础，一国文化首先有对外吸引力，才能通过他者的认同和接受而产生影响力或辐射力。

文化吸引力是将静态的软实力资源转变为吸引他者的能力。作为一种战略能力的文化吸引力，将有可能通过更加温和而深入的手段达成不同国家和地区间的认识与理解，避免误解并有可能获得支持。因此，文化吸引力作为一种更加长久、深远的国家力量，在国际社会中对维护国家利益有着不可忽视的作用。文化吸引力更加具象，可以简单地表示为他者对一国文化感兴趣并有了解和接触的欲望。吸引也可以有深层的缘由，基于民族情感、认同等等。

吸引是实现软实力的重要方式之一，也是实现软实力的基础。文化吸引力有其自身的逻辑和内涵。

其一，文化吸引力具有非强迫性和非目的性。武力可以形成威胁，经济能够提出制裁，政治可以使用强制，但认知层面的吸引只能由被吸引者自发地产生。约瑟夫·奈提出的美国式软实力是在强大的经济和军事力量基础上推行美国文化并用以塑造他者。这种目标性和目的性浓厚的方式让

---

❶ ［美］约瑟夫·奈. 软力量：世界政坛成功之道［M］. 吴晓辉，钱程译. 北京：东方出版社，2005：11.
❷ ［美］约瑟夫·奈. 自由主义化的现实主义学者——对约瑟夫·奈的访谈［J］. 张哲馨译. 世界经济与政治，2007（8）：70.

软实力不免有些有名无实。当今世界，各国经济贸易关系不断加深，在这个"你中有我、我中有你"的时代，通过强制性手段获得国际地位意味着高额的费用和更大的风险，因此，运用非强迫性的软力量吸引他者并获得他国自主的尊重、理解和信任显得尤为重要。吸引是潜在发生的，文化吸引力就是如此，它常常通过各种非强制的途径发挥作用，因而这就需要在形成文化吸引力的过程中创造更多的渠道和途径让这些文化资源转变成可以吸引他者的文化力。

其二，文化资源的占有量与文化吸引力不一定成正比。其中包含两层意思。首先，丰富的文化资源本身并不等同于强大的文化吸引力。一个国家经过长久的历史积淀必然会有众多的文化传统和历史积淀，但这些仅仅构成了国家产生文化吸引力的素材，有效的文化吸引需要从这些素材中提炼出被世界理解的文化符号。如中国古代的老子道家哲学和孔子的儒家学说采用古代文言文体例叙述，虽然文言文简洁优美、意蕴深远，但只有将其中的精华思想和价值观转换成今日中国人和外国人能够明白的白话文及对应译文，才能让更多的人理解。其次，文化资源不能直接转化成文化吸引力，必须通过文化交流传播渠道得以实现。所以，对文化资源的深度挖掘和呈现，通过传播使他人理解才能形成有效的文化吸引。

其三，文化吸引力的构成具有生动性和多样性。长久以来，关于"同质性文化"与"异质性文化"谁更具有吸引力的问题始终没有最佳答案。事实上，文化无优劣之分，只有接受程度之别。各国、各地区文化内涵丰富，表现形式多样，同质文化和异质文化都可能对彼此形成吸引。文化归属自然重要，例如美国的盎格鲁·撒克逊文化与欧洲一脉相连，这也让它们之间天然地具有亲近感。但在是否构成吸引力方面，同质性不是根本的判断标准，相比较而言，文化载体本身的形式多样，内容的丰富、适应力强则更能吸引他者。

其四，文化吸引力具有基础性和渗透性。吸引是软实力的基础，但并不是所有的文化吸引力都可以转化成软实力，有一些反而会形成负面作用。吸引力往往会带来了解的兴趣和接触性的尝试，但距离认可和理解还有一定距离。文化吸引力的渗透性是一个由表及里的过程，始于一般性的接触（包括民族语言的学习、文学作品或艺术作品等）而后引发进一步的关联，使他者对某国文化的内核即核心价值观有所理解并作出积极的回应。最初中国传统医学在西方医学体系下备受质疑，但随着西方人实际体验的增加，目前中医药已受到国际社会的广泛关注。第62届世界卫生大会通过了由中国政府提议的《传统医学决议》，鼓励和敦促发展传统医学；国际标准化组织中医药技术委员会成立并将秘书处设在中国；60多个国家和地区的200余个团体会员加入了总部设在中国的世界针灸学会联合会和世界中医药学会联合会；中国与外国政府及有关国际组织已签订含中医药合作内容的双边政府间协议96个，专门的中医药合作协议49个。❶ 除了中医药之外，中国哲学、文学、太极拳等都在国外受到了不同程度的喜爱，文化吸引力的渗透性增加了一国文化普遍扩散的可能性，在这个多元而国际化的时代，能够以更加平和的方式争取到他者的认同与接受。

三、提升中国文化吸引力的思考

吸引是自觉产生的，但实现中国文化吸引力，需要政府与民间共同"有所为"的助推。几千年来，中国都是文化资源的大国，但目前中国文化吸引力现状与自身文化资源的丰富程度无法相称。改革开放以来，中国在硬实力方面提升迅速，但距离文化强国仍有差距。我们不输出价值观，但有能力和条件让中华文化资源得到传承和发展，而只有传播才能产生更加深远的影响力。目前，我国的文化产业有待发展，文化资源和文化市场的优势尚未得到充分转化，在国际上的竞争力仍不明显。

1951年，中国与波兰签订第一个政府间文化合作协议，自此中国政府主导的文化代表团出访成为中国文化外交的主要形式。然而，直到20世纪60年代初，中国文化代表团访问的对象才开始从原先的苏联和亚、非、拉友好国家向西欧和日本扩大，1965年与法国签订文化交流计划，开始了集展览、影视艺术和文艺演出等在内的各类活动。2003～2004年，中法文化

---

❶ 尹晓宇. 中国：中医药"走出去"文化要现行［EB/OL］.（2012.04.27）http：//images1. wenming. cn/web_ wenming/xj_ pd/17j6zqh/zhwhzcq/201204/t20120427_ 632393. shtml，转引自人民日报海外版.

年在两国的分别举办成为中法关系中浓墨重彩的一笔。此后，中国与意大利、西班牙、俄罗斯、土耳其等国纷纷开展文化年（文化节）交流活动，形成了连锁反应。这些活动的举办，也是依托文化资源的"引进来"和"走出去"的对话，强大的传播效果和影响固然可喜，但让更多具有不同文化背景的人们了解和理解中华文化，尊重并以欣赏的姿态看待文化差异性，是一个长期的过程。在这个有进有出的文化交流过程中，笔者认为有两个基本理念应当引起重视：

第一，文化吸引力的实现必须突破意识形态的藩篱。文化无国界，但由于思维方式、固有刻板印象的作用，使得很多中西方知识精英在文化交流过程中遇到困境，最后都以意识形态或者国家制度作为解释的缘由，这种现象应当改变。

第二，文化吸引力要建立在相互理解的基础上，可以被理解的，才能有吸引。这种理解是双向的，既需要让其他国家的民众理解一个真实的中国，又要让国人对于西方世界看待中国的视角表示理解。中国的文化吸引力不只是中国历史文化的吸引力，也有当代文化的贡献。要形成一国文化的吸引力首先需要用开放的姿态面对国际社会，有开放才可以有切实的了解，才能形成是否产生吸引力的讨论。

文化吸引力发生作用的两个渠道大致可以归纳为官方路径和民间途径。随着文化这一变量在国际关系研究中越来越得到重视，大多数国家已将文化发展战略纳入国家宏观规划之中。当今各国皆有文化政策，只是通过不同的形式贯穿于国家之间的交往。

如何提升中国文化吸引力？笔者在此仅列举如下一些思考。

第一，扩大文化吸引力的视域。中国文化对他者的吸引主要源于悠久的历史和过去几十年迅速发展带来的巨变。然而，不得不承认，由于一些刻板印象和意识形态上的区别，必然让全球化进程中的中国在文化碰撞的过程中受到挑战。目前，中国文化的影响力仍然有限，主要还是以亚洲和周边国家为主要对象，而汉语在全世界的普及率仍然较低。当前孔子学院是中国对外推广和传播中华传统文化的主要渠道，而积淀深厚的中华传统文化也正是我国文化具有吸引力、最突出也是无可替代的部分。据统计资料显示，截至2011年年底，中国在占世界人口86%的105个国家和地区建立了358所孔子学院和500所中小学孔子课堂，而全球学习汉语的人数已逾5000万。●应该尽可能增加对中华传统文化精华的挖掘力度，通过更加多样化的对外传播渠道并以通俗而生动真切的方式为人所知晓。

在大力弘扬中华传统文化之时，也不能忽视当今中国的文化创造力。中华传统文化价值观已经内化在民族和国家行为的方方面面，但如何让现代化的中国文化更与世界接轨并从中获得他者的欣赏和肯定，需要将中华传统文化精华与当代优秀文化思想相融合。有吸引力的文化体系必然是开放而包容的，为此要预先思考外来文化与本土文化之间的冲突与平衡。如果一国在文化发展体制和制度层面都明确高效，能够提供一个创新性的平台，将更加有利于文化产业投资的引进。当一国有强大的自信而勇于让自己的文化"走出去"时，也就会有机会让更多的他者"走进来"一探究竟。以政府为主导的各类"中国文化年"活动的有序开展，积极推动了中国与他国的文化互动，文化吸引力也正是在互动的过程中才能生长出来。

第二，加大对文化产业的出口扶植。从定位和目标上明确这一新兴产业的方向，培育具有比较优势的文化产业。与一般货物贸易相比，文化产业具有污染小、成本低、附加值高等诸多优点，正在成为新兴的朝阳产业。据2012年《全球文化产业发展报告》统计，美国、西欧和日本的跨国公司占全球国际文化贸易量的60%以上，美国、英国、法国等七个国家垄断了90%以上的新闻。中国的文化产业起步较晚，发展较为迟滞，文化贸易逆差大，应当抓住有利时机，找到符合国际惯例和市场运作规律的营销方式，结合中国传统文化优势发掘有代表性的文化符号，打造出具有鲜明特点的文化品牌。同时，中国文化"走出去"不是一蹴而就的，因渠道控制和缺乏市场运作经验常受阻滞，更需要找准国际市场的对接口。以电影产业为例，据国家新闻出版广电总局发布的数据显示，2012年中国电影全年海外票房和销售收入仅为10.63亿元人民币，较2011年20.46亿元下滑了近一半，这已是2010年以来的三连跌。● 虽然中国已是国际贸易中的大国，但文化贸易的数量始终无法与美国等西方发达国家相比较，在很长一段时间

● 全球汉语学习人数逾五千万［EB/OL］.（2012.08.07）http：//www.people.com.cn/h/2012/0807/c25408－3175907593.html.

● 于帆. 中国电影"走出去"难在哪儿［N］. 中国文化报，2013.3.25：006.

里中国的文化出口都依托来料加工的方式而缺乏创新性，这使得我国科技和创意文化产业结合不足，而在文化资源繁多的情况下，如果不能梳理出一条主线，找到核心竞争力的焦点，则难以形成有影响力的整体形象。中国文化输出方面尚缺乏整体连贯的策略，贯穿于民间和政府背景的文化产品交流没能显现出应有的呼应。中国政府应当从定位和目标上明确文化产业这一新兴产业的方向，培育具有比较优势的文化产业。

第三，充分利用全球华人华商资源。随着改革开放之后政策的调整和市场经济带来的机遇，遍布世界的华人、华商数量与日俱增，分布在商业、教育、金融等领域。他们以其独特的身份在各自的生活环境中发挥着社会影响，成为所在国了解中国的一扇窗口。通过他们可以直观地了解中国人的人情世故，也可以通过经贸往来、教育访学等形式拉近距离。"华商文化"本身也代表了中国文化的一个方面，尤其是二三代华商所展示出的东西方文化的兼收并蓄、中外并包的特点，成为中国同世界联系的重要桥梁。

第四，提升对外传媒的竞争力。当前西方文化之所以能够成为文化全球化的主流，极为重要的原因之一就是英语使用的普遍化。文化吸引力跨地域的实现，依赖语言的有效传播。跨域传播是国家间文化吸引力能否实现的基础，没有传递的渠道，就谈不上了解和被吸引的最终结果。20世纪80年代后蓬勃发展的国际传媒业为整个国际新闻传播带来了深刻影响，相比之下中国传媒业力量则尚显薄弱，主流声音的对外报道不足。在信息化和全球化时代，人们对网络力量的倚重已然成为趋势。作为一种超越国界的工具，通过网络平台推动中国文化对外传播，可以打破时间和地域上的阻隔。而新媒体的出现，也为文化推广带来了更加及时便利的新路径。文化"走出去"，媒体要先行。2011年7月，《人民日报》旗下的人民网进驻纽约帝国大厦；同年，新华社进驻百老汇大街一幢写字楼的顶层，并在附近的时代广场租用了一块高约18米的巨型广告屏幕，上面有新华社的标识。国家级媒体纷纷"走出去"，地方媒体也不甘落后。据悉，有多家中国省级电视台拟在美国和其他海外国家设立办事处。2012年6月，上海电视台旗下的第一财经频道正式落地新加坡。❶

与此同时，政府应该大力支持民间文化交流。人是感受和理解文化的

---

❶　任琦. "走出去"，中国报业的路径及策略分析［J］. 新闻实践，2013（3）：72.

最终主体，因此加强人员交互往来是形成文化吸引的直接途径，民间交往和国际间学术交流、艺体事业交流也是塑造国家形象、形成国家文化吸引力的一部分，所以，有计划地促进民间文化交流，促进异域文化的真实体验，才能让更多的普通民众感受到一国文化精神的意蕴和内涵，展示文化无国界的张力。

四、结语

冷战之后，文化在国家间关系方面的作用愈发得到重视，文化的力量比军事更温和、比经济更深刻，在经济全球化背景下，文化碰撞与融合已经成为一个新的课题。从理论体系来看，文化吸引力的概念发源于软实力却又有着自己的独特内涵，在实践层面上，较之于软实力概念，文化吸引力的表现方式更加直接且具象。文化吸引力对内表现为该民族和国家的凝聚力，对外呈现为对他国及其民众的吸引力，因此，它既是一种过程也是一个结果。

当我们论及泱泱中华文化大国的时候，在内心感到自豪和充实之余，也有必要怀着理解、尊重和欣赏之心去看待世界各地丰富多样的文化形态。每一种文化的发源都有其历史过程，每一种独特文化的存在都有值得肯定的魅力。如果用"打铁还需自身硬"来解释各国参与世界范围内文化竞争之势，那么增加文化吸引力的路径除了"引进来"和"走出去"外，更需要重视对中华传统文化与当代中国文化的整合，如何表达让世界理解的中国文化，无疑将是决定中国文化吸引力的重中之重。文化吸引力的提升，或许正是中国迈向文化强国的第一步。

（荣启涵，清华大学国际关系学系硕士研究生。）

欧盟文化外交战略与政策

房乐宪

欧盟一向以文化多样性和多样性中的统一性为特征的价值共同体而自豪。鉴于文化在人类发展和文明中的核心地位，特别是随着全球化发展，文化在欧盟对外关系中发挥更大的作用，欧洲国家拥有的共同文化遗产激发了世界许多国家的反思和总结，欧盟对外政策中的文化追求近年来日益突出。就其政策框架演变而言，至少以下几点值得关注。

第一，作为 2005 年《联合国教科文组织关于保护和促进文化表现形式多样性公约》的缔约方，欧盟及其成员国宣称致力于使文化多样性成为其对外行动的关键要素，并要为各种文化的可持续发展与和平共处作出贡献。就促进和保护文化多样性的重要性而言，该公约的通过可视为一个有根本性意义的步骤，欧盟近期为此作出了不少努力。

第二，2008 年，欧洲理事会《关于促进文化多样性和跨文化对话结论声明》，列出了在欧盟对外关系中的战略性文化途径，呼吁要构思一个将文化融入其对外关系的欧洲战略，以及对欧盟之外的地区和国家的特定战略。❶ 声明表示，文化间对话能有助于不同个人和民族更为紧密，有助于加强进预防冲突与和解进程；文化交流与文化合作有助于建立伙伴关系，强化市民社会的地位和作用；文化成为知识经济的一个核心部分，欧洲和世界其他地区对文化间对话的发展以及建立一个共同的文化项目具有重要意义。为此，声明呼吁欧盟成员国和欧盟委员会应致力于有关政策目标，确定综合一致的路径，强化有关支持，并发展相应的工作方法和手段。

---

❶ COUNCIL OF THE EUROPEAN UNION, Council Conclusions on the promotion of cultural diversity and intercultural dialogue in the external relations of the Union and its Member States. Brussels, 20 November 2008.

第三，2009 年《里斯本条约》生效后，根据在《罗马条约》基础上重新修改命名的《欧盟运行条约》（the Treaty on the Functioning of the European Union）第 167 条之规定，欧盟及其成员国将与第三方及相关有资质的国际组织就文化领域培育合作。同时，欧盟有义务将文化因素纳入其所有政策领域，以便尊重和促进文化多样性。这一点已几乎适用于所有欧盟与第三方国家和地区的关系中。比如，既涉及欧盟扩大进程中的伙伴国，欧洲近邻政策的伙伴国，以及欧盟已经与之成功达成贸易协定的国家，也包括那些工业化国家、新兴国家及发展中国家。

但是，就政策内容的完整性、系统性而言，本文认为 2007 年欧盟委员会发布的《全球化世界中的欧洲文化议程》❶，以及 2010 年发布的《欧洲文化议程执行报告》❷，展示欧盟对外关系中的文化诉求更为突出，其影响力也更为深刻。这两个政策文件是迄今欧盟委员会关于欧盟文化政策框架及其战略构想最为系统，也最为全面的表述，其有关构想已经或正在逐步实施。

本文将重点基于对《欧洲文化议程》及其《执行报告》的分析，并结合此后欧盟所采取的一系列行动措施，概括和总结欧盟当前文化外交的政策内涵及其主要特点，并就其对中欧文化交流与合作的政策含义作简要思考。

一、欧洲文化战略框架的初步成型及其政策内涵

就政策内容的系统性和完整性而言，特别强调的是，欧盟委员会 2007 年 10 月《全球化世界中的欧洲文化议程》的发布（以下简称《议程》），它标志着欧盟对外关系中一种新的文化战略框架已经出现。同年 11 月，该《议程》获得欧洲理事会通过。至此，文化已经被欧盟视为政治、社会和经济发展的一种战略因素，而不再像以往那样仅仅被视为孤立的文化事件。

就政策背景而言，《议程》表示，欧盟的创造力和成功正是源于其能够

---

❶ COMMISSION OF THE EUROPEAN COMMUNITIES: A European Agenda for Culture in a Globalizing World, COM (2007) 242 final, Brussels, 10. 5. 2007.

❷ EUROPEAN COMMISSION: "on the Implementation of the European Agenda for Culture", COM (2010) 390 finalBrussels, 19. 7. 2010.

尊重成员国丰富而相互交织的历史、语言和文化。透过这种多样性中的统一性，尊重文化和语言的多样性，并促进成员国共同文化遗产正是欧洲建设的核心，这在全球化的世界中更是不可替代。处于全球化之中的欧洲，不仅内部文化交流更加活跃，而且全球化使得欧洲面临文化更加多元化的外部环境。从世界范围来看，文化多样性和跨文化间对话对基于和平、相互理解和尊重基本价值观的全球秩序构成重要挑战。●

鉴于欧洲文化的丰富多样性与其在世界上的角色和影响力密切相关，欧盟日益意识到在欧洲内部和全世界促进文化丰富性和多样性方面需要发挥独特的作用，而且欧盟也承认在实现繁荣、团结和安全的战略目标过程中，文化是个不可替代的因素。该文件的核心就是要在全球化世界中探索欧洲新的文化议程，关注欧盟内部及欧盟与第三方发展战略中文化因素的重要性，并与其他相关各方寻求建立新的伙伴关系和合作方式。

为此，该政策文件清晰地规划了欧洲文化议程的三大基本目标：●（1）促进文化多样性和跨文化间对话。（2）基于增长和就业的《里斯本战略》框架下，促进文化作为创造性催化剂发挥作用。（3）促进文化作为欧盟对外关系中的一个核心要素而发挥作用。《议程》明确表示，这些目标将指导欧盟的未来行动。其中，前两个目标重点基于欧盟内部；第三个目标则直接针对欧洲之外的外部世界。欧盟及其成员国重申，在欧盟的对外关系中，欧洲要塑造一种新的、更加积极的文化角色，并把文化层面作为一个核心因素融入欧洲与其伙伴国及其他地区打交道的过程中。文件提出，要实现这种融合，欧洲与所有国家和地区应发展一种积极的跨文化间对话，并充分利用欧洲与许多国家的语言联系等，这些都至关重要。

《议程》特别强调，欧盟将采取双规制做法：首先，在所有对外和发展政策、规划和项目中系统地融入文化层面和不同的文化要素，作为加强欧盟外交努力的质量以及所有欧盟合作活动的可靠性和可持续性的手段；其次，支持特定的文化行动和文化项目。为此，确定了5个更具体的目标：（1）在文化领域与所有国家和地区进一步发展政治对话，并促进欧盟与第

● COMMISSION OF THE EUROPEAN COMMUNITIES：A European Agenda for Culture in a Globalizing World，COM（2007）242 final，Brussels，10.5.2007，p. 2.

● Ibid.，part 3，pp. 7 – 8.

三国和世界其他地区的文化交流。（2）通过有目标的行动，以及通过赋予特惠待遇和贸易支持措施的协议，促进来自发展中国家的文化产品和服务向欧洲和其他地区市场的准入。（3）运用欧盟的对外和发展政策保护和促进文化多样性。一方面，通过金融和技术支持，保护文化遗产；另一方面，积极鼓励和促进全世界的文化交流活动。（4）确保所有合作项目和规划在设计和执行阶段充分考虑当地文化，并致力于促进人们更容易接近文化和文化表达的方式，包括人文接触交流。尤其重要的是教育，包括提倡把文化融入发展中国家所有层次的教育大纲中。（5）促进欧盟积极介入相关国际组织的文化工作和联合国的"文明联盟"进程。❶ 要实现上述议程目标，欧洲必须依靠各类行为体之间坚实的伙伴关系。这包括 4 个根本层面：一是欧盟委员会要进一步发展与文化部门的对话，以便为定期交流观点和最佳实践、后续行动及评估等提供一个框架；二是欧盟成员国之间要建立一种开放式协调机制；三是欧盟委员会在上述目标和相关机制及决策行动中发挥支持性和协调性作用；四是欧盟委员会推动欧盟成员国本着伙伴关系的精神，建立起一个开放性的协调机制，作为加强成员国文化领域合作的适当框架。❷

简言之，在欧盟看来，构思一个新的面向当前全球化世界现实的欧洲文化议程，时机已经成熟。该议程的发布显示了欧洲在文化政策领域的长远思考，表明欧盟要在欧洲文化政策和文化合作方面发挥日益重要的作用。此后不久，欧洲理事会于 2007 年 11 月 16 日根据《欧洲文化议程》设定的战略性目标，批准了 2008～2010 年在文化政策方面的优先行动领域；2008 年 6 月欧洲理事会又在此基础上正式通过《2008—2010 年文化工作计划》及其附件，就各类相关行为体的主要倡议、时限和欲达到的具体目标等都作了详细而明确的规定。❸ 这些举措的出台标志着欧盟层面的文化外交战略已初步成型。

---

❶ COMMISSION OF THE EUROPEAN COMMUNITIES: A European Agenda for Culture in a Globalizing World, COM （2007） 242 final, Brussels, part 3, pp. 10 – 11.

❷ Ibid, part 4, pp. 11 – 13.

❸ NOTICES FROM EUROPEAN UNION INSTITUTIONS AND BODIES, COUNCIL: Conclusions of the Council and of the Representatives of the Governments of the Member States, Meeting within the Council, on the Work Plan for Culture 2008～2010 （2008/C 143/06）, *Official Journal of the European Union*, 10. 6. 2008.

二、欧盟文化战略构想的补充深化

2010 年 7 月欧盟委员会发布《欧洲文化议程执行报告》● （以下简称《执行报告》），对此前确定的文化战略构想进行评估和补充深化。欧盟不仅把文化视为社会和个人生活的根本因素，而且将其视为欧洲一体化的催化剂。

《执行报告》重申，文化要素处于欧洲建设大厦的核心，也是欧盟"多样性中的统一性"建设的基石；对文化多样性的尊重和围绕共同价值观的团结能力相结合，为欧盟享有和平、繁荣和团结提供了保障。报告宣称：在今日全球化的世界，文化能够为灵巧、可持续和包容性增长的欧洲战略作出贡献，也有助于世界的稳定、相互理解与合作。报告全面审视和回顾了 2007 年《欧洲文化议程》设定的三大目标在欧洲层面和成员国层面的进展，并评估了《议程》倡导的文化领域新工作方法（成员国就"理事会文化领域工作计划"确定的优先议程进行更密切合作的开放式协调；通过各种讨论和交流平台，在文化领域与市民社会进行更制度化的对话）的初步经验。确保文化因素恰当融入欧盟相关政策取得进展被进一步强调。

这里特别提及《执行报告》对《2007 年欧洲文化议程》第三项目标（促进文化作为欧盟国际关系中的一个核心要素而发挥作用）的评估情况。《执行报告》重申欧盟要把文化因素融入与第三方和其他地区的相互关系中，认定 2007 年《欧洲文化议程》开启了欧洲层次文化政策合作的新篇章，积极肯定了自《议程》发布以来欧盟对外关系中已经出现的新的文化战略框架，许多新的倡议已动员了更多的财政资源。比如，自 2007 年起，截止到 2010 年《执行报告》发布，欧盟在与第三方和其他地区的文化合作方面投入超过 1 亿欧元。欧盟还显著加强了对欧洲近邻政策（European Neighbourhood Policy）涵盖地区文化合作的支持力度。其中 2009～2010 年，"欧盟文化项目特别行动"主要针对该地区，而关于地区和地区间合作的新

● 由欧委会提交欧洲议会、欧洲理事会、欧洲经济社会委员会及地区委员会。EUROPEAN COMMISSION："On the implementation of the European Agenda for Culture"，COM（2010）390 final-Brussels，19. 7. 2010.

倡议被定于 2011 年启动。对于欧盟扩大的伙伴国，着重就重新复兴文化遗产作出努力。欧盟新的东部伙伴关系中，文化也是对话与合作的一个轴心。定于 2010 年发起的东部伙伴关系文化项目，旨在强化伙伴国的文化部门能力、培育地区联系，并促进伙伴国包容性文化政策的发展。❶

此外，文化在欧盟发展政策中的角色作用得到进一步承认。2009 年，欧盟委员会发起了一个加强文化在发展政策中的作用的行动进程，并成立专门委员会监督相关文化项目的行动进展和投入。在贸易关系方面，欧盟也考虑到了一些行业（比如视听产业部门）特殊的双重性质（经济/文化），同时，根据联合国教科文组织（UNESCO）相关公约，欧盟承认需要保证发展中国家在文化表达领域享有特别待遇，作为培育更为平衡的文化交流方式。

欧盟与其他欧洲国家或者新兴伙伴国的双边伙伴关系，在文化领域也获得进一步推进。例如，2009 年，由欧盟和俄罗斯文化部共同主办，在莫斯科举办了主题为"俄罗斯—欧盟：文化合作路线图"高级研讨会；2010 年"北方文化伙伴关系"（Northern Dimension Partnership on Culture，NDPC）建立，涉及的有关各方——欧盟与冰岛、挪威和俄罗斯签署了文化伙伴关系谅解备忘录，以便进一步加强文化领域的合作与交流。❷

同样，也是在《欧洲文化议程》及《欧洲文化议程执行报告》确定的战略目标和基本原则基础上，并结合此前制定的《2008—2010 年文化工作计划》的具体实施情况，欧洲理事会在 2010 年 12 月通过了《2011—2014 年文化工作计划》，❸ 在政策行动的优先领域（包括文化多样性与跨文化间对话、文化及创新性产业、技巧与流动性、文化遗产、对外关系中的文化、

---

❶ EUROPEAN COMMISSION："On the implementation of the European Agenda for Culture"，COM (2010) 390 finalBrussels，19.7.2010，part 2：PROGRESS TOWARDS THE AGENDA OBJECTIVES，2.3.

❷ 2010 年建立的 NDPC 是构成欧盟北向政策（the Northern Dimension Policy）的伙伴关系之一。鉴于北部欧洲国家拥有丰富多样的历史、语言和文化遗产，以及文化合作与交流的深厚经验，并且社会各部门具有大量专业性网络，欧盟因此希望借此与有关国家加强文化合作。

❸ NOTICES FROM EUROPEAN UNION INSTITUTIONS，BODIES，OFFICES AND AGENCIES，COUNCIL：

Conclusions of the Council and of the Representatives of the Governments of the Member States，Meeting within the Council，on the Work Plan for Culture 2011 – 2014（2010/C 325/01），*Official Journal of the European Union*，2.12.2010.

文化统计6大领域)、行动实施主体、工作主题、政策工具与工作方法、目标产出与时限等作了更为系统、全面的规定，为此后欧盟在文化领域的政策合作提供了更为明确的方向。

总之，欧盟近年来在文化政策领域逐步形成了较全面的政策框架，在与相关国家和地区的相互关系中更为明确地融入文化因素，并采取了一系列具体行动。由此，欧盟借助文化外交，展示其软权力的愿望进一步突出。

三、当前欧盟文化外交的主要特点

从以上欧盟层面在文化领域的相关政策框架涉及的核心内涵及随后欧盟相应的具体实践，可以比较明显看到如下特点。

1. 价值观外交色彩比较明显

虽然欧盟一再表示主要目标是促进文化的多样性和跨文化间对话，但正如2007年《欧洲文化议程》所强调的，促进保护和尊重人权等基本价值观的弘扬和发展是欧盟推动文化对话和交流进程中的题中应有之义，并且在促进文化多样性和文化间对话的同时，更有效地促进外部世界对欧洲文化的理解和欧洲所珍视的基本价值观的更广泛认同。再比如，欧洲议会2011年5月12日通过一项决议，在阐述文化外交和欧洲价值观的相互关系时，再次确认需要把文化因素纳入欧盟所有对外政策之中，强调民主和基本自由是确保文化表达、文化交流和文化多样性的重要前提。● 实质上，欧洲议会的相关决议特别强调了文化合作和文化外交对于在非欧盟国家维护欧洲利益，推行欧洲所珍视的民主、人权，预防冲突，建设和平等价值观的重要性。不仅如此，为保证欧洲在全球文化领域的地位，欧洲议会议员建议以"欧洲品牌"对外宣传欧洲的文化多样性和尊重人权、自由、民主的价值观。❷ 这一倾向不仅体现在欧盟层面的政策文件中，也日益明显地嵌入欧盟主要成员国对外文化外交的实践之中。尤其是欧盟在与包括中国在

---

❶ European Parliament resolution of 12 May 2011 on the cultural dimensions of the EU's external actions. http：//www. europarl. europa. eu/sides/getDoc. do? pubRef = −//EP//TEXT + TA + P7 − TA − 2011 −0239 + 0 + DOC + XML + V0//EN.

❷ 中国驻欧盟使团网站，"欧洲议会要求欧盟加强文化外交"，http：//www. chinamission. be/chn/zogx/whjl/whdtxx/t810300. htm.

内的发展中国家和新兴经济体的文化交流与文化合作中，更为重视欧洲基本价值观的积极宣示和倡导，强调人权和自由是欧盟自认为占据道德高地的主要标志。

2. 比较系统的综合性战略规划思路基本成型

应该承认，欧盟在此方面表现出了长远的战略性考虑，同时也体现出比较全面的政策设计和基本构想。

从欧盟运行条约关于文化合作和文化外交的相关理念，到推动联合国教科文组织通过关于促进和保护文化多样性公约，再到 2007 年欧盟委员会推出《欧洲文化议程》，2008 年欧洲理事会的《关于促进文化和跨文化对话结论声明》，2010 年欧盟委员会对《2007 欧洲文化议程》的重新审视，以及 2011 年以来欧洲议会关于欧盟对外行动文化层面的相关决议，欧盟的这一系列举措充分表明，欧盟在其对外关系中，已经更加明显地把文化因素嵌入其中，充分调动各类相关行为体（欧盟委员会、欧洲议会、各成员国以及相关市民社会组织等）的积极性，并且已经从更长远的角度，把文化因素更密切地结合到欧盟的对外关系和对外政策之中。欧盟的上述政策文件或相关决议，不仅强调了文化外交和文化合作对于打造欧洲文化在全球化世界中的持续影响力以及在全世界促进欧盟及其成员国的利益和价值观的重要性，而且重申欧盟需要从一种全球视野和全球责任出发，作为一个世界行为体的角色而采取行动；不但强调欧盟的对外行动应当是在不忽视外交的文化内涵前提下，主要集中于促进和平与和解、人权、国际贸易与经济发展，而且重视制定文化间对话与磋商的有效战略，提出文化交流、文化政策对话、人文交流的综合性思路。通过这些政策文件以及随后的相关行动，可以看到，欧盟在文化外交领域不仅提出了明确的政策目标，更有一系列行动步骤和政策措施。从既有的政策趋向看，欧盟仍将继续致力于进一步提升欧盟在国际舞台上的文化软实力地位，在文化外交领域将继续规划和完善相关战略构想。

3. 在全方位文化外交基础上，政策重心也在转向新兴经济体或发展中国家

欧盟委员会在文化外交领域，日益重视与包括巴西、中国、印度和墨西哥等新崛起的全球伙伴的政策对话，相关合作多采取政策交流或共同行动等形式。例如，欧盟与巴西的战略伙伴关系也包括文化层面，反映在

2009 年欧盟委员会与巴西文化部签署的联合声明中。欧盟委员会教育文化委员瓦西利乌于 2011 年 4 月初访问巴西,正式启动欧盟—巴西高等教育和文化政策对话,对话成果包括建立欧盟—巴西高等教育和文化政策论坛,并被纳入当年 10 月在布鲁塞尔举行的欧盟—巴西峰会。此后在欧盟—巴西新启动的行动计划中,加强双方在高等教育和文化领域的合作成为重点。❶欧盟与墨西哥的战略伙伴关系也于 2008 年 10 月正式建立。而欧盟委员会与中国文化部的政策对话于 2009 年 5 月发起。欧盟的"文化项目特别行动计划"也支持了欧盟与中国、印度、巴西的相关合作项目。同样,欧盟文化外交的重点对象倾向也体现在区域合作层面。比如,欧盟委员会作为亚欧会议成员和亚欧基金会的贡献者介入其中。这两个组织框架在文化领域、特别是培育文化多样性和跨文化间对话方面都很积极,都试图在地区层面推动欧盟加强与欧洲之外世界其他地区的文化交流与合作,尤其是新兴经济体和许多发展中国家。再比如,欧盟和非洲、加勒比和太平洋国家集团(ACP)2009 年签署的《第十次欧洲发展基金非加太战略文件(2008—2013)》中,就设立了总额为 3000 万欧元的"非加太欧盟援助项目文化板块"这一重要项目,该项目第一期已于 2008 ~ 2010 年执行。欧盟委员会于 2011 年 3 月 4 日宣布对非加太集团提供第二期文化援助,额度为 1300 万欧元,其中 700 万欧元用于资助非加太地区的影视发展,500 万欧元用于其他文化产业发展。主要目标为:提高该地区的文化创造力;促进其文化产品在区域、世界范围的传播等。❷

4. 欧盟文化外交的推行面临诸多挑战

欧盟层面的政策设计,最终需要各成员国去具体执行,但目前欧盟的整体机制框架及决策体系,依然以政府间合作机制为核心特点。欧盟层面虽然已经有了比较综合全面的文化外交思路,但实施效果还是受成员国政治意愿和国家偏好的制约。比如,前面提到,《欧洲文化议程》提出,欧盟成员国在通过联合工作计划基础上,建立所谓开放式协调方法(Open Meth-

---

❶ 中国驻欧盟使团网站,"欧盟—巴西高等教育与文化政策高层对话启动",http://www. chinamission. be/chn/zogx/whjl/whdtxx/t812696. htm.

❷ 中国驻欧盟使团网站,"欧盟启动对'非加太国家集团'第二期文化援助",http://www. chinamission. be/chn/zogx/whjl/whdtxx/t805578. htm.

od of Coordination），作为成员国在文化领域推进合作的重要机制。但是，这仍是成员国之间政策交流和协调行动的一种没有约束力的政府间合作机制，相关领域的权能依然主要在成员国层面。❶正如欧盟其他层面的主要政策一样，文化外交相关框架思路已很清楚，但由于各成员国的主要偏好和执行意愿参差不齐，并且各个成员国在文化外交领域中的相关预算也比较分散，整体层面欧盟文化外交的实际效果似乎也难如愿。

目前欧洲仍处在欧债危机的困境下，当务之急当然是摆脱经济社会危机的困境，许多外交关注，尤其是文化外交追求，难免要受到牵制和影响。欧盟不仅被视为国际舞台上具有重要影响力的经济力量或贸易力量，而且随着一体化的不断深入，更是一度被视为前所未有的区域性合作典范。然而，作为一个基于规范和价值观的"软权力"样板，欧盟本身展示出日益一体化的社会和文化工程，在欧债危机爆发以后，其魅力和光环也随之受损。正如有评论指出的，随着欧债危机的持续，尽管欧盟外交政策仍要试图向外部世界展现欧洲模式、欧洲价值观和欧洲的原则，但是，欧洲模式目前正经受着痛苦，并且也不像两三年前那么有吸引力。欧洲宣称自己作为人权卫士的榜样角色，但其真正付诸实践的能力则受到不少欧洲人的怀疑。❷当前，欧盟依然把摆脱危机放在工作的重中之重。在此背景下，欧盟的文化外交执行力度和效果都有待观察。不过，欧盟近年来还是在与世界主要战略伙伴国的互动中，尽可能较为务实地采取了一些文化交流和文化对话的积极尝试。比如中欧之间的人文交流和文化对话就是近年来极为突出的例子，下面将就此作进一步阐述。

四、欧盟文化外交对中欧关系的影响

目前，欧盟的文化外交越来越重视包括中国在内的新兴经济体。为适应欧盟对外关系中更具战略性的文化路径的多层需求，欧盟委员会于2012年3月专门设立了一个由成员国相关专家组成的文化与对外关系专家组，来

---

❶ 关于此类开放式协调机制的政府间合作性质，COMMISSION OF THE EUROPEAN COMMUNITIES："*A European Agenda for Culture in a globalizing World*"，COM（2007），Part 4，p. 12.

❷ Damien Helly，"*When human rights meet cultural relations and foreign policy*"，The More Europe Berlin Debate，8 May 2012. http：//www.moreeurope.org/sites/default/files/Berlin%20Debate%20Report.pdf.

构思欧盟对外文化关系中的共同战略。这是一项有创新性和前瞻性的倡议，来自欧盟成员国外交和文化部门的代表首次聚集在一起共同就文化因素在欧盟对外关系中的作用进行战略性思考。该小组所有会议由欧盟委员会和欧盟对外行动署（EEAS）共同主持。鉴于中国作为欧盟成员国和欧盟的战略伙伴的重要性，欧盟及其成员国共同决定该专家组首先关注中国并将中国作为实验样板，着重探讨发展欧洲与中国文化关系的战略性途径。❶ 此外，关于文化与欧盟对外关系的准备性行动也在执行中，涉及的中国项目和计划逐步开展。欧盟与中国文化领域的合作，在中欧全面战略伙伴关系框架下，既有相关政策对话，也有具体文化项目及文化产业合作，在一系列互动中已经取得了值得肯定的积极进展。

第一，政策对话层面的机制化初步取得积极进展。欧盟—中国文化关系的加强于 2003 年前后取得显著进展，当时以《欧盟委员会与中国文化部关于文化合作宣言》为开端，也正是中欧双方宣布致力于发展全面战略伙伴关系之时。因此，加强中欧文化关系和相关政策对话自然成为该进程的重要组成部分，并且逐渐成为中欧关系内涵不断深化和拓展的主要目标方向和基本标志之一。

前面提到的 2005 年联合国教科文组织关于保护和促进文化多样性公约的基本原则，顺利得到双方批准，由此确定了合作的共同基础。欧盟委员会与中国文化部于 2007 年 10 月 22 日签署了关于文化领域合作的联合宣言，借以强化中欧文化关系。中欧关系中文化层面的重要性在 2009 年于南京举行的第 12 次中欧领导人会议上得到确认，并建立了中欧高层文化论坛（EU – China High Level Culture Forum）。

第二，正式确立人文交流作为中欧全面战略伙伴关系的第三支柱地位，这具有重要现实意义。经过不断酝酿，2012 年 2 月在北京举行的第 14 次中欧领导人会议上，中国与欧盟领导人决定建立中欧战略伙伴关系的第三支柱——人文交流，致力于增进人员往来，夯实中欧关系发展的民意基础。这促进了中欧高层人文交流对话机制（HPPD）的建立，旨在通过加强双方人员和公民社会接触，促进中欧间的相互了解和深入理解。2012 年 4 月 18

---

❶ EXPERT GROUP ON CULTURE AND EXTERNAL RELATIONS – CHINA，http：//ec. europa. eu/culture/our – policy – development/documents/summary – expert – group – external – relations_ en. pdf.

日，时任中国国务委员刘延东访问布鲁塞尔并出席首届中欧高层人文交流对话期间，与欧盟委员会委员瓦西利乌发表的联合声明，也涵盖了文化交流与合作内容。

2012 年中欧"文化对话年"是中欧高层人文交流在文化领域方面的第一个具体成果的体现。2012 年 11 月 30 日，在北京举行的"中欧文化对话年"闭幕式上，欧盟委员会与中国文化部签订了关于中欧文化合作新的联合声明，希望深化中欧文化合作，为双方的进一步合作铺平道路。声明强调，"中欧文化对话年"的主要意义在于为迎接未来文化合作中的机遇与挑战提供示范。双方表示，未来将重点在共同感兴趣的关键领域有所作为，产生结构性影响。特别重视年轻一代的兴趣、需求和期待以及文化领域最新的发展，包括网络媒体的发展。双方还对加强在文化产业、文化遗产和当代艺术方面的合作怀有浓厚兴趣。双方的管理部门应深入开展对话；双方应为了解各自的机构设置、文化活动参与者、各类组织、政策和方法等信息提供更便利的渠道；为双方各种文化机构和组织直接进行合作、开展合作项目提供新的机会，增进交流与合作等。❶ "中欧文化对话年"得到中欧双方一致肯定。中国文化部部长蔡武表示，"中欧文化对话年"活动既展现了世界两个文明发源地的深厚文化底蕴，也包含了当代文化中的动态创意和思考，而受益者正是中国和欧洲的普通公众和文化领域的专业人士。出席闭幕式的欧盟委员会委员瓦西利乌也认为，"中欧文化对话年"是一次欧中在文化、教育等人文领域促进交流和提升层次的重要契机。简言之，"中欧文化对话年"促进了中欧文化交流和双方各种人员的接触和流动，有助于加深相互理解。

第三，中欧文化和创意产业的合作近年来也得到进一步推进。自 2009 年 5 月在深圳举行首届中欧文化产业论坛以来，文化和创意产业已经被确认为中欧合作的一个新的重要领域。当前中欧贸易项目二期（EUCTP II，2010—2015）对有关文化和创意产业的政策对话开放。中欧贸易项目（EUCTP）最初由欧盟委员会与中国政府于 2004 年正式发起，其总体目标是通过协助中国执行 WTO 承诺，强化其贸易能力、促进与欧盟更密切的贸

---

❶ "中国—欧盟文化合作联合声明"，中国文化传媒网，http：//www.ccdy.cn/wenhuabao/yb/201212/t20121203_ 483768. htm；2012 – 12 – 03.

易关系，支持中国进一步融入世界贸易体系。随着中欧贸易的迅速发展，欧盟成为中国最大贸易伙伴和出口市场。为适应此形势，2011 年 3 月，中国和欧盟正式启动中欧贸易项目，双方将加强在服务业、技术贸易壁垒、农业和食品安全，以及关税监管等相关领域的合作。随着中欧文化政策对话的展开，双方文化和创意产业的合作，构成中欧贸易项目（EUCTP II）第二阶段的重要组成部分之一。

五、结语

近些年来，中国与欧盟通过政策对话、研讨会、研究访问、圆桌讨论等多种形式，已经开展了一系列有助于双方政策制定者交流经验的活动，从而使中欧文化合作初步形成良好态势。然而，中欧文化合作现状还远不能与当前中欧关系的整体发展需求相符合。中欧全面战略伙伴关系的真正构建仍需要健康、稳定的民意基础。中欧已经互为主要的贸易伙伴，但政治互信仍然不足，中欧之间在文化领域或心理领域似乎和地理距离一样比较遥远。正如有学者指出的，"相互不了解在过去和现在都不断制造着误解……中欧双方在认知和理解上的鸿沟迄今仍然巨大……对于大多数欧洲人而言，中国仍然遥远"。❶ 就此而言，文化外交和人文交流具有自身优势，也许可以在中欧关系中扮演更积极的角色，在一定程度上弥补双方在认知方面的差异。

随着人文交流在中欧关系中作为第三支柱的重要性日益突出，需要双方深入考虑的是：如何继续保持这种发展势头，如何真正落到实处。比如，2012 年正式启动的中欧高层人文交流与对话机制如何进一步充实，中欧扩大人员往来的规范化如何进行，相关政策对话倡议如何有效落实，人文交流活动如何结合欧盟成员国的努力，以及如何对有助于欧盟和中国市民社会对话的现有实施项目进行整合等，都值得认真思考和总结。人文交流关乎更有效地夯实中欧关系的民意基础，对中欧关系长期稳定发展具有深远

---

❶ 迈克尔·亚胡达. 中欧碰撞对现代中欧关系的历史影响［M］//［美］沈大伟，［德］艾伯哈德·桑德施耐德，周弘主编. 中欧关系：观念、政策与前景. 北京：社会科学文献出版社，2010：31.

意义。

人文交流与文化合作，不像经贸关系和政治关系那样能获得立竿见影的效果，更需要从长计议，稳步持续地进行。许多文化交流合作项目不一定立刻追求庞大规模，应更注重合作成效和可持续性；应尽量避免大波轰、一窝蜂而上的做法。可借鉴欧盟的相关经验和做法，明确长期战略目标和近期具体行动目标的相互关系，并据此制定合理的行动步骤；已经开展的人文交流项目，要在保持稳步发展基础上，重视对其作实时评估和完善。比如正在开展的海外设立孔子学院的行动，目前不论在欧洲，还是在美国，都已具备相当规模，下一步工作应注重内涵质量的提升和评估完善。这事关中国对外文化外交的具体成效，更关乎中国国际形象；规划新的合作项目之前，重视做好扎实的前期调研，并就预期目标、潜在成效和可行性等进行必要预判和论证，避免匆匆上马、虎头蛇尾的"拍脑袋"项目。这些都需要政府有关部门重视长期规划和近期工作的恰当结合。这就需要持续地、更系统细致地进行研究和战略规划，需要相关政府部门（文化部、外交部、教育部等）更制度化地协调合作，也需要相关社会团体和个人积极地配合。

此文是作者在《教学与研究》2013 年第 12 期发表的文章《当前欧盟文化外交战略构想及其对中欧关系的政策含义》的基础上修改而成。

（房乐宪博士，中国人民大学国际关系学院教授，中国人民大学欧洲问题研究中心研究员。）

欧盟规范性力量与对华人权外交

乔 宇

"中国的兴起已经不是一个有趣的科学猜想，而是一个如此现实、可见、生机勃勃的事实。权力在东移……未来曾经那样无可置疑地握在我们手里，可现在也破碎消失，在寻找新的主人了……我们的价值观，还有那些曾经让我们伟大的东西都要被重新审视和应用，来改变当前的局势，而不是当成多余的东西被扔掉。"❶

正像托尼布莱尔在他的回忆录里描述的那样，在冷战结束至今的 20 年里，世界目睹了西方的日渐衰落和新兴世界的崛起。在这个力量从西向东转移的过程中，一些学者认为，以维护价值观为首要目标的欧洲必然要和以维护主权为首要外交目标的新兴国家形成不可避免的冲突。❷ 随着中国的和平崛起，世界政治格局无疑要被重新规划。面对这种新的形势，为了更好地确保欧洲在中国乃至亚太地区的经济利益，稳固欧盟的发展模式，增加它对世界尤其是对发展中国家的政治影响力，欧盟需要重新应用它的价值观通过参与中国的发展来改变中国，使中国成为一个符合西方价值体系和规范的国家。欧盟的这种按照自身的价值观和规范来改变他国的政治诉求和行为，在学术界引起了关于欧盟到底是什么力量，在国际上发挥什么作用，以及这种力量是否有效的大讨论。

---

❶ BLAIR T. *A Journey* [M]. London：Arrow Books, 2011：664–666.

❷ Zaki L. *Norms Over Force：The Enigma of European Power* [M]. New York：Palgrave Macmillan, 2008：4.

一、关于欧盟规范性力量的讨论

无论是学术界还是政界，欧盟都被认为是国际社会中一个独特的成员。自从煤钢共同体成立以来，学者们一直尝试着对欧共体及欧盟独特的国际作用给出合适的定义和概念。许多学者尤其是欧洲学者提出了一系列的形容词来定义欧盟的力量，如"后现代"力量、"道德的"力量、"变革的"力量、"软"力量等。❶ 这些研究不是孤立出现的，而是植根于一个不间断的研究体系。

对于欧洲具有什么样的力量，起什么样的历史性作用，在不同的历史时期都有学者提出带有时代烙印的概念。在两极斗争异常激烈的 20 世纪 60 年代，政治学者爱德华·卡尔提出欧洲具有一种支配想法的力量。这种提法直接影响并引导欧洲作为区别于美苏两大敌对阵营的国际形象，来迎合发展中国家"不干涉内政"的要求，从而提高自身在国际社会的地位。随着冷战局势在 20 世纪 70 年代的缓和，主张以外交斡旋和经济手段作为国际矛盾协调手段的学者杜申（Duchêne）提出欧共体代表一种非军事的民间力量。他认为，作为在国际社会发挥影响力的手段，传统军事手段已经让位于具有经济力的积极的民间力量了。这种说法引导了欧共体领导者对欧共体发挥的国际作用的认识。2000 年，普罗迪担任欧盟委员会主席发表就职演说时表示，欧盟必须要发展成为国际民间力量来服务于全球的可持续发展。❷

随着 20 世纪 80 年代实力政治的回归，一些学者们看到，没有军事实力的欧洲无法成为一个国际行为体。海德里布尔就是这些学者的代表。他认为，欧洲能否成为民间力量取决于其是否具备军事条件，建议欧洲发展自身的安全政策。自欧洲防务共同体 1954 年幻灭以来，欧共体一直没有发展

❶ Aggestam L. Ethical Power Europe？［J］. International Affairs. January 2008, 84.（1）：1-11.
KeukeleireS, MacNaughtanJ. The Foreign Policy of the European Union ［M］. Basingstoke and New York：Palgrave Macmillan, 2008.

Leonard M. Why Europe Will Run the 21st Century ［M］. New York：Public Affairs, 2005.

Nye J. The Paradox of American Power ［M］. Oxford：Oxford University Press, 2002.

❷ Prodi R. 2000~2005：Shaping the New Europe ［C］. Speech to the European Parliament. Speech/00/41.

自身的军事力量。直到《马斯特里赫特条约》(以下简称《马约》)发出欧盟成员国决定发展高于民间力量的欧洲的信号。《马约》的共同外交和防卫政策说明成员国试图在欧盟的国际属性里增加防卫元素。

冷战结束后，一些学者看到现实主义不能完全解释当前世界的各种社会现象，建构主义逐渐兴起。在这种背景下，英国学者玛纳斯基于他对海德里布尔和杜申的批判，提出欧盟规范性力量的概念。玛纳斯发现，虽然布尔和杜申对欧洲的力量有相反的理解和建议，但是双方都将欧洲的利益放在最重要的位置，而且双方的议论都是在共同的理论前提下进行的。这个理论前提就是冷战中体现出来的一成不变的国际关系和对民族国家的一些固定的认知，包括直接的物理实力的重要性、国家利益的重要性等。双方都认为应该让国际关系维持现状，也就是维持威斯特法利亚民族国家这个国际关系的核心。在玛纳斯看来，冷战的结束，尤其是东欧共产党政权的瓦解，是由于东欧内部意识形态的瓦解即规范的瓦解而不是武力的瓦解。于是，他认为在新的国际形势下，对欧盟力量和国际作用的分析不应该继续把焦点放在欧盟的机构和政策上来证明它多么像一个民族国家，而应该放在有实体和象征要素的认知过程中。他进一步指出，欧盟是民间力量或军事力量的说法都是定位在对欧盟能力的讨论上，而当今对欧盟的认识角度应该放在以共同原则和无视威斯特法利亚传统的意愿为特色的一种欧盟观念的规范性力量。

阐述规范性力量概念的代表作是玛纳斯于 2002 年发表的论文《规范性力量欧洲：一个自相矛盾的说法?》。他在这篇文章里指出，欧盟的力量是"一种界定什么是正常的能力。这种能力植根于欧盟是什么而不是欧盟做了什么"❶。这是基于他看到欧盟已经成为国际规则制定的核心行为体，并且已经成功地将自身的价值观转化为国际规则。比如，欧盟成功地将废除死刑作为其在人权领域的规范。首先在欧盟境内实现废除死刑，之后布鲁塞尔于 1999 年起积极要求联合国将此纳入国际人权宣言，并且在联合国人权委员会提出决议案。欧盟坚持不懈的努力已经改变了土耳其、波兰、塞浦路斯、捷克、马耳他等国家的死刑制度。另外，欧盟还在《京都议定书》

---

❶　Manners I. Normative Power Europe: A Contradiction in Terms? [J]. *Journal of Common Market Studies* 40, (2): 235 – 258.

的谈判中，成功地促使废除氟利昂条文载入《京都议定书》。玛纳斯认为，欧盟在世界上的作用不能靠单纯地和其他国家比较，因为欧盟的独特性是建立在后威斯特法利亚规范上的。因此将欧盟和威斯特法利亚国家像中国和美国那样去比较是没有意义的。玛纳斯提出的这种建立于后威斯特法利亚规范上的欧盟力量的研究，将学术界对欧盟的关注向前推进了一步。通过对海德里布尔的"所有具备实力的行为体都无一例外的拥有军事力量"的思想的批判，玛纳斯指出，欧盟对规范的偏爱和对原则的尊重是源于欧盟政治统合，是建立在对和平、自由、民主、人权还有依法治国等原则的共同立场之上的。同时，他希望用规范性力量的概念来解释欧盟这个后威斯特法利亚行为体如何向全世界推广后威斯特法利亚规范，并实证分析了在欧盟的推动下废除死刑如何变成了国际规则。

在另一篇论文里，玛纳斯用五个要素更加明确了规范性力量是观念的，涉及原则、行动、影响以及在世界政治中拥有广泛的后果的一种力量。❶ 正因为欧洲不是一个军事力量主体，规范性力量为欧盟在国际社会发挥日益扩大的作用提供了正统性，成为欧盟在 21 世纪迎接国际挑战以及跨国挑战的有效的外交工具。综上所述，玛纳斯提出的规范性力量概念可以被理解为一种包含了原则、行动、影响和后果的观念的"理由"。这里所谓的"理由"是指被作为提供超越自我利益关切和非自我利益关切的标准或工具。❷

玛纳斯的规范性力量概念提出后，不仅引起了学术界的关注，而且许多学者支持并发展了这个概念。比如学者娜塔莉托克将欧盟和其他大国，包括中国、美国、印度和俄罗斯进行比较，试图分析欧盟是否是一个践行规范性力量的外交行为体，以此来界定规范性力量到底意味着什么。她指出，一个规范性力量行为体的对外政策应该建立在普世价值基础上，尤其是国际法和国际制度。❸ 法国学者莱迪指出，虽然欧洲不会成为超级力量，因为它无法成为维护自身安全的终极担保人，但是作为一个软实力没有任

---

❶ Manners I. The EU's Normative Power in Changing World Politics [C]. Gerrits A. Normative Power Europe in Changing World: A Discussion. Netherlands Institute of International Relations Clingendael, 2009.

❷ Manners I. Un – National Normative Justification for European Union Foreign Policy [C]. NEYERJ, WIENERA. Political Theory of the European Union. Oxford: Oxford University Press, 2010.

❸ Tocci, N. Profiling Normative Foreign Policy: The European Union and its Global Partners [J]. CEPS Working Document: 279/2007: 1.

何行为体不认真对待它，因为欧盟的力量是建立在对"规范的优先"上的。❶ 他认为，欧洲的力量应当表现在根据规则的合法性进行世界秩序的整合。

反对规范性力量观点的欧洲学者如普雷斯批判地指出，欧盟运用规范性力量的能力不是从它独特的本质来的，而是来源于欧盟的硬实力。❷ 同样持批判态度的学者扬认为，玛纳斯所谓的规范的形成本身就是一种战略考虑。特定的规范被构想出来并运用到外交政策中，本身就反映了以安全性为前提的理性主义。❸

对于欧盟规范性力量的研究也进一步推动了关于欧盟在全世界推广其价值观和规范的研究。越来越多的研究表明，欧盟在东扩过程中成功地在中东欧推广了其以人权、民主和法治为核心的规范。然而，目前很少见到研究欧盟在人权领域里针对中国实施其规范性力量的文献。本文将结合先行研究探讨欧盟的对华人权外交以填补这一领域的空白。

二、欧盟规范性力量产生的背景

（一）作为国际行为体的欧盟

就像索拉纳所说的那样，"不管你喜不喜欢，欧盟必然成为全球行为体"。❹ 在国际舞台上，欧盟是最大的贸易伙伴之一，对发展中国家提供了最多的发展援助，在可持续发展领域、环境问题和气候问题上欧盟发挥着领导作用，所以，它是不可忽视的国际行为体。欧盟的统一市场作为欧盟主要的经济引擎使欧洲境内的资金、服务、商品和人员的流动成为可能。到 2009 年，欧盟这个全球独一无二的区域性组织的出口和进口份额均占世

❶ Zaki L. EU Foreign Policy in a Globalized World：Normative Power and Social Preferences ［M］. London and New York：Routledge. 2008.

❷ Price H. Normative Power Europe：a realist critique ［J］. Journal of European Public Policy 13（2）：217－234.

❸ Youngs R. Normative dynamics and strategic interests in the EU's external identity ［J］. *JCMS* 42（2）：415－435.

❹ Policy paper that was adopted in a revised version as the European Security Strategy （ESS） in December 2003.

界第一位（见表1-1、表1-2）。

表1-1 2009年欧盟在世界市场上的进口份额

	欧盟（27）	美国	中国（除香港）	日本	加拿大	世界其余部分
份额	18.0%	17.1%	10.8%	5.9%	3.4%	44.8%

来源：欧盟统计署，文件：欧盟在世界市场上的进口份额。❶

表1-2 2009年欧盟在世界市场上的出口份额

	欧盟（27）	中国（除香港）	美国	日本	加拿大	世界其余部分
份额	17.2%	13.5%	11.8%	6.5%	3.5%	47.5%

来源：欧盟统计署，文件：欧盟在世界市场上的出口份额。❷

拥有单一市场、统一货币、共同外交和安全政策的欧盟不仅是一个不容无视的行为体，而且是一个独特的区域性组织。它的独特之处在于它的政治体制结构。欧盟既不是美国那样的联邦国家，也不是联合国那样的国家间合作组织。组成欧盟的成员国虽然是独立的国家，但这些成员国将部分国家决定权让渡给欧盟的机构，以便在欧盟级别作出关乎全体成员国利益的决定。正是因为成员国将部分决定权让渡给欧盟机构，这些成员国才能拥有自己所不能拥有的力量和国际影响。在欧盟的对外政策中，具有超国家性质的也是统合度最高的共同对外经济政策为欧盟发展规范性力量提供了最直接的物质基础和手段。

1967年，由法国、德国、意大利、荷兰、比利时和卢森堡六国于1952年倡议成立的欧洲煤钢共同体与根据《罗马条约》成立的欧洲经济共同体和欧洲原子能共同体正式合并为欧洲共同体。1993年具有柱形结构的欧洲联盟正式成立。欧洲共同体作为欧洲联盟的第一支柱，仍然保留自己独立的国际法人地位继续存在，直到2009年《里斯本条约》生效。由五个决策

---

❶ Online Computer Library center. Tsukuba University. Tsukuba. http：//epp. eurostat. ec. europa. eu/ statistics_ explained/index. php? title = File：Shares_ in_ the_ world_ market_ for_ imports, _ 2009_ （%25_ share_ of_ world_ imports）. png&filetimestamp = 20111214173047

❷ Online Computer Library center. Tsukuba University. Tsukuba. http：//epp. eurostat. ec. europa. eu/ statistics_ explained/index. php? title = File：Shares_ in_ the_ world_ market_ for_ exports, _ 2009_ （%25_ share_ of_ world_ exports）. png&filetimestamp = 20111214173030

机构共同制定对外经济政策的欧洲共同体是欧盟对外政策中最具有超国家性质的组成部分，也是欧盟对外最具有影响力的组成部分。作为欧共体的共同决策者，欧洲联盟委员会掌握着欧共体的排他性政策倡议权。委员会采用联邦制，其成员来自成员国政府。欧盟理事会和欧洲议会作为欧盟主要的立法机构，只能在欧盟委员会提出的政策草案基础上作出决定。作为欧共体另外两个立法机构之一的欧洲理事会由国家元首组成，为欧共体的发展提供必要的原动力。欧洲法院则通过发布有约束力的裁决以及对现有法律的解释和修订来参与立法。

拥有这些决策机构的欧共体之所以具有巨大的对外影响力，主要取决于其与成员国的权力划分。自从《罗马条约》生效以来，欧共体被赋予对外经济政策的较大权限，在广泛的对外经济问题上享有排他性的权力。排他性权力指的是欧共体将垄断有关的决策权力，并代表成员国在国际社会采取统一的行动以取代成员国的个别行动。成员国则无权采取自主的国别政策以及采取任何行动妨碍欧共体行使权力。● 这些排他性权力包括建立关税同盟的权力。关税同盟保证了欧盟成员国内部取消关税和其他贸易壁垒，对非成员国进口商品实行统一的对外关税。统一关税的举动不仅统一了欧盟的内部市场，更重要的是成为欧盟对外政策的主要工具。欧共体通过广泛地对外运用各种税率安排来加强其对欧共体周边国家和广大发展中国家的经济影响。在欧盟对外援助条约中，比如《洛美协定》，优惠的关税通常是援助的主要内容。发展中国家为了得到欧盟的援助也不得不接受欧盟在人权和民主等方面的要求，被欧盟渗透改变。

在商品贸易领域，欧共体被赋予实行共同商业政策的排他性权力。这个领域不仅包括共同商业政策，也包括共同农业政策。欧共体负责改变关税税率，缔结关税与贸易协定，统一贸易自由化措施，制定出口政策以及制定反倾销和反补贴政策。排他性的缔约权使欧共体可以对外实施很大的影响力。另外，欧共体对部分服务贸易领域包括知识产权事项，禁止假冒商品的放行和自由流通的海关措施，以及从一成员国境内向任何其他成员国境内提供服务等事项拥有排他性权力。

● Rafael L. The European Community and Mixed Agreements [J]. European Foreign Affairs Review, 2001, 6: 505.

除此之外，欧共体还和成员国与第三国订立联系国协定时共同享有互补的权力。这里的联系国协定是欧共体对外实施影响、输出规范的重要手段。它不仅包括发展援助，还包括通过发展援助建立政治关系等。欧共体和成员国一起与第三国谈判并签订协议。著名的非加太发展中国家的《洛美协定》以及后续《科托努协定》便是欧共体及欧盟实施规范性力量进行人权外交的例子。

（二）欧盟对外实施规范性力量的基础条件

拥有范围广泛的排他性权力的欧共体在长期的发展中建立了一套对外实施影响力的、超越于一般经贸关系的经贸政策体系。通过这些体系的特殊的经贸安排，尤其是联系政策和发展合作政策的落实，欧共体得以与世界上超过半数的国家建立紧密的经贸关系，并通过经贸影响这些国家的政治。这些随着历史发展不断建立、不断完善的对外施加影响的政策体系，在冷战结束后被广泛地运用于欧盟规范的传播。为了更好地了解欧盟对外施加影响力的工具，有必要分析这些政策体系以及机构对欧盟施展规范性力量并对第三国进行价值观和规范渗透所起的作用和意义。

联系制度最早出现在《罗马条约》，目的是对附属于最初的六个欧共体成员国的非欧洲国家及领地与欧共体成员国的经贸关系作出安排。《罗马条约》作出了包括成员国将相互给予的贸易待遇延伸适用于共同体与海外国家与领地的贸易等诸多规定。❶ 联系制度不但发展了与联系国的经济贸易，还支持了联系国的社会发展。这样，随着欧洲共同体影响的日益扩大，尤其是随着国际政治局势的变化，从 20 世纪 60 年代开始，欧洲共同体将这种以提供援助和优惠的贸易政策为核心的联系政策逐渐推广到与发展中国家的关系上。最初对非联系国进行援助是 1967 年通过"肯尼迪回合"下缔结的食品援助公约进行的。被援助的对象是处于饥荒中的发展中国家，比如印度和孟加拉。20 世纪 70 年代，欧共体设立了针对亚洲和拉美发展中国家的财政援助计划以及针对北非和中东国家的协定。到 20 世纪 80 年代，欧洲共同体的受援国已经遍及全球。

---

❶ Hilpold P. EU Development Cooperation at a crossroad: The Cotonou Agreement of 23 June 2000 and the Principle of Good Governance [J]. European Foreign Affairs Review, 2002, 7: 53–72.

　　这种扩展联系国制度而对外施加影响的做法反映了欧共体在不同历史时期的政策重心。选择援助对象时，政治的考量逐渐变成了欧共体发展对外联系制度的一个重要因素。20 世纪 60 年代，为了维护法国对非洲的影响及其利益，欧共体签订了《雅温得协定》。❶20 世纪 70 年代中后期，为了建立一个与美苏两个超级大国不同的国际形象，提高自身的国际地位，欧共体设立了针对北非和中东国家的马格里布（Maghreb）和马什里克（Mashreq）协定。这些协定的设立旨在"建立发达国家和发展中国家之间的新关系模式，以符合国际社会要求建立更公正和更平衡的经济秩序的愿望"。❷ 在这个时期，处于美苏夹缝中的欧共体通过联系制度谋求的是军事安全、经济发展和提高其国际地位。"与肆意插手发展中国家内政的美苏两个超级大国不同，共同体从 1975 年的第一个《洛美协定》开始，顺应发展中国家的要求维护独立，拒绝任何形式的殖民主义的强烈呼声，推行了一项较为开明的发展合作政策。"❸ 这个时期的欧共体尚无力向第三国输出规范。前两个《洛美协定》也都没有关于任何规范和价值观的说法。到了第三个《洛美协定》，关于人权的问题出现了。不过"人权"一词只是出现在附件中，并没有对欧共体的对外政策产生实质性的影响。❹

　　东欧剧变，苏联解体以及随之而来的冷战结束，使西方对其民主制度和意识形态的普世性充满信心。这时，一项积极的人权政策成为新时期欧共体的对外工具，以达到维护其政治安全、扩张经济利益以及提高国际地位的目的。在 1991 年 6 月 28 ~ 29 日的卢森堡欧洲理事会上，欧共体发表了《人权宣言》，在同年 11 月的理事会上又采纳了《关于人权民主和发展的决议》。在这个决议中，12 个成员国声称，"人权具有普世性，所有的国家都有责任来促进人权的发展"。❺在这之后，欧盟及其成员国都不遗余力地大力

---

　　❶ 陈志敏，古斯塔夫·盖拉茨. 欧洲联盟对外政策一体化——不可能的使命？［M］. 北京：时事出版社，2003：177.

　　❷ Bretherton C, Vogler J. The European Union as a Global Actor ［M］. London：Routledge, 1999：115.

　　❸ 陈志敏，古斯塔夫·盖拉茨. 欧洲联盟对外政策一体化——不可能的使命？［M］. 北京：时事出版社，2003：177.

　　❹ Hilpold P. EU Development Cooperation at a crossroad：The Cotonou Agreement of 23 June 2000 and the Principle of Good Governance ［J］. European Foreign Affairs Review 2002, 7：59 – 60.

　　❺ Duparc C. Declaration on Human Rights ［C］. The European Community and Human Rights. 1992：48 – 50.

推广人权，并通过签订带有人权条款的贸易协定来迫使广大接受欧盟援助和优惠贸易条件的发展中国家接受其人权规范，改善人权状况。冷战结束后，发展中国家接受的来自美国和俄国的外援减少，而越来越依赖来自欧盟的援助。在受援国数目急剧增加的情况下，政治标准的设立也为欧盟调整对外援助的地理分布提供了借口。这样，对外援助政策的巨大变化也逐渐改变了欧盟和发展中国家间关系的部分性质。在前三个《洛美协定》中体现出来的平等和建设性的关系也逐渐被高压渗透所取代。

（三）欧盟规范性力量产生的基础条件

玛纳斯对欧盟规范性力量的研究是一种将欧洲研究从机构和政策经验转移到政策认识过程的尝试。这种尝试基于欧共体及欧盟在政治统合过程中逐渐形成的规范意识。这些对自身的认同最终被纳入欧盟的条约，成为欧盟行动的指针和保障。

自从1957年《罗马条约》签订以来，一系列的条约被确立下来，成为欧共体及欧盟发展经济政治统合的基础。这些条约中出现的各个成员国共同承认的规范和价值观成为欧盟规范性力量发展的根据。其中，最能体现欧盟规范性认同的法律条约是《马斯特里赫特条约》。《马斯特里赫特条约》的F条款明确规定，"联盟要尊重这些建立在民主机制上的成员国的民族认同。联盟要尊重已经被欧洲公约确定了的维护人权和基本自由等基本权利"。❶ 这个欧盟成立的基础性条约阐述了各成员国确认的人权、民主和法治等规范的重要性。欧盟通过将各个成员国的意志成功地载入条约而合法地将这些规范通过与第三国的关系广泛地推广。

除此以外，1991年欧盟发布了人权决议。在这个决议中欧盟决定导入"积极的途径"来针对发展中国家尤其是中东欧和前苏联等国家积极推广人权和民主。❷ 这个"积极的途径"旨在通过柔性手段进行渗透，主要方式有：与第三国政府对话，运用建设性措施，阶段性的运用限定措施等。具体来说，就是要和第三国政府保持沟通的渠道，以便展开坦率而富有建设

---

❶ Treaty on European Union ［J］. Official Journal C 191, 1992.

❷ Resolution On Human Rights, Democracy and Development ［C］. The European Union and the External Dimension of Human Rights Policy: From Rome to Maastricht and Beyond ［C］ *COM*（95）567 final. Brussels. 22. 11. 1995：10.

性的对话。采取建设性的措施意指将民主主义制度化，对有意于改善人权状况的国家和非政府组织进行民主化和人权方面的支持。具体的措施有：强化司法权、帮助起草宪法、确保行使公权力的透明等为主要内容的法治以及支持选举、加强市民社会的建设，包括报道自由、教育支援等。同时，其内容还包括对社会弱者的支援。在这些领域里，欧盟委员会都和联合国人权委员会以及欧洲安全保障合作机构等保持了密切的合作。

阶段性限定措施的运用指的是当第三国出现破坏人权的重大事件，或者在民主化过程中出现阻碍甚至中断民主化的事件，欧盟要和第三国政府开展对话，并依照客观公正的原则，按照实际情况顺次使用适当的措施阻止破坏人权和民主化事件的发展。这些手段主要有官方的和非官方的抗议，停止或者变更已经协议好的合作项目，停止高层会晤，停止包括财政支援的合作以及实行禁运措施等。鉴于担心这些措施会让第三国民众处于更加不利的局面，欧盟决定在这种情况下一方面要通过非政府组织来确保支援资金和物资到达最底层受苦民众手里，另一方面通过调整与第三国政府的合作项目来与第三国政府拉开距离。❶

在这之后，欧盟又进一步地细化了人权条款。1992 年 5 月 11 日，欧盟针对立陶宛、阿尔巴尼亚和拉脱维亚，在《贸易以及经济合作协定》中采用了"本质要素条款"和"明示的停止条款"。这里的"本质要素条款"指的是"赫尔辛基最终议定书以及新欧洲巴黎宪章确立的民主主义原则和对人权的尊重是欧盟以及关系国的对内政策和对外政策的指导方针，也是本协定的本质要素"。"明示的停止条款"指的是"在本协定的本质条款被严重违反的情况下，当事者有权立即停止本协定的全部或部分的履行"。❷

从 1993 年起，欧盟将人权条款定式化了。从此，在欧盟与第三国签订的协议里载入了对人权和民主主义的尊重以及欧盟和第三国关于人权具有普适性的文章。在协议的正文中插入"本质要素条款"和"明示的停止条款"。从此以后，欧盟进一步通过法律手段对第三国广泛地展开了人权渗透。

---

❶ Resolution On Human Rights, Democracy and Development [C]. The European Union and the External Dimension of Human Rights Policy：From Rome to Maastricht and Beyond [C] *COM* (95) 567 final. Brussels. 22. 11. 1995：10.

❷ On the Inclusion of respect for Democratic Principles an Human Rights in Agreements between the Community and Third Countries [C]. COM (95) 567 final, Brussels.

三、欧盟规范性力量在对华人权外交中的体现

（一）中国和欧盟对人权概念的不同解释

虽然中国也一直强调人权的重要性，但由于中国对人权概念的理解与欧盟不同，遭到来自布鲁塞尔的诸多指责和批评。

双方的第一个主要分歧是关于人权的普世性。欧盟认为，无论种族、民族、性别和年龄，每个人都享有同样的权利。中国则将人权划分为个体人权和集体人权。尽管中国领导人在许多场合表示承认人权的普遍性，但仍坚持各个国家和地区有理由根据自身发展的历史选择有本国特色的人权理念。

第二个分歧在于人权和民主的相互依存上。欧盟认为，人权和民主是相辅相成的。人权可以在尊重个人的民主社会得到更好的保护。中国不认为民主是保护人权的必要条件。而认为世界上没有固定的维护人权的模式。同时，相对于个体人权，中国更重视集体人权，认为集体人权的实现最终要通过个体人权的实现来完成。

双方的第三个分歧是关于对国家内政的干预。对欧盟来说，其认为，为了维护人权而对欧盟成员国以外的国家进行干涉不属于对他国内政的干涉。但是，中国自新中国成立以来就反对以任何形式对他国内政进行干涉的做法，不管是否维护人权。自从 1953 年周恩来在万隆会议上提出"和平共处五项原则"以来，不干涉内政就作为中国的一项外交方针指导着中国的对外关系。中国认为不干涉内政和国家的主权以及领土完整紧密相连，任何形式的对国家内政的干涉都会最终侵害国家主权和领土完整。对于欧盟提出的改善人权状况的要求，中国也在一定程度上感受到西方利用人权问题大做文章而给自己带来了不稳定因素。1989 年春夏之交的政治风波之后，欧共体及欧盟就人权问题而对中国不断升级的制裁也让人权问题在中国成为非常敏感的问题。

（二）欧盟对华人权外交的特点

自从 1989 年春夏之交的政治风波以来，欧共体及欧盟都在不遗余力地

贯彻对华人权输出的方针。其对中国实施的人权外交总体目标一致，但在每个阶段都有不同的特点，在对华人权斗争中呈现了不同的样态。通过分析可以看到，随着中国与欧盟在这 20 多年间实力的消长变化，欧盟对华人权外交也逐渐呈现疲态，直至沦为有名无实的口号。

1. 冷战结束到 20 世纪 90 年代中期

20 世纪 80 年代末，中国与欧共体的关系发展到了自中华人民共和国成立以来的最好时期。随着欧共体在石油危机之后对海外市场的迫切需求，欧共体逐渐认识到中国是个未开拓的巨大市场。同时，中国政府也看到逐渐统合起来的欧共体将会在东欧逐渐摆脱苏联控制的政治解放中发挥重要作用。❶ 对资金、科学技术项目合作的迫切需求也促使中国增强与欧共体的关系。

1985 年中欧双边贸易协定签订，创造了诸如"中欧贸易周"这种增加贸易量的方式。第一届"中欧贸易周"于 1981 年举行，吸引了来自双方的 800 多位代表。1985 年，在陈慕华和欧共体委员会负责海外关系的德克乐主持下，第二届"中欧贸易周"成功举行。在 1988 年举行的第三届"中欧贸易周"，双方签订了数量众多的合作项目。中国出口企业成功地出口了折合 12 亿美元的商品。欧盟则向中国出口了 4.8 亿美元的商品。为了增加出口，增进技术交流，在陈慕华的倡导下，在汉堡成立了中国贸易中心。❷ 欧共体和成员国加大了对华直接投资。

尽管双方都在加强双边贸易，但是在 80 年代中国与欧共体的双边贸易量还是相对较小的。在 80 年代初期，欧共体的对华贸易只占欧盟对外贸易的百分之一。但是这一数值上升得很快，到 1984 年欧共体出口到中国的商品总值 35 亿埃居（约合 25.9 亿美元）❸。同年中国对欧共体出口达到 32 亿埃居（约合 23.68 亿美元）。快速的贸易增长让双方看到合作的希望。80 年代后期，欧共体被高失业困扰，增大对华贸易变成了欧洲比较普遍的认识。同时，美国和日本在中国市场的份额在逐渐加大，分别占领了中国市场的

❶ Moller K. Diplomatic Relations and Mutual Strategic Perceptions：China and the European Union ［C］. Edmonds R L. China and Europe since 1978：A European Perspective. Cambridge University Press，2002：13.

❷ European. N. S. ［J］. No. 4836.

❸ 1984 年一埃居兑换 0.74 美元。

19%和26%，而拥有9个成员国的欧共体只有12%的市场份额。为了不失去中国巨大的市场，在80年代末，欧共体和美国、日本展开了激烈的市场争夺。❶

在双边关系快速发展的当口发生了1989年的春夏之交的政治风波。欧共体为了维护人权，一度运用了经济、外交等多边制裁的手段。这些制裁包括武器禁运、经济制裁以及停止高层接触等。当时这种高调的制裁也反映了中欧之间的经贸联系还是较少，欧共体可以暂时不顾由此而对自身造成的经济损失。但是当看到日本没有制裁中国，美国由于海湾危机而很快缓和了对华关系，欧共体也解除了对中国的经济制裁，只是保留了武器禁运。

这个时期欧共体的对华人权外交的特点是多种手段同时出击。这种态势的出现也是由于中国与欧共体在经济实力上的巨大差距。欧共体有底气对中国进行经贸、政治和军事全方位的制裁。

2. 20 世纪 90 年代中后期

20世纪90年代中后期，随着欧洲和亚太地区贸易量的增大，欧盟为了与经济快速发展的亚洲建立更加紧密的经济联系，推出了"新亚洲战略"。1995年欧盟针对中国出台了最早的对华政策，以搭上中国这趟经济快车。

与美国不同，欧盟没有维持亚太地区安全和政治秩序责任的传统。对于欧盟来说，亚太地区的安全问题不是最首要的问题。欧盟经济增长以及在亚洲市场尤其是中国市场的经济利益是重要的。

在这个时期，欧盟认为，能够保住自身在中国市场的利益的最重要的途径就是让中国也变成和西方国家一样的遵守"国际规则"，尤其是尊重人权、民主和法治的国家。如果中国在这些方面被西化了，那么欧洲人在中国的人权会得到与在欧洲一样的保护，欧洲的企业也可以和在欧洲一样来巩固其利益。所以，这个时期欧盟不打算用经济制裁来迫使中国按他们的要求"改善"人权状况。欧盟对华人权外交主要集中在日内瓦联合国的人权委员会，通过提出针对中国的人权决议来进行。这种斗争持续了10年之久，尤其是1995～1997年，斗争进入白热化阶段。

这个时期，在联合国人权委员会的斗争中，欧盟在很大程度上充当了

---

❶ Communication of The Commission. A Long Term Policy For China – Europe Relations. ［C］COM, 1995（279）.

美国"小跟班"的角色。随着斗争的加剧，欧盟逐渐认识到，真正的斗争不是在联合国人权委员会，而是在中国市场。美国以人权问题打压中国解决不了政权问题。欧盟瞄准了抢占中国市场这个目标。布鲁塞尔认识到帮助美国在人权问题上制裁中国，只能让华盛顿把更多的中国市场的订单装进腰包，而自己却什么也得不着。于是欧盟接受了中国提出的人权对话的建议，将对华人权外交从国际多边舞台移至双边舞台，从而失去了以人权问题遏制中国的作用。

这个时期的欧盟对华人权外交已经明显地出现了疲软状态。随着双方经贸往来进一步的频繁，欧盟及成员国都与北京建立了广泛的政治互信。交流合作更是从能源到环保，从科技到文化等各个领域。欧盟已经不能承受由于人权问题而在中国市场上的损失了，于是逐渐减少了对华人权外交手段。

3. 21 世纪前 8 年间

21 世纪的来临给中国与欧盟关系带来了更多的机遇。随着中国与欧盟积极构建首脑间的互信，双方都广泛传播多极化世界的理念。在这个理念上中国与德国和法国的吻合，使欧盟更加欢迎日益崛起的中国。美国挑起伊拉克战争，欧盟内部也对是否应该有自己的防卫政策展开了广泛的讨论。"新老欧洲"的出现成为欧盟历史上最严重的分歧。以德国和法国为代表的"老欧洲"本着多极化理念，一方面积极构建欧盟自身的防卫体系，另一方面在国际社会与中国相互借重，抵制美国的单边霸权。这样的背景下，法国和德国提出解除对中国的武器禁运，中国的人权问题又一次被提到了欧盟的议事日程。

此时，美国全面介入关于解除对华武器禁运的谈判中，欧盟最后一个对华人权外交的底牌也成为欧美矛盾的焦点。美国最终以强大的外交攻势让欧盟放弃了解除武器禁运议案。欧盟也只好拿人权做幌子来搪塞中国。中国在这个时期已经一反被动局面，主动出击打破来自西方的人权包围。

4. 2008 年以来

2008 年的世界经济危机使欧洲经济陷入了泥沼。欧盟成员国相继出现了货币危机，欧洲央行也苦于没有更多的资金来对这些成员国进行解困。中国的钱袋进入了欧盟的视野。为了让北京出钱帮助欧盟走出困境，欧盟领导人多次称赞中国社会的发展以及在人权领域里的进步。人权变成了欧盟成员国对华关系中避而不谈的词语。

时至今日，不仅是人权问题，即便是西藏问题也已成为欧盟各国回避的话题。英国首相卡梅伦在 2013 年 12 月终于进行了期待已久的访华，此前因为他曾接见达赖喇嘛而被北京斥责。最近，李克强总理提出要和欧洲加强联系，扩大贸易。这番讲话在欧洲引起了轰动效应。自顾不暇而期待中国资金注入的欧盟已经没有更多的精力顾及对华人权外交了，虽然欧盟领导人仍然把人权挂在嘴上。

四、结语

从欧盟对华人权外交来看，总体来说是不成功的。但是，欧盟自 1989 年以来对中国进行的全方位的渗透使中国作出了一些改变。

欧盟在对华人权外交中从最初的全方位出击到最终无计可施，体现了其经济实力日益下降的现实。同时，我们也看到，即便欧盟经济上需要中国支持而回避人权问题，人权外交在欧盟对外关系中仍然占据一定位置，尊重人权已经成为欧盟各成员国的基本价值观。所以，欧盟今后不会彻底放弃对华人权外交。

面对欧盟的人权外交，20 世纪 90 年代以来中国从经济、政治和外交领域都作出了有效的应对，这些应对不仅维护了中国的政治、经济权益，同时也彰显了中国高超的外交技巧。今后在应对欧盟的人权外交中，中国应当建立一套基于中国传统文化精华并与中国内政外交相结合的价值体系。这套价值体系可以为中国的对外政策和行为提供有历史意义的合理性和合法性。应当从全球视野看待欧盟对华人权外交。只有用全球视角看待这个问题，才能认清"人权问题"的实质，才可以帮助我们通过适当的渠道妥善处理与欧盟的分歧与矛盾。充分了解欧洲的价值观，尤其是探究这些价值观是如何与欧盟当今的政治、经济有机结合的，有助于中国政府制定出切实有效的对外政策，同时谋求价值观领域中的理解、融合、共存和共容。积极面对欧盟的人权外交可以让我们在新的历史条件下把握这一地区的时代脉搏，在中欧关系中占据主动，为实现中华民族的伟大复兴作出贡献。

（乔宇，日本筑波大学博士。）

中国对欧盟文化外交及其特点

王　垦

文化是一个国家最宝贵也是独一无二的软实力资源，但是文化不会自动转化为软实力，只有当本国的文化在传播和推广的过程中对他国产生了吸引力和影响力，才能发挥软实力的作用。所以，要通过文化外交的各种实践即教育文化交流项目、人员往来、艺术表演与展示以及文化产品贸易等手段努力推广本国文化，增进相互理解，进而有效地促进本国外交政策的推行。

近年来，从改善自身形象、创造有利的发展环境及提高国家软实力的需要出发，中国积极探索文化外交实践。其中，对欧盟的文化外交一直是中国文化外交的重要组成部分。2003 年，中国政府发表了《中国对欧盟政策文件》，阐述了对欧盟的主要政策目标和措施，以及未来五年中欧关系的发展走向。其中，在文化方面提出对欧政策要以开放的姿态巩固和深化中欧双边在多个文化领域的交流与合作，主要包括文化交流、教育、科技等关键领域。本文主要研究 21 世纪以来中国对欧盟及其主要成员国开展的文化外交。分析中国对欧盟开展文化外交的背景、主要文化外交项目、特点及面临的挑战。

一、中国对欧盟开展文化外交的背景

（一）战略因素

冷战结束，国际形势发生了巨大变化，世界开始进入以和平与发展为主题的新时期，公开对抗已经不再是大国之间相处的主要方式，大国之间既要相互制约也要相互合作。中欧关系在这样的国际背景下不断深化。20

世纪 90 年代中期以来，中国与欧盟高层领导人互访频繁，建立了稳固的政治磋商机制。1998 年，中欧建立领导人年度会晤机制（中欧首脑峰会）。2002 年，中欧签署政治对话协议。2003 年，中欧建立全面战略伙伴关系。这一系列政治行动有力地促进了中欧关系的发展。目前，双方已建立了 30 多个磋商与对话机制，包括外长级、大使级和专家级等层次，涵盖政治、经贸、科技、能源、环境等领域，对话的领域也随着合作的加深而日趋广泛。稳定的双边关系和多样的沟通渠道，为中欧开展文化外交打下了坚实的基础。同时，随着经济实力不断增强，中国更加积极地参与国际事务，努力提升其国际影响力，也更加注重其国际形象。而文化外交是国家间的一种交流，是对外传播一国历史和文化，并且塑造国际形象的有效途径。基于此，文化外交已成为中国国家整体外交战略的一个重要组成部分，成为继经济、政治外交之后的第三大支柱。❶

（二）经济因素

经济全球化让国家间的各种交往愈加频繁，在很多方面促进了文化外交的发展。作为经济全球化的受益者，中国经济得到高速发展，这为对欧盟开展文化外交拓展了交流范围。2004 年欧盟成为中国第一大贸易伙伴，中国是欧盟第二大贸易伙伴。2009 年中国成为欧盟第三大出口市场。❷ 欧盟统计局公布的最新贸易数据显示，中国仍是欧盟第一大进口来源地，并且继续保持欧盟第二大贸易伙伴的地位。❸ 在这样紧密的经济关系中，中国企业"走出去"的步伐不断加大，有利于中国的文化观念、文化产品和文化服务输出欧洲。除此之外，经济全球化带来了人员流动全球化，也便利了文化外交的开展。文化外交的承担者不再局限于外交官，大批在海外工作和学习的人员都在一定程度上扮演着"民间外交家"的角色。欧洲大陆是中国学生选择留学的热门地区。据欧盟委员会统计，中国在欧洲的留学生

---

❶ 文化外交已成为中国继经济、政治外交后第三大支柱. 中国新闻网. 2008 - 12 - 4. http：//www. chinanews. com/gn/news/2008/12 - 04/1473364. shtml.
❷ 张利华. 欧盟人权外交与中国应对之策 [J]. 学术前沿, 2013 (1) 上.
❸ 中国仍是欧盟第二大贸易伙伴. 人民网. 2013 - 5 - 27. http：//biz. xinmin. cn/2013/05/27/20455669. html.

人数超过 12 万。● 通过人与人之间的接触，能够更加真实地了解一个国家的风土人情、风俗习惯以及传统文化。从而增进国家间的了解，有利于国家间外交的顺利开展。

（三）文化因素

从文化资源的角度来看，优秀的传统文化是中国对欧盟开展文化外交丰富的文化资源。作为四大文明古国之一的中国，其文明成果是人类历史上唯一没有中断过且延续至今的文化体系。中国的历史文化资源丰富，从汉字到戏曲，从中医到武术，从传统节日到饮食文化等。其中，尤以中国古代思想博大精深，堪称中国传统文化的代表。诸子百家中当数儒家对中国两千年的封建社会影响最大，其主要思想是仁、义、礼、智、信、恕、忠、孝、悌。清华大学阎学通教授认为，通过深入挖掘中国古代思想，中国可向世界提供更高标准的价值观。中国具有向世界贡献"文明、公平、正义"价值观的潜在思想资源，而这三点的根源则在于儒家思想中的"礼"、"仁"、"义"。● 优秀丰富的文化资源是中国开展对欧文化外交的深厚基础。

二、中国对欧盟开展的文化外交项目

随着中国与欧盟关系不断加深，文化交往受到了双方的重视。文化外交与政治外交和经济外交一起构成了中国外交的三大支柱。近些年来，中国对欧盟及其成员国开展了一系列内容丰富、形式多样的文化外交活动，尤其是在文化展示、语言推广和文化交流方面效果更为显著。

中国与欧盟之间的文化外交实践既有宏观层面的政策制定，也有微观层面的各种文化活动，这些活动为中国与欧盟成员国之间进一步开展文化外交打下了基础。

2009 年，第十二次中欧领导人会晤提出 2011 年为"中欧青年交流年"，

● European Union set for new accord with China on cultural cooperation. European Commission – IP/12/1276. 2012 – 11 – 28. http：//europa. eu/rapid/press – release_ IP – 12 – 1276_ en. htm.

● 阎学通. 中国能向世界贡献哪些精神产品. 新华网—国际先驱导报. 2012 – 5 – 15. http://news. ifeng. com/opinion/sixiangpinglun/detail_ 2012_ 05/15/14532913_ 0. shtml.

这是中欧建交以来第一个主题年，也是中国政府与欧盟首次合作开展的青年交流活动。一系列大规模、长时间、范围广的青年互动活动增进了中欧青年之间的理解和认识。

2010 年，第十三次中欧领导人会晤确定 2012 年为"中欧文化对话年"，由中国文化部和欧盟委员会教育文化总司联合主办。"中欧文化对话年"于 2012 年 2 月在布鲁塞尔开幕，中欧双方以思想文化对话与文化艺术交流为主线，一年的时间内共完成了近 300 个合作项目，涵盖了文学、艺术、哲学、语言等领域，覆盖 22 个中国省、区、市及 27 个欧盟成员国，是中欧文化交流史上名副其实的一次盛事。欧委会教育文化委员瓦西利乌高度评价"中欧文化对话年"，称"对话年是欧中在文化、教育等人文领域促进交流和提升层次的重要契机。闭幕式不应被看做欧中文化对话的终点，而是在未来继续加强、加深文化合作的新起点"❶。闭幕式上，中欧双方共同发表了《中国—欧盟文化合作联合声明》。

2012 年，中欧高级别人文交流机制启动，这是第十四次中欧领导人会晤的主要成果之一。这一机制与中欧高级别战略对话和中欧经贸高层对话相互补充、相互促进，共同构成中欧关系的三大支柱。它将整合现存的有关教育、文化、青年和多语制的交流机制，❷ 推动中欧人文交流进入一个更加规划有序、保障有力、持久有效的新阶段。

除大规模的文化交流活动之外，中国还针对欧盟层面的相关专业人士开展高级别文化交流。《中欧文化高峰论坛》是一个由中国文化部与欧盟委员会教文总司、对外关系总司合作举办的高端论坛，自 2010 年 10 月至 2013 年 12 月已举办过三届，主题分别为："世界观、现代化和美学"、"创制城市"和"文化外交与合作"。来自中欧双方的专家学者、政府官员和文化机构负责人就东西方文化等主题展开讨论和交流。此外，中国驻欧盟使团还主办各种展览，让欧盟机构官员、欧盟智库、外交使团等各界人士了解中国的文化和历史。比如："中国古代帝王天子珍宝展"展示了中国悠久的历史和灿烂文化，体现出贯穿中国历史的人文精髓"和"、"合"思想；"魅力

---

❶ "中欧文化对话年"在京闭幕. 中华人民共和国驻欧盟使团. 2012 – 12 – 5. http: // www. fmprc. gov. cn/ce/cebe/chn/zogx/whjl/zowhsx/t995223. htm.

❷ European Union set for new accord with China on cultural cooperation. European Commission – IP/ 12/1276. 2012 – 11 – 28. http: //europa. eu/rapid/press – release_ IP – 12 – 1276_ en. htm.

北京"图片展及民间手工表演展示了中国改革开放取得的巨大成就;"友谊之桥"中国文化周的绘画展和电影展集中展现了中国传统与现代文化的碰撞;"中国文化:发展与交流"图片展反映了当代中国文化和艺术的传承与发展、交流与互鉴。举办展览的目的是使欧盟的民意代表们从历史、文化、艺术的不同角度,感受中国文化的丰富内涵,更多地了解和认识中国。出席展览的欧盟官员纷纷表示,"展览是一次以文化为平台,开展中欧民间交流的良好机会"●,"图片展将有助于欧洲议员进一步增强对历史悠久的中华文明和充满活力的当代中国的了解和理解"●。这些高级别的文化交流活动增进了欧盟领导层对中国的了解。

此外,汉语推广也是中国在欧盟层面开展文化外交的重点。2007 年 3 月,中国驻欧盟使团开始实施为期五年的"中国—欧盟学生交流奖学金项目",每年向欧盟提供 100 个获得"中国政府奖学金"的学生名额,用于资助欧盟国家大学生来华学习汉语和中国文化。● 同年 11 月,中国宣布启动新的中欧语言交流"欧盟窗口"项目,以进一步支持欧盟国家的汉语教学。2013 年起,欧盟学生可以继续通过申请"中国政府奖学金(欧盟窗口)项目"到中国学习。为了增强欧盟学生对汉语的兴趣,中国国家汉办从 2013 年开始,在未来三年每年为欧盟学校举办"汉语桥夏令营活动"。

三、中国对欧盟成员国的文化外交项目

(一)英国

英国一直都是中国对欧文化外交的重中之重,也是中国在欧盟国家中开展文化外交活动较多的国家。

2005 年,中国国家汉语国际推广领导小组办公室(国家汉办)与伦敦

● 中华瑰宝,惊艳欧盟中国驻欧盟使团为欧盟机构举办《天子珍宝展》专场展览. 中华人民共和国驻欧盟使团. 2009 - 10 - 14. http://www.fmprc.gov.cn/ce/cebe/chn/zogx/whjl/t620375.htm.

● 欧洲议会里的"中国文化盛宴". 中华人民共和国驻欧盟使团. 2013 - 10 - 16. http://www.chinamission.be/chn/zyxw/t1090210.htm.

● 中国新设"中国—欧盟学生交流奖学金项目". 中央政府门户网站. 2006 - 9 - 15. http://www.gov.cn/gzdt/2006 - 09/15/content_ 389631.htm.

大学亚非学院（SOAS）签署合作协议，成立英国第一所孔子学院。截至目前，英国境内有孔子学院 24 所和 92 个孔子学堂，分布在英国各个主要城市。2008 年 2 月，国家汉办与英国伦敦南岸大学合作建设了世界上第一所中医孔子学院——伦敦中医孔子学院。总之，不论是中国留学生人数，还是孔子学院和孔子课堂的数量，英国在欧盟成员国中都是名列第一。

2006 年伦敦举办了英国有史以来规模最大的中国文化庆典"2006 中国在伦敦"。此次活动持续 3 个月之久，包括 100 多场中国文化活动，比如，中国民间艺术和音乐、舞狮表演、电脑和算盘之间的速算比赛、京剧、少林功夫、魔术表演等；还有多种展览，如"盛世华章"展示了清代三代帝王统治时期的 400 件作品，中国最早的印刷书籍展、古今玉器展、火药发明展等。精彩的活动和展览吸引了大批伦敦市民甚至外省市民参观，极大地满足了普通民众对中国历史和文化的兴趣。

2007 年"秦始皇：中国兵马俑"展在英国伦敦举行，展览历时 9 个月，展出了来自中国秦始皇兵马俑博物馆的 120 件/组文物，展品分秦始皇墓葬品和秦始皇统一大业两大部分，展出规模之庞大在海外尚属首次。英国首相布朗专门前往大英博物馆为展览揭幕，并致辞表示，"此次展览是中国送给英国的'跨大陆的礼物'，堪称中英文化交流的'顶峰'"。❶ 此次展览共吸引观众 85 万人次，成为大英博物馆史上最受欢迎的展览之一，仅次于排名第一的埃及法老图坦卡蒙展。此次英国电视台 BBC 制作了专题纪录片报导兵马俑在大英博物馆展出的盛况。❷

从 2006 年开始，伦敦每到春节都要举办"中国在伦敦"活动。活动期间，与中国有关的各种推广活动将遍布整个伦敦，有展览、演出、电影、橱窗展、食品品尝会以及中国文学作品和汉语推广等。2008 年中国春节，伦敦 300 个地铁站张贴了新年巨幅海报，牛津街、摄政街两旁树上挂满中国红灯笼，人们在那里举行了"中国红照亮自己"的点灯仪式。春节当天，

---

❶ Exhibition of First Emperor：China's Terracotta Army was formally launched in the British Museum. Embassy of The People's Republic of China in the United Kingdom of the Great Britain and Northern Ireland. 2007 – 9 – 4. http：//www. chinese – embassy. org. uk/eng/sghd/t377942. htm.

❷ "秦始皇：中国兵马俑"成为大英博物馆最受欢迎的展览之一. 秦始皇帝陵博物馆. http：//www. bmy. com. cn/contents/54/12272. html.

特拉法加广场还举行了春节大巡游和文艺汇演，50 万人参与其中。● 2009
年，作为新年庆祝活动的一个重要组成部分，伦敦"上海周"的精彩活动
拉近了两个国际大都市之间的距离。200 多幅宣传上海世博会的海报亮相于
全球最繁忙和高效的伦敦地铁，地铁站内还向伦敦市民和乘客发放推广上
海世博会的宣传手册，一系列的活动让两个城市的居民加强了相互了解。
事实上，每逢春节，BBC 网页上都会开辟专栏介绍中国春节的传统和英国
各地的庆祝活动，这足以彰显"中国春节"在英国的受关注程度。

2013 年，海外"欢乐春节"系列活动之"欢乐春节游"2013 成都文化
旅游推广活动在英国伦敦举行。伦敦居民在"成都民族文化体验区"感受
"成都老茶馆"、剪纸、糖画、蛋雕等成都最具代表性的非物质文化遗产。
这类城市品牌推介活动不仅可以增进英国民众对中国文化多方面的了解，
同时在未来带来潜在的经济效益。

除了丰富多彩的文化活动，中英文化交流已经进入制度化的阶段。2012
年，中英共同启动高级别人文交流机制，成为继中英经济财经对话和战略
对话之后，高层对话与合作的"第三大支柱"。中英之间的合作内涵更加丰
富，合作水平不断提升，这标志着中英全面战略伙伴关系日臻成熟。

（二）法国

近 10 年来，中国艺术节、文化年频频在海外举办，其中在法国举办的
次数最为频繁且规模宏大。早在 1999 年，"99 巴黎·中国文化周"就已在
法国展示了中国的科技成就、中医药教育、当代陶瓷艺术、京剧服饰、传
统手工艺等，不仅让法国民众了解了中国的文化传统，而且促进了法国社
会对当代中国的认识。2000 年 10 月，中国政府在巴黎开展了名为"中国文
化季"的活动。中国派出国内顶尖艺术团如中央民族乐团和中国京剧院进
行连续演出，中国国家文物局在当地举行了"中国考古发现展"，当地民众
反响热烈。2003 年 10 月，"中国文化年"在法国巴黎拉开序幕，在一年之
内开展以"古老的中国、多彩的中国、现代的中国"为主题的大型文化活
动，涉及文学、艺术、教育、宗教等多个领域共 300 多项活动。一系列高水

● 春节应尽快"申遗"推动春节成为国际性节日．文化中国．2011 - 1 - 28．http：//cul.
china. com. cn/2011 -01/28/content_ 3990080. htm.

准的文化交流活动震撼了法国，"文化年"也被称为"一场文化盛宴"。

作为中国文化外交的一个核心内容——汉语的推广，法国也是欧盟国家中的先行者。2005年，由中国南昌大学和法国普瓦提埃大学共同筹建的法国第一所孔子学院在普瓦捷市正式挂牌。迄今为止，法国境内共建成16个孔子学院、3个孔子学堂。2011年，"中法语言年"之"法国汉语年"在巴黎启动，活动历时18个月，共组织了300多项活动，在全法60多个城市的700余所大中小学、孔子学院和相关机构开展。法国汉语教学总督在闭幕式上总结道，"今年的汉语年非常成功，（活动）从高层到学术会议，到大学、中学、小学，并且汉语学习者都积极地参与各种比赛"。❶

2013年6月28日，中法共同签署《2013—2015年中法文化协定交流执行计划》，旨在进一步加深两国人民彼此间的了解，将中法关系发展到一个新的高度。2014年中法将合作举办庆祝中法建交50周年文化活动。

（三）德国

德国作为欧洲大国，中国非常重视对德开展文化外交。2001年4月，中德签署了《关于中德互设文化中心的会议纪要》。迄今为止，中国在三个欧盟成员国设立了海外中国文化中心，德国柏林便是其中之一。2001年9月，中国作为主宾国参加了第三届柏林"亚太周"，开展了包括展览、文艺演出、民俗表演、服装表演、电影、论坛等20多个项目。其中山东青州龙兴寺佛教石刻造像首次以专题展的形式在境外展出，让德国民众对中国杰出的雕刻艺术有了最直观的了解❷。2006年，名为"中国——在过去和未来之间"的中德大型文化交流活动在柏林举办，活动主题是"文化记忆"，为期一个多月，内容涵盖文学、戏曲、音乐、歌舞、歌剧、电影、展览等❸。2009年，中国作为主宾国参加德国法兰克福书展，近百家国内出版社、近千人参展，配合书展举办了许多内容丰富并且档次高的文化活动。此次参展是从新中国成立至2009年，中国在国外举办的规模最大的一次文化展示

---

❶ "中法语言年"之"法国汉语年"圆满落幕. 国际在线. 2013 - 1 - 25. http：//gb. cri. cn/27824/2013/01/25/6611s4002678. htm.

❷ 赵顺国. 9月：中国主宾"柏林亚太周". 对外大传播. 2001（Z2）.

❸ 中德大型文化交流活动在柏林拉开帷幕. 新华网. 2006 - 3 - 24. http：//news. xinhuanet. com/overseas/2006 -03/24/content_ 4339031. htm.

活动。2013 年 5 月，中德启动"中德语言年"活动。一系列活动已经开展，如"汉语桥"德国大中学生中文比赛、德国中学生赴华夏令营、全德 14 所孔子学院 2013 年 9 月 28 日同时开展的"汉语日"等活动，为德国民众深入了解中国语言和文化提供了更多机会❶。

另外，作为汉语在欧洲推广的重要国家，中国北京大学与柏林自由大学于 2006 年 4 月合作在德国柏林建立了第一个孔子学院。到目前为止，在德国已建成 15 个孔子学院，以及 3 个孔子课堂。

（四）对其他欧盟成员国的文化项目

2002 年 11 月，中国少数民族歌舞团赴英国、挪威、荷兰、瑞典访问演出，为这些国家的观众带去了极富民族特色的歌舞节目，让观众领略到藏族和裕固族独特的习俗和文化❷。16 场演出场场爆满，场场轰动，受到了欧洲四国各界人士的好评。2007 年，中国在西班牙、德国、意大利、比利时、匈牙利等多个欧洲国家举办"中国文化节"。2008 年，"秦始皇兵马俑展"在荷兰首次开展，持续近 7 个月。开展首日就创了承办展览的博物馆——德伦特省博物馆的参观纪录。2009 年，中国作为主宾国应邀参加在比利时布鲁塞尔举行的"欧罗巴利亚—中国艺术节"，带给欧洲观众为期 4 个月的中国文化盛宴❸。2010 年由中国中央民族歌舞团艺术家们组成的"文化中国·四海同春"赴欧洲艺术团，分别在法国、英国、比利时和意大利四国多地进行演出，为欧洲观众和华人华侨奉献了精彩的中国少数民族歌舞节目。2012 年 10 月，受云南省侨办派出的"文化中国·七彩云南欧洲演出团"赴德国、瑞士、列支敦士登演出，向当地观众展示了云南藏族、哈尼族、彝族等民族文化、旅游资源，演出受到高度评价❹。2013 年 6 月，为中国旅游文化做宣传推广活动，怒江代表团一行 9 人出访意大利的罗马和米兰，法国的

---

❶ 驻德国大使史明德出席中德语言年主题活动. 中华人民共和国外交部网站. 2013 – 11 – 19. http://www.fmprc.gov.cn/mfa_chn/zwbd_602255/t1100538.shtml.

❷ 李昆. 来自丝绸之路的"香巴拉"艺术——中国少数民族歌舞团访欧纪实 [J]. 丝绸之路，2003（2）.

❸ "欧罗巴利亚—中国艺术节"让欧洲尽享中国文化盛宴. 新华网. 2009 – 10 – 8. http://news.xinhuanet.com/world/2009 – 10/08/content_12193327. htm.

❹ 文化中国. 七彩云南欧洲成功演出反响热烈. 云南省人民政府侨务办公室网站. 2012 – 10 – 12. http://www.ynqb.net.cn/html_qiaoweb/20121012/news_1_147721.html.

波尔多等7个城市，不仅向欧洲展示了中国怒江丰富多彩的多元民族文化，而且展示了西南少数民族的热情、好客和乐观向上的精神风貌，把"天境怒江"、"七彩云南"、"美丽中国"的形象推向世界❶。

四、中国对欧盟及其成员国文化外交的特点

（一）范围广泛

冷战结束后，中国对欧盟的文化外交并不是一帆风顺，而是在波折中持续前行。直到20世纪90年代中后期，中国才渐渐开始重视对欧盟各国的文化外交。21世纪初期，中国对欧盟的文化外交迅速发展，文化交流的范围不断扩大，并且交流频率也在逐年上升。文化交流的范围从中欧高等教育交流与合作、"欧盟之窗"中国政府奖学金到欧盟官员赴中国培训、中欧调优项目；从零星的有演出团体赴欧洲演出，到有组织、有规划的派出大型艺术团访欧，从展现现代中国的日新月异到具有浓郁民族特色的民俗、歌舞展示。

除了综合性的艺术节，各种主题的文化节显示出欧盟国家人民对中国文化的兴趣多样。在挪威奥斯陆举办的"中国的少数民族"为主题的文化节，在德国柏林举办的"少林文化节"，在法国里昂举办的"中国茶文化节"，在意大利罗马举办的以"中国功夫"为主题的文化节等，"中国特色"受到越来越多欧盟人民的关注和欢迎。举办艺术节、文化节这种大型文化活动形式来展示中国的形象，已成为集中展示中国文化和形象的一种重要手段。这种形式以其规模大、时间长、综合性强的优点已经成为我国同欧盟各成员国文化交流活动的主要形式之一。通过这些文化外交的广泛开展，中国艺术家们以精湛高超的技艺、生动形象的艺术语言，向欧洲各国人民展示了中国的悠久历史和灿烂文化。

（二）形式多样

中国同欧盟的文化交流形式在过去十几年间变得更加丰富多样，而内

---

❶ 怒江州组团赴欧洲传扬民族文化. 中国民族宗教网. 2013 – 6 – 28. http：//www. mzb. com. cn/html/Home/report/417014 – 1. htm.

容也更加精彩纷呈，主要包括以下几个方面：官方或政府层面的有友好访问、结成友好城市、在国外设立文化中心；教育方面有校际合作研究项目、举办国际性研讨会、选派留学生、办汉语学校等；信息交流方面有举办或参加大型国际书展；艺术方面的有文艺演出、艺术品展览、举办艺术节和文化年等。

以在海外设立文化中心为例。这是世界通行的一种做法，世界上的一些主要国家在它们认为的主要对象国都设立了文化中心来宣传它们的文化，介绍它们的文化。中国现有 13 个驻海外的中国文化中心，其中 3 个中心在欧盟国家，分别是法国巴黎、西班牙马德里和德国柏林。这些中国文化中心都已成为中国在当地的一张文化名片。

再以大型国际书展这个文化外交的新载体为例。近些年，中国积极举办或参与大型国际书展，已经成功举办 19 届的北京国际图书博览会，与法兰克福书展、伦敦书展和美国 BEA 书展并称为"四大国际书展"。北京国际书展一直秉承"把世界的图书引进中国，让中国的图书走向世界"的宗旨，努力践行打造书展品牌、弘扬民族文化的办会理念，是中国文化外交的重要承载者。此外，中国也会被邀请做大型国际书展的主宾国，如 2009 年法兰克福国际书展和 2012 年伦敦书展。主宾国可以派出大型出版集团参会并与当地的出版商进行版权贸易交流，并享有大展位展示本国的图书出版物，还能够邀请本国知名作家举办专场文化讲座。通过这些大型国际书展，中国文化得到有效传播，欧洲人也更加了解了中国。

（三）品牌效应

随着中国对欧盟各成员国开展的文化外交活动不断深入发展，为了有效地组织形式多样、内容丰富的文化交流活动，中国开始打造文化外交的品牌，从深度和广度上拓展文化活动的影响力。例如，强调中国传统文化价值观的"中国春节"品牌、针对中国地域性特色的民族活动品牌、艺术气息浓厚的"中国上海国际艺术节"，这些品牌都已成为在欧洲乃至世界传播中国文化的重要载体，让民众可以从多角度深入了解中国。

以"中国春节"为例，2001 年，中国文化部提出"把春节建成宣传中国和传播中华文化的新载体和品牌"，将中华民族的优秀文化推广到世界各地。文化部在海外组织开展春节文化活动已经有十多年历史，积累了宝贵的经验，但是海外春节活动真正形成品牌只是近三年的事。2010年，第一届以"欢乐春节"为主题的海外春节活动成功举办。欧洲议会副议长安杰莉莉在出席"欢乐春节"音乐会时表示，"感谢中国驻欧盟使团将中国新年带进欧洲议会，让欧盟议员和工作人员近距离接触到中国的文化和传统，领略当代中国和中国人的精神面貌"❶。至今，海外"欢乐春节"活动已经成功举办四届，足迹遍及全球63个国家和地区，向世界传播丰富多彩的中华文化。此外，由国务院侨办和中国海外交流协会举办的"文化中国·四海同春"春节系列文化品牌活动于2009年正式启动。迄今已累计派出27个艺术团组，足迹遍及全球六大洲28个国家以及中国港、澳地区共66个城市，共演出190余场，观众累计超过225万人次。❷尽管海外侨胞是这些演出的主要观众，但是随着中国在世界的影响力不断扩大，中国传统文化对欧洲民众的吸引力也愈渐强烈，包括歌舞、声乐、器乐、武术、杂技、川剧变脸等多种艺术形式，这些极具中国民俗风韵的演出也受到欧洲观众的欢迎。

作为中国文化外交实践中的经典案例，"中国春节"品牌已获得巨大成功。拥有华人最多的欧洲国家——英国会在春节期间增添许多带有中国特色的元素，比如舞龙舞狮、爆竹烟花、盛装巡游、文艺表演等欢庆活动，伦敦曾经两次举办过春节彩灯游行，场面壮观。在法国巴黎，市政广场也会在春节期间挂上大红灯笼，家乐福等法国知名连锁超市都会在春节前夕开辟专柜销售中国食品。在德国柏林，近几年每逢春节到来之际，街头都会出现浓浓的节日气氛，德国青少年对中国春节抱有浓厚的兴趣。商场内贺卡受欢迎，贺卡上有孔子名言的德文译句"父母在，不远游"及龙的图案。中国春节还出现在德国小学生的教科书中。❸"春节"——这个中华民族的传统节日，中国文化的象征，已经慢慢进入欧洲民众的生活，成为中欧文化交流的桥梁。

---

❶ "欢乐春节"：对外文化交流的靓丽品牌. 中国网. 2012 – 6 – 7. http：//www. china. com. cn/international/txt/2012 –06/07/content_ 25592376. htm.

❷ "文化中国·四海同春"艺术团赴欧洲四国巡演. 中国新闻网. 2013 – 2 – 13. http：//www. nd. chinanews. com/News/shxy/20130213/870820. html.

❸ 中国春节，外国人怎么过. 搜狐文化新闻. 2008 – 2 – 10. http：//cul. sohu. com/20080210/n255113090. shtml.

（四）孔子学院机构制度化

与中国海外文艺展演活动相比，孔子学院/孔子课堂建立的是中华文化海外传播的稳固阵地，机构制度化、项目常态化使得孔子学院更具稳定性；与传统文化外交项目的单向"灌输型"传播方式相比，孔子学院的文化传播形式更具互动性。不论是文化展演还是影音图书的传播，海外受众一般是处于被动接受信息的位置，而孔子学院却提供了一个崭新的文化交流平台——强调跨文化的平等对话、双向交流和长期互动的平台。利用孔子学院这个平台，不同文化之间可以进行深入交流，不同思想之间能够碰撞出火花，相互学习、相互促进，不仅有效地传播了中国文化，而且构建了中国文化与世界各国文化沟通的桥梁。

孔子学院已经成为中国向海外推广本国语言和文化的重要途径，而欧洲地区是孔子学院密集程度最高、分布范围最广的区域，这足以显示出中国对欧洲文化外交的重视。

截至 2012 年年底，全球已建立 400 所孔子学院和 535 个孔子课堂，共计 935 所，分布在 108 个国家（地区）。孔子学院设在 112 国（地区）共435 所，其中，欧洲 36 国 148 所，占 33.5%。孔子课堂设在 48 国共 644个；其中，欧洲 18 国 153 个，占 20.9%。25 个欧盟成员国拥有 114 所孔子学院和 143 个孔子课堂见图1。●

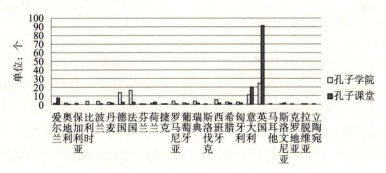

图1 孔子学院在欧盟国家的分布

注：数据来源于国家汉办官网统计资料。

● 关于孔子学院/课堂. 国家汉办网站. http://www.hanban.edu.cn/confuciousinstitutes/node_10961.htm.

五、中国对欧盟开展文化外交面临的问题

（一）"中国威胁论"

中国经济高速发展的 20 年也正是"中国威胁论"不断升级的 20 年。各种"威胁论"随着中国内部的迅速发展而产生，"中国经济威胁论"、"中国能源威胁论"、"中国环境威胁论"、"中国军事威胁论"……似乎只要是中国在海外进行的任何大动作都会被看作"威胁"，中国大规模的文化外交行为也不例外。在中国文化外交实践中，孔子学院受到了最多的抨击和质疑，主要集中在以下几个方面：鉴于孔子学院与中国政府的关系，其教学和研究项目会对所属大学的学术自由氛围造成不良影响；孔子学院秘密参与工业和军事间谍工作；孔子学院承担着监视海外华人和削弱台湾的国际影响力的工作。瑞典斯德哥尔摩大学的一些老师曾在 2008 年要求北欧孔子学院与其分离。原因是，他们认为当地大使馆通过孔子学院开展政治监控、进行隐秘政治宣传和阻止有关中国的敏感问题的研究如法轮功。❶ 同为一国的对外文化推广机构，德国的"歌德学院"和西班牙的"塞万提斯学院"却未像孔子学院一样遭到如此多的质疑。究其原因，还是"中国威胁论"的阴影挥之不去。

（二）中欧文化价值观差异

由于文化传统、政治制度、经济发展和意识形态的不同，中欧之间存在较大的文化价值观差异，其中在人权问题上的分歧一直都对中欧关系乃至中欧文化外交产生着负面影响。在 20 世纪 90 年代的很长时间内，欧盟将中国视为不尊重人权的国家，中国则认为欧盟打着人权旗号敌视中国。1995 ~ 2007 年，欧盟共发表了 6 份对华政策文件，每一份文件都会涉及促使中国改善人权、民主和法治的问题。在西藏问题上，中欧面临尤为严重的人权问

---

❶ Don Starr, Chinese Language Education in Europe: the Confucius Institute. European Journal of Education, Vol. 44, No. 1, 2009, Part Ⅰ, p. 79.

题分歧，欧盟质疑西藏的人权现状，认为西藏"始终被剥夺宗教和文化权利"❶。2007 年 9 月～2008 年 12 月，德国总理默克尔、英国首相布朗和法国总统萨科奇先后会见达赖，欧盟领导人在一些国际会议上抨击中国人权，导致中欧关系恶化。2008 北京奥运会火炬在欧洲境内传递一波三折，圣火传递途中遭遇恶性突发事件，欧洲一些媒体刻意歪曲事实抹黑"西藏问题"，当时的欧洲议会议长珀特林举行新闻发布会宣布抵制奥运开幕式。当人权问题被刻意放大或扭曲，中欧文化价值观之间的差异就只能表现为负面。文化外交的工作对象是目标国的民众，而当地民众对外国的印象主要还是来源于本国的新闻媒体和社会环境。"人权"是欧盟的基本价值观之一，为欧洲人民所珍视，而中国经常被欧洲新闻媒体刻画成"漠视人权"的国家，这样的负面印象势必会影响中国在欧洲开展文化外交。中国的文化外交能真正发挥作用的前提是，当地民众喜欢中国或者对中国文化感兴趣，才会主动去参与中国文化外交活动；如果当地民众对中国持有负面态度，即便是再精彩的文化活动也很难受到欢迎。

（三）"文化多样性"和"文化间对话"

在欧盟文化政策中，"文化多样性"被视为欧洲文明的特点之一，也构成了正在塑造中的"欧洲文化认同"的一部分。欧盟认为，除了要"保护文化多样性"，还要加强文化间的对话。❷ 欧盟将以上两点充分融入其对外文化交往中。同样，在中国对欧盟开展文化外交时，也应该充分考虑欧盟内存在的文化多样性，加强中欧之间的文化沟通。欧盟是一个由 28 个国家组成的国家联盟，从社会结构、经济发展、地理位置、宗教风俗上都存在很大差异，单纯关注成员国间的"一致性"会降低文化外交的实际效果。目前，中国对欧盟的文化外交实践虽然形式多样，但基本上在成员国之间保持一致。要提高对欧文化外交的效果就一定要针对单个成员国的独特性开展活动，尤其是欧盟主要大国。此外，中国对欧文化外交欠缺真正意义上的文化沟通和对话。大型文化艺术活动虽然很精彩，但是其中蕴含的中

---

❶ Commission of the European Communities, A Maturing Partnership – Shared Interests and Challenges in EU – ChinaRelations, Brussels, 2003, pp. 12.

❷ 郭灵凤. 欧盟对外关系中的文化维度、目标和工具 [J]. 欧洲研究. 2009 (4).

国文化却很难被外国观众真正理解。孔子学院一直在努力加强文化间的互动，但是囿于其半官方的背景，来自外界的诟病却降低了其本应发挥的作用。

六、结语

中国对欧盟文化外交起步较晚，直到 20 世纪 90 年代中后期，随着中欧双方经贸往来增多，文化交流才日益频繁。1998 年，双方建立起每年一次的中欧领导人会晤机制。2003 年，中欧建立全面战略伙伴关系。双方已建立 50 余个各级别磋商与对话机制，涉及领域广泛。同时，随着文化在国际舞台上开始扮演更重要的角色，文化外交逐渐受到中国政府重视，成为中国对外交往的第三大支柱。在这样的背景下，中国对欧盟开展的文化外交在 21 世纪得到迅速发展。中国对欧文化外交实践不仅形式多样、涉及广泛，品牌活动更是深入人心；孔子学院虽自成立之初就遭受质疑不断，但是在对外传播汉语的过程中发挥了不可替代的作用。

虽然在过去的十几年间，中国在开展对欧盟的文化外交中积累了实践经验，取得了积极的成果。但是，在中国对欧文化外交实践中，传统的活动如文化年或大型展演仍然属于单向的文化展示或推介，孔子学院的运作虽然具有与当地社会和学校进行互动的效果，但在人员往来、学术合作与交流方面相对薄弱。前歌德学院中国区总院长阿克曼曾指出，文化交流有三个阶段：接触（因好奇而了解文化）——交流（增进感情）——合作（相互理解）。❶ 我国的文化资源丰富，但是目前对欧文化外交还基本处于接触阶段，也就是文化资源还没有真正转化为对外文化吸引力，也并未发挥出文化软实力的作用。

西方国家文化外交成功运作的经验表明，要让本国文化走向世界，发挥吸引世界、影响世界的文化软实力的作用，大规模人员交流和建立文化外交推广机构是必不可少的。全球化推动下的政治民主化进程和信息技术革命，让各国民众参与外交活动成为可能，也使得他国民众对一国的看法

---

❶ 中华文化怎样"走出去"论坛 5 日全文实录. 凤凰网. 2011 – 11 – 5. http：//culture. ifeng. com/huodong/special/zhonghuawenhua/content –3/detail_ 2011_ 11/05/10440086_ 0. shtml.

和态度日渐影响到一国的政治走向和政策制定。因此，外国民众的态度是一国外交政策能否有效实施的重要因素。换句话讲，文化外交的作用就是要让外国民众对本国理解与认同，而最有效的方式就是加强与他国民众的直接沟通和交流。青年一代是国家未来的希望，加强中欧之间青年交流应该是行之有效的方法之一。目前，中国赴欧与欧洲赴中留学生的比例是7：1❶，中国应该为更多的欧洲青年到中国学习提供机会，让他们接触到真正中国，了解中国，消除误解。还可以充分利用各种社交网络，以年轻人乐于接受的方式展现中国文化，拉近他们与中国的距离。其次，西方有着对政府不信任的传统，所以对带有过于浓厚官方色彩的文化外交推广机构的接受程度不高。孔子学院虽然是非营利性公益机构，但是其主管单位国家汉办是隶属教育部的官方机构，这仍然让孔子学院的独立性受到质疑。在今后建设文化外交推广机构时，应尽量淡化官方或政治色彩，多注重挖掘文化本身，会让文化外交活动取得更好的效果。

国际形势瞬息万变，中国对欧盟的文化外交应该在变化的世界格局中加强灵活性。虽然中国对欧文化外交形式多样，但仍缺乏针对性。虽然欧洲联盟的基础是成员国存在很强的文化相近性，但是每个国家还是有自己的风俗习惯、民族心理等文化特色。所以，与欧盟开展文化外交也意味着要与欧盟每一个成员国开展文化外交。这就要求我国在制定对欧盟的文化外交政策过程中要考虑全面，既要顾全欧盟整体，又要兼顾各国特色。这样或许会在今后对欧盟开展文化外交时避免不利因素的干扰，更加游刃有余。

（王垦，清华大学国际关系学系博士研究生。）

❶ 中欧文化对话：文化成为中欧交流"第三大支柱". 人民日报. 2012 - 2 - 3. http：// paper. people. com. cn/rmrb/html/2012 - 02/03/nw. D110000renmrb_ 20120203_ 2 - 03. htm？div = - 1.

第二部分

中国对法国文化外交及其反响

陈晓径　王乐梅

　　法国作为第一个与中华人民共和国建立正式大使级外交关系的西方大国，一直是新中国在西方世界表示"存在"的窗口。法国精英阶层对多元文化的重视，尤其是对东方文化的偏好，也让韩国文化、日本文化和中国文化在巴黎均有用武之地。1964 年中法建交被誉为"亚洲的一次外交爆炸"❶，两国关系更为密切，虽然有"文革"期间一度恶化和 20 世纪 90 年代初的困难，但中法两国关系的总体趋势是稳步提升，文化交流也日益频繁，21 世纪以来中法互办文化年更让两国文化关系越来越密切。

　　相较于法国在全球推行了几百年的文化外交❷，中国的文化外交才起步不久❸，专门负责文化外交的机构设立相对较晚；中国组织的大型文化活动在法国引起了不错的反响，但涉及面不大，持续时间不长，法国公众了解和喜爱中国文化还需要一个过程。

　　本文试图梳理近 10 年即 2003～2012 年的中国对法文化外交，考察哪些机构、哪些活动为推介中国文化作出了重要贡献，分析法国不同社会群体的反响，归纳从事一线文化外交人员的观点，提出今后我国对法文化外交的改进建议。

---

　　❶　杨元华. 中法关系史［M］. 上海：上海人民出版社，2006：159.

　　❷　成立于 1883 年的法语联盟（Alliance Française）就是法国文化外交网络建设的典型例子，历届法国总统都同时担任法语联盟的名誉主席。法国前总统雅克·希拉克先生认为："120 年来，巴黎法语联盟始终如一地以饱满的热情和努力的工作服务于法国语言、文化、价值观和理想。"参见 http://www.chinaqw.com/news/2006/0710/68/35929. shtml.

　　❸　东亚邻国在巴黎设立文化中心早于中国的例子如韩国（1980 年）和日本（1997 年）。

一、中国对法国文化外交的机构

1. 中国政府驻法文化机构

中国在法国设立的文化外交机构主要包括：驻法使馆文化处和教育处、巴黎中国文化中心、中国特色的若干孔子学院（课堂），驻法新闻媒体也在配合外宣方面起了很大作用。

中国驻法使馆文化处统领、组织、协调中国对法文化外交，主要职能是促成中法文化交流、合作协定；搜集法国文化情报，结交文艺界名流；落实在法国举办的各类中国展览或沙龙，如画展、艺术展、书展、电影电视展、电影招待会、沙龙等；组织文艺团体赴法演出，即便是一般由经纪人负责的商业性演出，也需要文化处推动、介绍或联系；分发或出借中国的宣传材料；不定期发布中法文化交流简报。中国在法国举办的许多大型文化活动如"中国文化年"等都离不开驻法使馆文化处的工作。

中国驻法使馆教育处的主要职能是"促进中法教育交流与合作，为中国留学人员及社团提供指导和服务，在法推广汉语教育，介绍中国教育发展情况，并协助法国学生赴华留学"❶。后文将会着重介绍的法国"汉语年"活动即为驻法使馆教育处的成果之一。

巴黎中国文化中心（Centre culturel de Chine à Paris）根据中法两国政府2002年11月签署的《关于设立文化中心及其地位的协议》于2003年1月成立，坐落在巴黎市中心塞纳河畔❷，是中华人民共和国在西方国家开设的第一个文化中心。它是一个非营利机构，旨在促进中法文化交流，为相关人士和机构提供交流机会，使法国公众更好地了解中国。该中心传播中国文化的活动主要有：举办讲座、展览、研讨会、演出、节庆活动等；出版书籍、画册、目录，拍摄电影和视听材料，设有多媒体图书馆；主持汉语学习项目、语言实习和教育交流。

---

❶ 公使衔教育参赞马燕生致辞. http://www.edu-ambchine.org.

❷ 巴黎"中国文化中心"位于巴黎第7区莫布尔塔大道与奥赛滨河路交口处，荣誉军人院广场西侧，紧临塞纳河，原有建筑面积1700平方米，2008年4000平米的新址开张，内设多媒体图书馆、"孔子学院"（l'Institut Confucius）教育点、展厅和影厅。综合文化网、巴黎中国文化中心官网整理：http://www.chinaculture.org/focus/2009-02/23/content_322434.htm 和 www.cccparis.org.

该中心实行会员制（目前会费 48 欧元/年），定期组织活动，每次活动都会事先发布预告。讲座、展览一般都是免费参加，题材丰富多样，如书法（"笔语"、"墨迹"）、建筑（土楼）、工艺（宜兴紫砂壶）、文学（屈原和《离骚》、王安忆和中国女性文学）；演出和出版书刊有的免费，有的低价收费，演出类型各异，如戏剧（中国传统戏剧节）、音乐会（苏州评弹）、带法文字幕的中国电影等；该中心还出版了季刊《塞纳河畔的中国》（Chine sur Seine），是我国在法国开展文化活动的重要参考资料；开设的中文课程种类繁多，有成人/儿童班、初级/中级/高级班、一般/密集课、语言课/文化课/HSK 备考课等。巴黎中国文化中心开放时间为：平时周一至周五 10：00～12：30，14：00～18：00，每年 7 月 14 日～8 月 15 日休假●。

与法国在北京设立的文化中心相比，巴黎的中国文化中心尚有不足之处：

一是开放时间不够。一般而言，文化中心的多媒体图书馆与公众接触最多，开放时间长短直接影响公众参与度，巴黎中国文化中心的图书馆周末和法定节假日闭馆，而北京的法国文化中心图书馆则平日和周末都开放，为读者提供了充裕的时间 ❷。

二是北京的法国文化中心的网页十分精致，活动非常丰富，光是法国文化中心的旅人蕉读书俱乐部、纪念品展示就引人驻足。而巴黎的中国文化中心无论从网页宣传还是实地人气上似乎都稍逊一筹。

2. 孔子学院与孔子课堂

孔子学院与孔子课堂是中国在法国开展文化外交的重要平台。目前法国有 17 家孔子学院，按照签署协议和启动运行时间先后排名分别是：普瓦提埃大学孔子学院、巴黎七大孔子学院、巴黎中国文化中心孔子学院、布列塔尼孔子学院、拉罗谢尔孔子学院、留尼旺孔子学院、阿尔萨斯孔子学院、克莱蒙费朗孔子学院、巴黎十大西巴黎·南戴尔·拉德芳斯孔子学院、图卢兹孔子学院、阿尔多瓦孔子学院、格勒诺布尔第二大学孔子学院、卢瓦尔孔子学院、里昂孔子学院、洛林大学孔子学院、法属波利尼西亚大学

● 巴黎中国文化中心官网，http：//www. cccparis. org

❷ 北京法国文化中心网站，http：//www. institutfrancais－chine. com/spip. php？ article4882；巴黎日本文化中心网站，http：//www. espacejapon. com/fr/accueil.

孔子学院和蒙彼利埃孔子学院。

此外，还有 3 家孔子课堂：欧洲时报孔子课堂、卡梅尔戈兰中学孔子课堂和圣·约瑟夫学校孔子课堂❶。

孔子学院（课堂）的主要职能是开展汉语教学；培训汉语教师，提供汉语教学资源；开展汉语考试和汉语教师资格认证；提供中国教育、文化等信息咨询；开展中外语言文化交流活动❷。

孔子学院在法国值得注意的新动向之一是推介孔子学院奖学金，如2011 年 11 月，西巴黎·南戴尔·拉德芳斯大学（Université Paris Ouest Nanterre La Défense，即巴黎十大）孔子学院举办"孔子学院奖学金"及与中国高校合作交流相关项目的说明会，鼓励法国青年人到中国留学。

根据《2013 年度孔子学院奖学金招生办法》，奖学金招生对象为汉语国际教育专业硕士、一学年研修＋汉语国际教育专业硕士、一学年研修生和一学期研修生。奖学金标准较为丰厚，按资助内容包括：注册费、学费、基本教材费、一次性安置费、生活费，提供住宿、门诊医疗服务和来华留学生综合保险。生活费标准对学生而言足够❸。

但据一线人士观察，孔子学院奖学金在法国其实并不太受欢迎，如2012 年巴黎七大孔子学院无一人申请。

3. 中国驻法新闻媒体

目前中国驻法新闻媒体主要有：新华社、人民日报社、中央电视台、中国国际广播电台、中国日报社、中国新闻社、中国青年报、光明日报、经济日报、科技日报、中华工商时报、北京日报、文汇报、欧洲时报、凤凰卫视和星岛日报❹。遇有中国在法举办重大文化活动，这些媒体都会协助传播信息，率先报道，引起法国同行和公众关注；它们是我国对法文化外交中不可或缺的组成部分。

---

❶ 孔子学院官网，http：//www. hanban. edu. cn/confuciousinstitutes/node_ 10961. htm.

❷ 孔子学院官网，http：//www. hanban. edu. cn/hb/node_ 7446. htm.

❸ 2013 年度孔子学院奖学金招生办法，网络孔子学院网站，http：//cis. chinese. cn/article/2013 - 02/25/content_ 485405. htm.

❹ 中国驻法使馆网站，http：//www. amb - chine. fr/chn/zgzfg/zfmt/.

二、中国对法文化外交活动

10 年来，在国家大力推动和上述机构共同努力下，中国政府和主要文化机构代表团、官方备案的文艺团体通过出访法国，分别商讨、落实了一系列以演出和展览为代表的对法文化外交活动，其中影响较大的活动有：2003～2004 中国文化年、2011～2012 中法语言年—法国汉语年系列活动以及两大活动之外的重大展览、演出若干。

1. 2003～2011 年中国政府和主要文化机构代表团、官方备案的文艺团体出访法国的总体情况。

笔者根据《中国文化年鉴》（2004—2012 年）● 系列数据整理如下（见表 1、表 2）。

表 1　2003～2011 年中国政府和主要文化机构代表团、

官方备案的文艺团体出访法国总体统计

年份	专访法国（次）		同时访问其他国家（次）		特别突出的活动/备注
	中国政府和主要文化机构代表团出访	官方备案的文艺团体出访	中国政府和主要文化机构代表团出访	官方备案的文艺团体出访	
2003	2	3	0	1	下半年在法国举办"中国文化年"系列活动
2004	6（包括在联合国教科文总部1次）	14（包括在联合国教科文总部1次和举办展览7次）	0	0	上半年在法国举办"中国文化年"系列活动
2005	4	5	1	0	无
2006	1（在联合国教科文总部）	4（包括法国海外省1次）	0	3	10月中国明星艺术团巴黎演出圆满成功；12月赵进军大使出席授予程抱一院士"同济大学名誉教授"证书仪式

● 此为文化部编撰的一系列著述，共计 9 部；每年出版上一年年鉴，目前 2013 年年鉴尚未出版，因此 2012 年数据缺失。参看中华人民共和国文化部. 中国文化年鉴 [M]. 北京：新华出版社，2004 年，2005 年，2006 年，2007 年，2008 年，2009 年，2010 年，2011 年，2012 年。

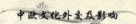

续表

年份	专访法国（次）		同时访问其他国家（次）		特别突出的活动/备注
	中国政府和主要文化机构代表团出访	官方备案的文艺团体出访	中国政府和主要文化机构代表团出访	官方备案的文艺团体出访	
2007	0	15（包括在联合国教科文总部2次）	0	17	赵进军大使出席第二届法国安溪四川美食节
2008	1	15	0	9	11月巴黎中国文化中心和吉美博物馆联合举办"敦煌花雨"—5～15世纪敦煌佛教艺术展
2009	0	0	1	0	本年度出访很少，但有法方在"中法文化交流之春"系列活动框架内的来访
2010	4	3	2	4	2010欢乐春节活动：中央民族乐团在巴黎联合国教科文总部上演"新春民族音乐会"；法国孔子文化周
2011	3	7	8	1	贺国强视察巴黎中国文化中心；故宫与卢浮宫建立长期稳定的合作关系（卢浮宫故宫文物展）；下半年开始"汉语年"活动

表2　2003～2011年中国政府和主要文化机构代表团、官方备案的文艺团体出访法国分类统计（按出访具体活动）

年份	考察、学习、访问	交流、磋商	演出	展览	会议、比赛、其他	总计
2003	2	0	3	0	1	6
2004	4	2	7	7	0	20

年份	考察、学习、访问	交流、磋商	演出	展览	会议、比赛、其他	总计
2005	1	1	5	0	3	10
2006	1	0	6	1	0	8
2007	11	3	11	1	6	32
2008	4	4	11	4	2	25
2009	0	0	1	0	0	1
2010	2	3	6	1	1	13
2011	6	5	5	3	0	19

从表1、表2中可以看出：

（1）中国赴法文化交流热度不够稳定，热点年份活动众多，冷清年份明显减少。这9年中出现了3次小高峰，分别是2004年、2007～2008年和2011年，恰好对应于中国在法国举办文化年、北京奥运会及其前夕加强外宣工作和中国在法国举办汉语年活动。低谷则表现在2006年和2009年，较之前一年出访次数骤然跌至个位数。

（2）遇有高层出访和大型文化活动时，赴法文化交流相应升温。《中国文化年鉴》中有这样的论断："实践证明配合党和国家领导人出访举办高水平的文化活动，既能为国事活动增光添彩，又能充分发挥文化外交的独特作用，有效提升文化交流的层次，扩大中华文化的影响。"[1] 头4年中，2004年恰逢胡锦涛主席访问法国，赴法文化交流次数激增到20次，大大高出相邻年份的数据。

（3）位于巴黎的联合国教科文总部是对法文化外交的良好平台。2004年、2006年、2007年官方出访，2010年举办"新春民族音乐周"，都是展示中国文化的大好机会。教科文组织中的法国雇员数目不在少数，经常到访就会逐渐给他们留下深刻印象，有朝一日说不定就有中国文化爱好者出现在其中。

2. 2003～2004 中国文化年

1999年中法两国元首共同商定互办文化年，中国在法国举办文化年的

---

[1] 中华人民共和国文化部. 中国文化年鉴 [M]. 北京：新华出版社，2006：266.

时间为 2003 年 10 月至 2004 年 7 月。中国文化年是"增强与西方发达国家打交道的本领"的重要实践，也是回应之前在法国逐渐出现的"中国热"的客观要求。

以"古老的中国、多彩的中国、现代的中国"为主题，在一年多的时间里，中国通过 300 多个交流项目奉上了一场文化盛宴：表演类有如经典芭蕾舞剧《红色娘子军》、新编芭蕾舞剧《大红灯笼高高挂》，巴黎皮尔卡丹剧院上演中国传统京剧折子戏；展览类如《走近中国——中国当代生活艺术展》、《东方既白——二十世纪中国绘画展》、《三星堆文物展》、《多彩中华——中国民族服饰表演》、《中国当代科技展》、《孔子文化展》、《康熙时期艺术展》、《中国电影回顾展》、《吴作人画展》、《圣山文物展》、《21 世纪中国高等教育展》、《中国旅游展》、《中国现代艺术展》，北京、上海、广州、重庆、武汉、秦皇岛等城市分别在其对口城市巴黎、马赛、里昂、图卢兹、波尔多和敦刻尔克举办文化周活动，北京在巴黎香榭丽舍大街组织春节欢庆大游行，上海展出"上海一条街"，还有"深圳文化周"、"妇女文化周"也获得圆满成功。

赵进军大使如此评价这"历史上的第一次中国文化年"："第一，选择时机好；第二、持续时间长；第三、交流内容精；第四、活动影响大"●。中国首次在西方发达国家成功举办文化年，对自身文化外交的开展有着非同寻常的意义。

3. 2011～2012 中法语言年—法国汉语年

和互办文化年一样，中法语言年—法国汉语年也缘于两国元首：2010年 11 月，胡锦涛主席对法国进行国事访问期间，与萨科齐总统在巴黎共同倡议 2011 年两国互办中法语言年。"该活动旨在促进中法两国语言、文化在对方国家的推广宣传、增进两国人民间的文化理解与互信，巩固加深两国人民传统友谊。"❷

据孔泉大使介绍，2011 年 7 月至 2013 年 1 月，汉语年在全法国 60 多个

● 赵进军大使就中法互办文化年接受《欧洲时报》采访，http：//www. amb－chine. fr/chn/zgzfg/zgsg/whc/zfwhn/t177204. htm
❷ 法国语言年网站，http：//faguohanyunian. edu－ambchine. org2011/7－2012/6.

城市700余所大中小学内展开，数万人参加了语言年框架内的310多项活动❶。法国本土东南西北各省市都有所涉及；远在印度洋西南部的海外省留尼旺也见证了汉语热（见表3）。

表3 法国汉语年活动涉及省市一览

地理位置	具体地区和城市
法国东部	阿尔萨斯地区、洛林地区、格勒诺布尔市
法国南部	南—比利牛斯地区、罗讷—阿尔卑斯地区、图卢兹市
法国西部	巴黎大区、普瓦图—夏朗德地区、卢瓦尔地区、拉罗谢尔市
法国北部	上诺曼底地区、布列塔尼地区
法国中部	奥维尔涅地区、克莱蒙费朗市
海外省领	留尼旺岛

汉语年活动形式多种多样：除常规项目如书画展览、文艺演出、研讨培训、知识讲座外，还有独具特色的汉语竞赛和主题各异的交流合作（中法青年艺术家交流、中国作家和法国读者见面会、在法国表演街头艺术和庆祝中国节日、法国青年赴中国夏令营等）。

在参加者年龄层上看，汉语年"从娃娃抓起"的特征明显：如2011年8月普瓦提埃大学举办"幼儿中华巧手工坊"，2011年9月至2012年5月法国国民教育部组织各学区中学生参加"画汉字"比赛，2011年法国中学生"汉语桥"赴华秋令营返法后举办"我眼中的中国"摄影比赛，2012年2月布列塔尼孔子学院开展"走进中小学"系列文化活动等。当然，多年来在汉语教学与研究方面有突出贡献的杰出法国人也不会被忽略，中国驻法国大使馆设立"法国汉语年纪念奖"以资表彰，23名在汉语教学和研究方面表现突出的官员、学者、教师和学生获得了"法国汉语年纪念奖"；此外，中法学者150人参加了2012年4月在巴黎东方语言文化学院举办的"法国汉语年"活动——中法汉语教学研讨会，探讨法国汉语教师培训、汉语教材编写等问题。

汉语年活动对促进法国汉语热的作用不言而喻：据《欧洲时报》报道，

❶ 人民日报网站，http：//world. people. com. cn/n/2013/0125/c1002 – 20324271 – 12. html.

全法 9 个学区开设了 27 个中文国际班，学习汉语的学生达到 5 万人，还有近万名学员在孔子学院学习中国语言和文化❶。

4. 两大活动之外的重大展览和演出

据驻法使馆网站介绍，除文化年和语言年盛事之外，还有不少官方背景的文化活动在法国展开，如 2006 年 8 月，10 位青年艺术家组成的中国明星艺术团赴巴黎阿迪亚尔剧场演出成功；2007 年 2 月，法国安溪举办四川美食节，介绍四川美食和文化；2011 年 9 月至 2012 年 1 月初，卢浮宫故宫文物展，得到法国媒体广泛关注等❷。

三、中国文化外交活动在法国的反响

上述机构推行的文化外交究竟产生了怎样的影响？在第一手民意调查缺乏的情况下，诉诸媒体报道可能是相对可靠的选择。笔者查找后归纳发现：总体而言，法方媒体反应较少且比较零散；高层次的大型系列活动所引发的关注远远多于一般小型单次活动。

1. 三家法国主流媒体对两大文化盛事的报道

笔者通过尽可能详尽的查找，选取三家法国媒体进行分析，其中两家报纸是法国人公认影响力最大的《世界报》（Le Monde）和《费加罗报》（Le Figaro），一家杂志是网上提供完整全文的《新观察家》（Le Nouvel Observateur）。一般而言，报纸类报道及时，杂志类报道详尽，二者结合比较有说服力。

由于法媒报道同时呈现相对零散的特点，笔者这里仅选择"中国文化年"和"法国汉语年"这两个大型系列活动作为主题统计（见表 4、表 5、图 1、图 2），暂时舍弃两大盛事之间的其他活动——这些活动中也有受关注者，后文中会提到。

---

❶ 法国汉语年网站，http://faguohanyunian. edu - ambchine. org/afficher. aspx？name = news/more/ -202. htm&titre = 持续 18 个月跨越 60 多个城市—法国汉语年硕果累累（2013 - 01 - 27）.

❷ 中国驻法使馆网站，http://www. amb - chine. fr/chn/zgzfg/zgsg/whc/zfwhhz/.

表4　法国3家主要媒体对中国两次大型文化活动的报道

活动名称	2003～2004 中国文化年❶			2011～2012 法国汉语年❷		
立场	正面	负面	中性	正面	负面	中性
《世界报》（总计40篇）	15	2	22（其中5篇为纯粹电视、电影节目预告）	1	0	0
《费加罗报》（总计26篇）	3	0	23（其中3篇为纯粹电视、电影、展览预告）	0	0	0
《新观察家》（总计9篇）	1	5	3（正面和负面兼而有之）	0	0	0

这里有必要对表中"正面"、"负面"和"中性"的标准加以说明。

若某篇报道中，不乏"令人着迷"、"富丽堂皇"、"罕见"、"优雅"、"奇珍异宝"等褒义字眼，或陈述有利于中国或中国的言论（如"画廊争抢中国画家"），则判定为正面报道；反之，在涉及中国话题时，若用"恐怖"、"阴影"等贬义词汇，或宣扬对中国尤其是中国政府不利的事件（如"胡锦涛访法、法轮功被虐"等），则判定为负面报道；如果是两者兼而有之，或不带感情色彩地通报时间、地点、人物、事件，则判定为中性报道。

表5　同时期❸关于中国两次大型文化活动和所有涉及中国报道总数对比

活动名称	中国文化年（篇）	同期报道涉及中国总数（篇）	法国汉语年（篇）	同期报道涉及中国总数（篇）
《世界报》	39	1262	1	1968
《费加罗报》	26	48	0	231
《新观察家》	9	906	0	718

更为直观地，我们可以将相关信息细化到具体月份。

---

　❶　由于媒体会在大型活动正式开始之前预告情况，相关报道起止时间为2003年3月至2004年7月；起点早于文化年正式开幕时间（2003年10月）7个月。
　❷　由于汉语年的影响力大大小于文化年，这三家媒体报道相当有限，能查到仅有的1篇《小小一堂中文课》（Petite leçon de chinois）载于《世界报》，时间为2013年7月2日。
　❸　这里"同时期"的标准与表4相同，图1和图2亦然。

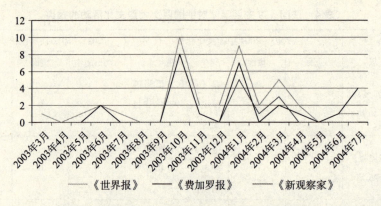

图1 《世界报》、《费加罗报》和《新观察家》

注：对中国文化年的报道对比（按月份统计）

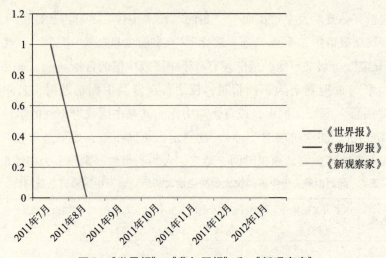

图2 《世界报》、《费加罗报》和《新观察家》

注：对法国汉语年的报道对比（按月份统计）❶

结合表4、表5以及图1、图2内容和所涉及文献，可以发现：

（1）从3类报道各自所占比例来看，中性居多，这与西方新闻工作者追求客观的理念比较相符，要么中性陈述，要么报喜也报忧；正面和负面的"较量"在不同媒体平台上各有"胜负"。从内容上看，正面报道往往集中于

---

❶ 本表中，由于《费加罗报》和《新观察家》报道数目都是"0"，导致分别代表这两家媒体报道数目的两条线重合。

文艺演出、展览尤其是关于中国古代文化的展演上；负面报道则不外乎"人权"、"法轮功"、"西藏"、"高行健被排除在中国主宾国书展之外"等议题，法国（政府和党派）与中国在政治价值观上的分歧在负面报道中清晰可见。

（2）将中国文化外交报道的数量与同一时期中国相关议题报道总数相比，就会发现差距很大；法媒对中国举办文化活动的兴趣只是对整个中国政治、经济、科技等方方面面新动向投以关注的一部分。与文化年处于同一时间段（2003 年 10 月）的"载人航天"引发热议就是一例。当月，《世界报》、《费加罗报》和《新观察家》涉及中国的篇目总数分别为 133 篇、20 篇和 87 篇，其中关于文化年和神舟 5 号升天的报道数目分别为《世界报》12 篇和 8 篇、《费加罗报》7 篇和 3 篇、《新观察家》3 篇和 6 篇；3 家报道文化年和神舟 5 号升天累计分别为 22 篇和 17 篇，后者与前者相比，似乎并未逊色多少。见图 3。

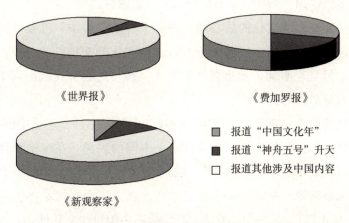

《世界报》　　　　　　　　　《费加罗报》

　　■ 报道"中国文化年"
　　■ 报道"神舟五号"升天
　　□ 报道其他涉及中国内容

《新观察家》

图 3　2003 年 10 月《世界报》、《费加罗报》和《新观察家》
关于文化年和"神舟五号"升天报道数量比较

（3）对"中国文化年"的报道在 2003 年 10 月、2004 年 1 月和 2004 年 3 月出现了 3 个小高峰。第一个高峰不难理解，中国在西方发达国家首次举办文化年，其开幕月份当然要倾力打造，媒体也会特别关注。法国最具影响力的两家报纸《世界报》和《费加罗报》分别花 10 篇和 8 篇文章加以报道。第二个高峰伴随着中国新年和胡锦涛主席访法而出现。报纸上不仅刊发展播中国影视节目的内容，还对华侨们在香榭丽舍大街庆祝新年、希拉克总统夫妇隆重接待胡锦涛夫妇等盛事用墨如泼。第三个高峰则与 2004 年

3 月中国成为巴黎书展主宾国有关，无论是对中国文化产业的介绍还是对高行健被排除在书展之外的渲染，都导致报道量增加。

（4）对"法国汉语年"的报道很少（唯一一篇直接报道载于《世界报》，下文会加以分析），该活动在法媒中反映的声势远不如"中国文化年"。个中原因比较复杂，有一线汉语教学工作者对笔者表示，可能与法国媒体独立性相关。与中国官方媒体紧跟政府步伐、密切配合宣传不同，法国主流媒体更倾向于进行有限介绍；而且由于受众对中国语言、文化了解有限，推广汉语又不如展示文化那么直观，相关报道恐怕难以吸引眼球，就干脆低调处理算了。因此，单从这 3 家主要法媒来看，中国对法文化外交的反响尤其是正面反响相当有限。

2. 法国政府要员的反应比较正面，但官方立场和个人兴趣有别

综合多种法国出版物，笔者梳理出三方面内容。

法国一直是西欧文化的核心和欧洲各大种族的熔炉，巴黎是国际文化之都，法国高级官员对中国这个东方古国的文化外交持赞赏态度，是题中应有之义。但是否明确表示出强烈的个人兴趣，是否真正沉醉其中，则要看领导人本身的喜好。

前总统希拉克一直是个中国迷，2004 年巴黎图书沙龙正值中国文化年，他在揭幕仪式上充分显示了对主宾国——中国的兴趣，在中国展台停留了足足半小时，还接受了不少赠书❶。法国汉语年开幕式（2011 年 7 月）由前总统德斯坦揭牌，活动期间前总理拉法兰在未来影视城举办国际高层论坛（2011 年 8 月）。后两位都身体力行地协助中国对法文化外交。

然而，萨科齐、奥朗德不是希拉克，菲永、埃罗也不是拉法兰。萨科齐总统虽然是互办语言年的共同倡议者之一，在具体活动中却十分低调，鲜有报道；奥朗德总统、菲永总理和埃罗总理都到访中国，但由于种种原因都不怎么在中国对法文化活动中露面。

3. 法国学者和社会精英的反应比较正面，但客观和夸张、中立和褒扬者皆有

近几年，中国在法国举办展览的最大手笔当属 2011 年 9 月末到 2012 年

---

❶ 据法国驻华使馆报道，http：//www. amb－chine. fr/fra/zfzj/zzgx/t96930. htm.

1 月初卢浮宫故宫文物展。展览全名为"重扉轻启——明清宫廷生活文物展"，吉美博物馆馆长戴浩石（Jean - Paul Desroches）主持了多项工作；法国媒体广泛关注：国家电视三台《根与翼》4 月进行预热；艺术专业期刊《美术》杂志 9 月刊花 10 页篇幅介绍；法国《费加罗报》文化版撰文《从紫禁城到卢浮宫：命运相交》❶（De la Cité interdite au Louvre：destins croisés）；出行巴黎网站（www. sortiraparis. com）则略带夸张地抛出"紫禁城征服卢浮宫（La Cité Interdite s'empare du Louvre）❷"。

学者和社会精英的代表戴浩石可谓致力推介中国文化的典范人物，后文详述。这里仅分析其他作者的几篇媒体文章。《从紫禁城到卢浮宫》一文洋洋洒洒七八千字，提要"法国古老王宫接待 130 件中国皇帝大作——一场盛大展览重绘 8 个世纪的交往"突出展览的重要性；"一间展厅当然不可能接待中国瑰宝"、"戴浩石精心挑选出从未现身西方的展品"、"2010 年紫禁城接待 1300 万游客，而自诩全世界最大博物馆的卢浮宫也才接待 850万"等语句，均难掩正面评价。《紫禁城征服卢浮宫》篇幅差不多只是《费加罗报》上的一半，前两千多字冷静介绍了展览涉及的年代、背景、具体内容、馆藏分布，临近结尾才评价道"通过这次特展，故宫博物院令我们着迷"。散见于各处的"节目预告"更为普遍，告诉读者或观众本次展览相关信息。

吴建民大使著述的《在法国的外交生涯》中有这样的论断："法国的报纸经常报道一些有关中国的消息，有时观点很尖刻。但是他们对文化活动的报道，大多数是公正、客观的。"❸ 这间接地说明中国文化外交对法国知识分子阶层的影响还是正面居多，不少人接受并喜爱中国文化；但也不应忽略：说汉语、懂中文的知识精英总量仍然有限，赶场中国展览的同时他们往往也热衷日本、阿拉伯、非洲文化活动……

4. 法国普通民众兴趣有限，缺乏了解者居多，难下结论

了解普通民众的真实想法本身就很困难，普遍认为最为可靠的民意调

---

❶ 《费加罗报》网站：http：//www. lefigaro. fr/culture/2011/09/29/03004 - 20110929 ART-FIG00726 - de - la - cite - interdite - au - louvre - destins - croises. php.

❷ 出行巴黎网站，http：//www. sortiraparis. com/arts - culture/exposition/articles/42537 - la - cite - interdite - s - empare - du - louvre.

❸ 吴建民、施燕华. 在法国的外交生涯［M］. 北京：中国人民大学出版社，2010：212.

查也未必能反映全貌。令人遗憾但也算正常的是，法国大型调查机构（如IPSOS）对社会经济的关注远远大于对汉语学习的兴趣❶，法国媒体对中国推广汉语和传统文化报道不多，聚焦于普通民众的更少。

目前查到只有一篇为民众介绍汉语新趋势的法媒报道：2011 年 7 月 2 日《世界报》上刊载的《小小一堂中文课》，探讨一种"奇怪的汉语表达新方式"，给各动词加"被"字前缀。"虽然有语法错误，却是中国的时髦用语……这是一种讽刺说法，表示自己无法控制、被强迫接受某事"，如被失踪、被精神病、被上楼、被小康、被就业等。

声势浩大的"汉语年"期间法媒仅有一篇普及知识性的相关报道，令人深思。另据对外汉语教学一线人士反应，在法国汉语不是学历教育课程，而是面向全社会开放的兴趣课程，有如钓鱼、打牌、踢球这些业余爱好，很多学员是退休中产阶级，在学习动力和系统性方面均不如中国青年人学法语——勤学苦练为的是以后能挣饭碗。前述 2012 年巴黎七大孔子学院无人申请奖学金，部分原因就是法国人学习汉语、来中国的动力不足；况且他们来中国的途径很多，仅奖学金方面就有孔子学院奖学金、台湾奖学金、达赖奖学金等供他们掂量。

四、结论

近 10 多年来中国对法文化外交投入了大量人力物力，驻外使馆文化处和教育处组织统筹，巴黎终于有了中国文化中心并进入运行正轨，孔子学院（课堂）继续打理一线重要工作而且越办越多，政府和文化机构（团体）出访法国次数稳步增加，两次盛况空前的大型系列文化活动——中国文化年和法国汉语年中，驻法媒体第一时间进行了大量、集中的报道……总结起来可以说成果不错。

但必须认识到：文化中心和孔子学院的品牌打造还要加强，比起同在巴黎的日本文化中心和法国在全世界推广了 130 多年的法语联盟，我国这两

---

❶ 法国重要的民意调查机构 IPSOS、IFOP 等近年来关注与中国相关的议题主要是：作为新兴市场国家的奢侈品消费能力、中国青年对国家的期待、法国民众对中国产品的印象和对中国美食的了解等。详见这些机构的网站。

个机构还要很多需要学习借鉴，还要很长一段路要走。

关于法国人对中国文化外交活动的反响，笔者通过研究得出的基本判断是：法国政府要员、知识精英的评价比较正面但影响有限，对中国文化外交活动理解和支持者以"中国通"为主；法国一般民众的反应则非常有限，中国文化外交的长度、广度和力度都还要加强。

就政府要员而言，政治考虑和个人兴趣不可忽略。仅以法国前总统希拉克为例，他之所以大力支持中国文化外交，一方面是政治考虑，另一方面是个人兴趣使然。

1997 年 5 月希拉克总统在北京和时任中国国家主席江泽民签署《中法联合声明》，包括建立全面伙伴关系，加强文化、教育、科技交流等 11 项内容❶；2004 年 1 月中法建交 40 周年之际，他在巴黎和胡锦涛主席发表《中法联合声明》说："深化中法全面战略伙伴关系，建立更加安全、更加尊重多样性和更加团结的世界。"❷ 20 世纪末法国社会党下台，温和右派政府不再纠结于人权问题，21 世纪初非传统威胁凸显、美国日渐单边主义的趋势都使中法这两个倡导多极化的文化大国有理由走得更近。根据上述文件和国际形势，希拉克支持中国在法文化活动理所当然。富豪独生子希拉克熟悉并喜爱东方文化和中国艺术，少年时期曾经逃学去博物馆❸，"在吉美博物馆我发现并爱上了亚洲，领略了那些壮丽文明的魅力，感受了它们的宏大，与之形成鲜明对比的则是西方对它们的种族偏见或猎奇心态"❹；执政期间他为巴黎留下重要文化遗产——布朗利滨河路（Musée du Quai Branly）原始艺术博物馆，曾在私家城堡接待访法的江泽民主席（此举甚至被有关方面批评为"太过头"❺），希拉克访问中国时还能纠正一处史实错

---

❶ 杨元华. 中法关系史 ［M］. 上海：上海人民出版社，2006：292 - 296.

❷ 杨元华. 中法关系史 ［M］. 上海：上海人民出版社，2006：297 - 300.

❸ 皮埃尔·佩昂. 希拉克传 ［M］. 黄荭、钟蕾丽、江蕾译. 北京：作家出版社，2008：30.

❹ 雅克·希拉克. 希拉克回忆录：步步为 1932 ~ 1995 ［M］. 李旦译. 南京：译林出版社，2010：12.

❺ 《自由报》网站，http：//www. liberation. fr/monde/1999/10/22/en - son - chateau - jacques - chirac - recoit - son - ami - le - president - chinois - la - france - veut - menager - pekin - sur - l_ 286954.

"此举招致左派、右派的激烈批评，认为希拉克'太过头'。雅克·希拉克的确注重和中国主席的关系"［Une attitude qui suscite de vives critiques, à droite comme à gauche, où on trouve que Chirac 《en fait trop》 (lire ci - contre) Jacques Chirac soigne, en effet, sa relation avec le président chinois］。

误❶……这样一位文艺修养甚高、青睐中国的总统在"中国文化年"活动中高调出镜,怎么想都正常不过。

就法国学者和社会精英来说,工作背景和个人经历的因素十分重要。这里不妨以时任吉美亚洲艺术博物馆(Musée national des Arts asiatiques - Guimet)馆长的戴浩石教授为例。

戴浩石是"法国国家遗产总策展人,曾任法国国立集美亚洲艺术博物馆中国艺术部总馆长,法国赴蒙古共和国考古计划主任,法国卢浮宫学院远东系主任,日本京都国立博物馆代馆长。戴浩石先生在博物馆领域工作了近四十年,完成了许多学术专著,策划了近百个重要的展览,学术成就显著"❷。这位汉学家1973年就陪蓬皮杜总统访华,之后多次到访中国,经常出入艺术场合,2013年10月获中国文化部"文化交流贡献奖"。如此活跃的远东艺术行家,为在法国举办的中国文化盛事尽力(如2004年7月中国文化年巴黎上海周、2011年卢浮宫故宫文物展),想必也是其毕生事业不可或缺的内容之一吧。

就法国民众来说,对中国文化各有所爱,自由表达,不了解"遥远的他者"之人居多。

西方世界尊重个人喜好,鼓励自由表达的社会风气使短时间内全民钟爱同一样东西、同一种文化几乎不太可能,何况法国向来文化资源丰富,民众可选项目繁多;而且中国与法国相隔千山万水,对法国民众来说,中国文化完全是一种陌生的异质文化。撇开国家硬实力对软实力的影响不谈,就软实力本身而言,在法国推广汉语和中国文化,本身就极具挑战性。前述法国人学习汉语动力不大、系统性不足的例子,只是这种挑战性的部分反映。

---

❶ 据法国媒体《新经济学家》报道,http://www.lenouveleconomiste.fr/50 - ans - de - relations - diplomatiques - vive - jacques - chirac - 21448/La Chine s'est éveillée.

"雅克·希拉克熟悉中国历史、文明,尤其是中国诗歌。曾经纠正隋朝一位皇帝年代错误让江泽民非常惊讶……如果希拉克有一天表示'我爱中国,我非常尊敬这个卓越的国家及其人民',不会有一个中国人会觉得这只是外交辞令。"(Jacques Chirac, lui, connaissait bien la Chine, son histoire, sa civilisation et particulièrement sa poésie. Il a surpris un jour le président Jiang Zemin en le corrigeant sur les dates du règne d'un empereur de la dynastie Sui…Et quand Jacques Chirac déclara un jour : "J'aime la Chine et j'ai un très grand respect pour ce pays magnifique et son peuple", personne, en Chine, ne prit ces mots pour une démarche diplomatique.)

❷ 中国美术馆网站,http://old.namoc.org/news/gnxw/2010/201003/t20100303_124656.html.

今后中国对法国开展文化外交，原则上讲，应该在以下三方面有所作为：在活动长度方面，后续动作要跟上，相关机制应常态化。"时冷时热"、"热一时冷一阵"都算不上真正的"汉语热"，语言年过后继续发挥法国汉语教学协会的作用，2014 年恢复汉语师资考试（Agrégation externe de chinois）都是不错的做法。在广度方面，争取为更多地区和学区、更广泛的年龄层推广更多样的汉语和中国文化资源。在力度方面，不求一次轰轰烈烈，但求长期润物细无声。

一位孔子学院负责人曾对笔者表示："办孔子学院要打持久战，不能急功近利。坚持就是胜利，亏本也要办下去。巴黎那样的国际大都会，就像永不闭幕的博览会，存在就是胜利，缺席就是失败。"另外，他还有感于中方做事有时过于高调，不免浮躁，认为太浮躁会引起他国反感，也不容易消除对象国媒体和人民的偏见。

这段话正好可以借用来概括中国对法文化外交的对策：长远方针上贵在坚持；具体策略上加强学习，不妨低调。文化外交上要有 50～100 年的眼光，媒体偏见不可避免，以孔子学院、文化中心为代表的各项文化活动毕竟是法国人直接接触中国人的机会，长期存在则偏见自然消除，人民误解减少；比照法语联盟头几十年赔钱、后一百年赚钱，其运行机制值得中方学习。当然，有朝一日中国硬实力和软实力在世界上都数一数二了，文化外交自会大放异彩。

（陈晓径，北京大学国际关系学院博士研究生；

王乐梅，北京航空航天大学中法工程师学院助理研究员。）

中国对意大利的文化外交

李艳方

长期以来，中国文化以"神秘"而闻名于世。21 世纪以来，中国的经济和综合实力均有显著提升，中国政府日益重视文化外交，让世界更好地理解来自东方的"神秘"中国。文化外交不仅是增强国家软实力的重要手段，有助于增进外界对中国的了解，塑造良好的自身形象，而且从国际影响力角度看，文化外交本身也是一种手段，因为人们总是倾向于学习当代最具有国际影响力的那些国家的文化，这在全球化的时代尤其显著。所以，文化外交是国家宏观对外战略中不可或缺的一环。

文化外交是个新名词，国内学界对于文化外交的研究是近些年才开始的。目前国内外关于中国开展文化外交的研究大多倾向于从分析中国政府的动机入手，缺乏相关的具体案例研究。本文选定南欧大国同时也是文化大国意大利为研究对象，主要通过具体案例来探究 21 世纪以来中国对意大利开展的文化外交活动，并对其效果进行评估，力图为今后中国更好地开展文化外交提供参考借鉴。

一、悠久的中意关系

意大利共和国，国土面积 30.13 万平方千米，人口 6092 万（2012 年），国内生产总值 2.013 万亿美元（2012 年），是经合组织（OECD）的高收入成员国❶。

中国和意大利是亚欧大陆上的两大文明古国。在古代中国和欧洲的交往史上，多以中国与意大利的交往为先导。分居于欧亚大陆东西两端的汉

---

❶ 世界银行网站，http://data.worldbank.org/country/italy，2013 年 10 月获取以上资料。

帝国和古罗马就已经开始有商人和贸易来往，从而成为东西方交往的发端❶。13 世纪，意大利人马克·波罗游历东方后将见闻写成《马克·波罗游记》，第一次将中华文明介绍到欧洲；16 世纪，意大利耶稣会传教士利玛窦将欧洲近代科学知识传入中国，让中国士大夫感知到了来自西方的智慧；17 世纪，意大利人卫匡国（Martino Martini，1614—1661）来到中国，并被后人称为"欧洲最著名的汉学家"，他用拉丁文写作的关于中国历史和地理的书籍是当时欧洲读者可见的关于中国的最权威的文献。❷

中意两国于 1970 年 11 月 6 日正式建交，意大利是西欧国家中较早承认新中国和展开接触的国家。两国自建交以来一直维持良好的合作关系，意大利是欧盟内部传统上对华友好的国家之一。2004 年时任总理温家宝访问意大利期间，两国领导人将中意关系升级为"全面战略伙伴关系"，并成立中意政府委员会，使得两国关系迈上了新台阶。此后，两国间政府、政党的交流和互访以及双方在科学技术、大学交流、旅游、文艺等领域的合作都不同程度上加强了两国的关系。目前，意大利是中国在欧盟的第五大贸易伙伴，中国是意大利在亚洲的第一大贸易伙伴。❸

意大利对中国民众而言，是个具有非凡吸引力的国家。根据意大利驻华大使谢飒的说法，意大利的生活方式，可以演绎为美食、艺术设计、时装，还可以演绎为戏剧、音乐和歌剧。而且意大利在科技方面也处于工业国家中的领先地位，上海世博会意大利国家馆在不到两个月的时间里迎来了超过 150 万参观者，可以作为意大利的吸引力的一个例证。❹

作为南欧地区的大国，意大利不仅有着丰富的历史文化，而且多年来致力于保护和推广自身文化，"意大利制造"成为一块响当当的金字招牌。作为古罗马帝国在地理意义上的核心地带，意大利继承了丰富的历史文化遗产。出于对自身文化的维护，意大利十分注重对文化遗产的保护和宣传，

---

❶ 古罗马历史学家罗鲁斯（Lucio Anneo Floro）的相关著作和《后汉书·西域传·安息传》相关章节。

❷ 更多资料参见中国驻意大利大使馆网站登载驻意大使丁伟文章"意大利在中欧关系上大有可为"，http：//it. chineseembassy. org/chn/xwdt/t984985. htm.

❸ 关于中意双边关系的详细资料参见中国外交部资料，http：//www. fmprc. gov. cn/mfa_ chn/gjhdq_ 603914/gj_ 603916/oz_ 606480/1206_ 607592/sbgx_ 607596/，2013 年 10 月取得资料。

❹ 更多资料参见中共中央对外联络部网站登载文章"专访意大利驻华大使谢飒（2010. 7）"，http：//www. idcpc. org. cn/rwft/1007. htm.

在联合国教科文组织列出的世界遗产名录中，意大利以 49 处历史遗产和 4 处文化遗产位列名录的第一位。紧随其后的则是中国，拥有 31 处文化遗产、10 处自然遗产和 4 处自然与文化双重遗产❶。

根据笔者在欧洲的经历，意大利在欧洲是个非常受"待见"的国家，尤其是在受过高等教育的欧洲人当中——罗马作为西方文化根源之一的号召力不可等闲视之。❷

二、中国对意大利的文化外交

（一）"中国文化年"

中国在意大利开展的最具有宏观意义的文化外交活动就是 2010～2012 年举办的"中国文化年"活动，这也是继 2003 年在法国举办"中国文化年"后，中国在欧洲举办的最大规模的对外文化交流活动。

继 2006 年意大利在中国举办"意大利文化年"后，2010 年适逢中意建交 40 周年，"中国文化年"在罗马开幕，时任中国国家总理温家宝出席了开幕式。在此项活动中，仅政府间的文化交流项目就有 100 多项。"中国文化年"标志的主体图案由威尼斯著名交通工具"贡多拉"和中国传统乐器二胡构成，象征了地中海文明和中华文明的相会。"中国文化年"的举办增进了意大利人民对今日中国和中国文化的了解，展示了中国文化的魅力，成为中国向意大利乃至欧洲介绍自身的一张"名片"。

"中国文化年"活动中的"秦汉—罗马两个帝国文明展"、新中国美术年展、20 世纪以来中国艺术中的农民画展、中国服饰展、广州交响乐团音乐会、中国美术馆馆藏皮影艺术珍品展等一系列中国文化艺术活动陆续在意大利举办。罗马、米兰、佛罗伦萨、都灵、威尼斯、那不勒斯等城市的民众都有机会近距离欣赏中国的音乐、戏剧、舞蹈、展览和民间艺术。"中

---

❶ 数据来自联合国教育、科学和文化组织网站资料，http://whc.unesco.org/.（资料截至 2013 年 10 月）。

❷ 就笔者在欧洲与欧洲人的访谈来看，在看待意大利方面，以"骄傲的高卢人"自诩的法国或许是个例外，两国在饮食、时尚等各自引以为傲的生活方式方面的竞争世人有目共睹，两国之间存在某种互相妒羡的"瑜亮情结"。

国文化年"活动还举办"中意两国妇女交流会"、"中意大学校长论坛"等会谈。西藏自治区、安徽省、上海市还在意大利举办了"文化周",中国作家协会、中国妇联、中国残疾人艺术团等民间团体和媒体也都参与到文化年的活动中;中国驻意大利使馆还特地为"烟火之都"那不勒斯奉献了一场盛大的烟火表演。❶

东道主意大利政府对"中国文化年"给予了特别的重视,意大利部长委员会委托复斯蒂制作工作室(Studio Festi)在当地的名胜古迹罗马竞技场举办了一场名为"无敌"的多媒体视觉盛宴。他们在古罗马竞技场圆弧形的外墙上打上了一层"中国红",用灯光打出"中意友谊"四个隶书大字,❷ 这是作为意大利最经典象征的罗马竞技场第一次为外国改变颜色。意大利总统那波利塔诺亲自出席了"秦汉—罗马两个帝国文明展"并通过媒体为中国春节祝福。意大利媒体也对两国领导人大力推动的"中国文化年"多有报道。

但是,"中国文化年"活动中展示的大多是"传统文化的中国",而不是"现代的中国",可能是考虑到中国现代文化缺乏对欧洲具有吸引力的核心概念,也可能是我们开展的文化外交活动缺乏一种将现代中国的文化和艺术呈现给外界的适当方式。

(二)孔子学院

文化包罗万象,语言是交流的基础。意大利已经通过"马克·波罗计划"和"图兰朵计划"吸引了众多中国学生前往意国学习语言、文学和艺术,目前在意大利的中国留学生已经超过一万人❸。随着中国对文化外交的日益重视,在"国家汉办"的资助下,迄今为止,意大利共设立了11所孔子学院、20多所孔子课堂。孔子学院以教授汉语为主,同时融入中国的茶道、花道、书法、绘画等传统文化内容。伴随着中意贸易和投资的增长以

---

❶ 更多资料参见中新网2011年3月25日报道"中国驻意大使畅谈中意心灵对话",http://www.chinanews.com/hr/2011/03-25/2930462.shtml.

❷ 麦克·克拉克,程伟栋.意大利"中国文化年"的罗马竞技场庆典的设计［J］,演艺科技,2011(4):72.

❸ 更多资料参见人民网2010年10月7日报道"我驻意大利:意中文化年是促进了解和友谊的重要平台",http://world.people.com.cn/GB/12884628.html.

及意大利文化名人对汉语的喜爱所形成的名人效应，近几年在意大利掀起了一股"汉语热"。目前意大利有 30 多所大学教授汉语，学习中文的学生人数超过了学习英语的学生人数❶。意大利的孔子学院对弘扬汉语和中华文化起了重要作用（见表1）。

表1　意大利孔子学院一览❷

编号	孔子学院	中方合作伙伴	意方合作伙伴	启动时间	所在城市
1	罗马大学孔子学院	北京外国语大学	罗马大学	2006 年 9 月	罗马
2	那不勒斯东方大学孔子学院	上海外国语大学	那不勒斯东方大学	2007 年 12 月	那不勒斯
3	比萨孔子学院	重庆大学	圣安娜大学	2008 年 10 月	比萨
4	都灵孔子学院	华东师范大学	都灵大学	2008 年 10 月	都灵
5	博洛尼亚大学孔子学院	中国人民大学	博洛尼亚大学	2009 年 3 月	博洛尼亚
6	威尼斯大学孔子学院	首都师范大学	威尼斯大学	2009 年 9 月	威尼斯
7	帕多瓦大学孔子学院	广州大学	帕多瓦大学	2009 年 4 月	帕多瓦
8	米兰国立大学孔子学院	辽宁师范大学	米兰国立大学	2009 年 11 月	米兰
9	米兰圣心大学孔子学院	北京语言大学	米兰天主教圣心大学	2009 年 10 月	米兰
10	马切拉答孔子学院	北京师范大学	马切拉答大学	2011 年 10 月	马切拉答
11	佛罗伦萨孔子学院	同济大学	佛罗伦萨大学	2013 年 6 月	佛罗伦萨

虽然有中国政府机构"国家汉办"从师资和财力方面大力支持以开设孔子学院和孔子课堂为主体的汉语推广计划，但是面对各国持续增长的学习汉语的需求，汉语教学人员面临供应短缺的难题。2012 年全球孔子学院支

---

❶　更多资料请看中国驻意大使馆转载意大利《信使报》文章"意大利中学、大学开设中文课蔚然成风"，http：//www. fmprc. gov. cn/ce/ceit/chn/xwdt/t828929. htm.

❷　前 10 所孔子学院资料来源为国家汉办"孔子学院总部"官网，http：//www. hanban. edu. cn；佛罗伦萨孔子学院资料来自凤凰网，http：//edu. ifeng. com/gaoxiao/detail_ 2013_ 06/13/26372141_ 0. shtml，2013 年10 月取得以上材料.

出总计 3. 96 亿美元，中方支出 1. 96 亿美元，但是仍旧面临供应缺口❶。有学者提出孔子学院需要走面向市场的产业化发展方式，只有把文化产业当作经济产业运作、符合市场经济规律才能保证持续增长❷。

关于"孔子学院"的定位，前国家主席胡锦涛在 2007 年党的十七大报告中指出，"当今时代，文化越来越成为民族凝聚力和创造力的重要源泉、越来越成为综合国力竞争的重要因素"，因此"要坚持社会主义先进文化前进方向，兴起社会主义文化建设新高潮，激发全民族文化创造活力提升文化软实力"❸。国家汉办的教育官员曾经表示，"Soft Power"从来不是孔子学院追求的目标，孔子学院只是教育机构，与政治无关❹。然而，实际上国家汉办已经从"非官方机构"变为"中国教育部直属事业单位"。外国学生上孔子学院或者孔子课堂多半是因为学习汉语后方便找工作和"做生意"。在西方话语权主导的国际舆论下，中国现代文化缺乏对西方人具有感染力的理念，因此扩大汉语教学对提升中国国际形象是否有作用并不容易判断❺。因而，"汉语热"很可能会随着中国的逐步崛起而持续升温，孔子学院未来的发展方向却存在一定的未知性。

（三）友好城市

与中央政府通过国家外交形式开展对外交流的"高大上"方式相比，地方政府层面上的交流可能更加"接地气"，更加容易展开具体合作。自意大利与中国正式建交以来，双方建立了六十几对友好城市关系。❻ 缔结友好城市或姐妹城市，通常是为了文化交流的目的，将不同地区或者不同国家具有类似规模或者特征的城市配对。这些友好城市的建立最初往往基于民间的推动，而后得到了官方的认可得以正式建立关系。经贸和文化因素在

---

❶ 孔子学院总部/国家汉办发布的《2012 年度报告》。

❷ 据北京外国语大学中国语言文学学院讲师、《国际汉语教育》编辑部副主任王祖嫘的研究。

❸ 人民网文章"60 位专家解读十七大报告：如何提升文化软实力"，http：//politics. people. com. cn/GB/30178/6486623. html.

❹ 特别是，汉办的英文名称从 the China National Office for Teaching Chinese as a Foreign Language 变成了 the Office of Chinese Language Council International，去掉了具有潜在政治意味的"national".

❺ 更多参见 "China and International Harmony：the role of Confucius Institutes in bolstering Beijing's soft power"，James F. Paradise，Asian Survey，Vol. 49，No. 4（July/August 2009），pp. 647–669.

❻ 资料来自外交部网站，"中国同意大利的关系"：http：//www. fmprc. gov. cn/mfa_ chn/gjhdq_ 603914/gj_ 603916/oz_ 606480/1206_ 607592/sbgx_ 607596/.

其中起了重要作用。比如，同为首都的北京与罗马，工业发达的"时尚之都"上海和米兰，"水城"苏州与威尼斯，重工业城市沈阳与都灵，历史悠久的南京和佛罗伦萨，古城西安和庞贝以及温州与普拉托等建立友好城市，都是由两国的民间企业家和商人牵线搭桥极力推动，后又得到政府认可（见表2）。

表2　中国与意大利的友好城市和地区一览●

序号	中方城市或地区	意方城市或地区	结好时间	编号
1	上海市	米兰市	1979 - 06 - 25	0011 - 790625 - 沪 - 003
2	南京市	佛罗伦萨市	1980 - 03 - 24	0023 - 800222 - 苏 - 004
3	苏州市	威尼斯市	1980 - 03 - 24	0025 - 800324 - 苏 - 005
4	广西壮族自治区	西西里大区	1982 - 06 - 14	0069 - 820614 - 桂 - 004
5	沈阳市	都灵市	1985 - 02 - 12	0146 - 850212 - 辽 - 014
6	本溪市	摩德纳市	1985 - 03 - 07	0147 - 850307 - 辽 - 015
7	天津市	伦巴第大区	1985 - 05 - 09	0157 - 850509 - 津 - 007
8	秦皇岛市	佩萨罗市	1985 - 11 - 07	0194 - 851107 - 冀 - 009
9	常州市	普拉托市	1986 - 06 - 06	0214 - 860606 - 苏 - 021
10	广州市	巴里市	1986 - 11 - 12	0234 - 861112 - 粤 - 012
11	石家庄市	帕尔玛市	1987 - 09 - 22	0274 - 870922 - 冀 - 012
12	芜湖市	帕维亚市	1988 - 01 - 25	0289 - 880125 - 皖 - 011
13	辽宁省	艾米利亚·罗马涅大区	1988 - 03 - 15	0291 - 880315 - 辽 - 028
14	河北省	威尼托大区	1988 - 05 - 17	0300 - 880517 - 冀 - 016
15	邯郸市	帕多瓦市	1988 - 05 - 18	0301 - 880518 - 冀 - 017
16	河南省	普利亚大区	1988 - 06 - 03	0304 - 880603 - 豫 - 011
17	陕西省	特雷维索省	1988 - 07 - 21	0311 - 880721 - 陕 - 009
18	蚌埠市	贝加莫市	1988 - 09 - 06	0316 - 880906 - 皖 - 012
19	蚌埠市	贝加莫省	1989 - 11 - 18	0344 - 891118 - 皖 - 016
20	四川省	皮埃蒙特大区	1990 - 02 - 27	0346 - 900227 - 川 - 017
21	深圳市	布雷西亚市	1991 - 11 - 12	0388 - 911112 - 粤 - 020
22	山东省	马尔凯大区	1992 - 07 - 08	0412 - 920708 - 鲁 - 032
23	山西省	阿布鲁佐大区	1992 - 09 - 16	0429 - 920916 - 晋 - 011
24	江苏省	托斯卡纳大区	1992 - 09 - 18	0430 - 920918 - 苏 - 037

● 来源：中国国际友好城市联合会官网统计资料，2014 年 6 月 1 日查阅。

序号	中方城市或地区	意方城市或地区	结好时间	编号
25	盐城市	基耶蒂市	1992 – 10 – 01	0435 – 921001 – 苏 – 039
26	威海市	比耶拉市	1993 – 10 – 28	0505 – 931028 – 鲁 – 039
27	运城市	兰恰诺市	1995 – 09 – 20	0654 – 950920 – 晋 – 017
28	陕西省	翁布里亚大区	1995 – 11 – 29	0688 – 951129 – 陕 – 023
29	攀枝花市	特尔尼市	1997 – 03 – 10	0743 – 970310 – 川 – 032
30	辛集市	索劳伏拉市	1997 – 08 – 19	0777 – 970819 – 冀 – 041
31	北京市	罗马市	1998 – 05 – 28	0840 – 980528 – 京 – 027
32	福建省	那不勒斯省	1998 – 06 – 12	0841 – 980612 – 闽 – 027
33	江苏省	威尼托大区	1998 – 06 – 22	0845 – 980622 – 苏 – 102
34	扬州市	里米尼市	1999 – 03 – 16	0887 – 990316 – 苏 – 113
35	南通市	奇维塔韦基亚市	1999 – 12 – 01	0941 – 991201 – 苏 – 125
36	成都市	巴勒莫市	1999 – 12 – 03	0942 – 991203 – 川 – 036
37	太仓市	罗索里纳市	2000 – 02 – 23	0945 – 000223 – 苏 – 127
38	淮安市	卢卡省	2000 – 09 – 27	0982 – 000927 – 苏 – 134
39	大丰市	阿斯科利皮切诺省	2001 – 09 – 27	1055 – 010927 – 苏 – 145
40	宿迁市	比林蒂西市	2001 – 10 – 25	1058 – 011025 – 苏 – 146
41	巢湖市	拉蒂纳省	2002 – 01 – 25	1071 – 010419 – 皖 – 037
42	泰安市	都灵市	2002 – 04 – 12	1076 – 010917 – 鲁 – 091
43	云南省	洛迪省	2002 – 06 – 08	1088 – 030825 – 云 – 014
44	温州市	普拉托省	2002 – 10 – 13	1110 – 020726 – 浙 – 056
45	宁夏回族自治区	拉蒂纳省	2002 – 10 – 24	1116 – 020308 – 宁 – 005
46	宁夏回族自治区	坎帕尼亚大区	2004 – 09 – 02	1200 – 030411 – 宁 – 008
47	无锡市	维琴察市	2006 – 01 – 25	1319 – 060125 – 苏 – 164
48	哈尔滨市	里乔内市	2006 – 07 – 19	1359 – 050816 – 黑 – 048
49	大理市	卡拉拉市	2006 – 11 – 24	1388 – 060712 – 云 – 024
50	江阴市	托尔托纳市	2007 – 05 – 29	1500 – 071229 – 苏 – 187
51	西安市	庞贝市	2007 – 10 – 13	1466 – 071018 – 陕 – 047
52	淄博市	贝加莫省	2007 – 11 – 19	1487 – 070214 – 鲁 – 131
53	张家口市	博尔扎诺省	2007 – 11 – 23	1489 – 070709 – 冀 – 056
54	宁波市	佛罗伦萨市	2008 – 09 – 25	1545 – 071220 – 浙 – 071
55	杭州市	比萨市	2008 – 10 – 17	1553 – 081020 – 浙 – 073
56	广东省	普利亚大区	2011 – 06 – 15	1783 – 110516 – 粤 – 103

序号	中方城市或地区	意方城市或地区	结好时间	编号
57	佳木斯市	阿维利诺省	2011 – 06 – 27	2020 – 100624 – 黑 – 074
58	海南省	撒丁自治大区	2011 – 10 – 13	1816 – 111009 – 琼 – 042
59	赣州市	卡乃利市	2012 – 06 – 29	2101 – 120620 – 赣 – 068
60	景德镇市	法恩扎市	2013 – 10 – 18	2109 – 130502 – 赣 – 070
61	湖北省	坎帕尼亚大区	2013 – 10 – 29	2066 – 131009 – 鄂 – 077
62	湖南省	马尔凯大区	2013 – 11 – 21	2089 – 131022 – 湘 – 066
63	南阳市	阿斯蒂市	2014 – 02 – 27	2113 – 130426 – 豫 – 092

根据媒体的报道，还有一些友好城市协议在讨论之中。如此众多的友好城市难免存在交往状况鱼龙混杂的情况，个别友好城市的关系出现"冬眠"或"死亡"。比如北京和罗马互为友城，2009 年罗马市政府授予达赖喇嘛"荣誉市民"称号，两城的官方合作关系一度中断；威海市和比耶拉市当初因纺织业而结为友城，由于只有合作的愿望，缺乏合作的基础使得两城的友城关系名存实亡❶。因此，友好城市合作需要寻求切实的合作基础来充实内涵。尽管如此，城市地区层面上的交往提供了民间交流的途径，有利于意大利人通过多渠道接触了解今日中国。

（四）文艺演出和电影

2013 年恰逢意大利作曲大师威尔第 200 周年诞辰，来自中国中央歌剧院的演员们在罗马演绎了威尔第名剧《行吟诗人》，获得现场一千多名观众的热烈掌声❷。

一些优秀的中国电影在意大利上映并获得好评。20 世纪 90 年代，导演张艺谋的两部作品《秋菊打官司》和《一个都不能少》均摘得当年度威尼斯电影节"金狮奖"的桂冠。21 世纪以来，《车二十四》（伍仕贤执导）、《小城之春》（田壮壮执导）、《人民公厕》（陈果执导）都是获得威尼斯电

---

❶ 更多资料参看南都网报道："友好城市因何"死亡"或"冬眠"？http：//epaper. oeeee. com/A/html/2012 – 05/16/content_ 1629816. htm.

❷ 中国驻意大利大使馆网站 2013 年 11 月 29 日新闻"中央歌剧院在罗马演绎威尔第名剧《行吟诗人》大获成功"，http：//www. fmprc. gov. cn/ce/ceit/chn/xwdt/t1103773. htm.

影节奖项的电影作品。中国导演贾樟柯是威尼斯电影节的宠儿，他以纪实手法拍摄的故事片《三峡好人》在 2006 年获得 63 届威尼斯电影节最佳影片金狮奖的殊荣后，又于 2007 年凭着纪录片《无用》收获当年的最佳纪录片奖项，2011 年贾樟柯受邀成为电影节地平线单元的评委。

三、意大利人对中国文化外交的反响

从意大利的媒体报道来看，随着中国对意大利文化外交活动的开展，意大利媒体对中国的报道逐渐增多。意大利发行量最大的全国性日报《晚邮报》拥有中文网页❶，意大利通讯社拥有介绍中国发展的网站《AGI 中国24 小时》，这说明意大利读者希望了解中国，需要来自中国的信息。意大利第四大报纸、最具有影响力的主流媒体之一《信使报》曾经在 2010 年对时任中国国家总理温家宝和中国国家副主席习近平访问意大利期间两次推出"中国专刊"，邀请意大利学者、政要和中国驻意大利使馆外交官撰写专文向民众介绍中国的情况。习近平 2011 年 6 月访问意大利期间恰逢意大利建国 150 周年，他的访问被认为是中国政府高度重视意大利的证明，受到意大利安莎社、《晚邮报》、意国家电视台等媒体的特别关注，意大利外交部、总理府也都专门刊发相关新闻公告❷。2013 年，中国钢琴家的来访、中国电影参与威尼斯电影节的角逐成为当地媒体报道的焦点，中国设计师参与米兰时装周之类的新闻也是意大利民众喜闻乐见的。

笔者尝试通过网络方式搜索了意大利几家主流媒体关于中国的报道，下表展示了笔者用中国的意大利名"Cina"作为关键词在几家意大利媒体上得到的报道数量❸。为了查询尽可能翔实的资料，笔者只能从可以从其网站上获取全部或至少三年内材料的在线媒体查询。安莎通讯社（ANSA）这

---

❶ http：//www. corriere. it/chinese/.

❷ 习近平访问意大利期间《晚邮报》"中国专刊"详情参考新华网 2011 年 6 月 9 日文章"意大利主流媒体推特别专刊欢迎习近平到访"，http：//big5. xinhuanet. com/gate/big5/news. xinhuanet. com/overseas/2011 –06/09/c_ 121513811. htm，中新网 2011 年 6 月 4 日转载意大利欧联通讯社文章"习近平出访意大利亚平宁半岛'中国热'再升温"，http：//www. chinanews. com/hr/2011/06 – 04/3090450. shtml，中新网 2011 年 6 月 8 日转载意大利欧联通讯社文章"意大利各界高度称誉习近平到访推进意中友好"，http：//www. chinanews. com/hr/2011/06 – 08/3095723. shtml.

❸ 取得日期：2014 年 6 月 1 日

样非常有影响力的意大利半官方通讯社，只能因为其在线材料只保留本年
度的而舍弃。

表3 意大利主流媒体关于中国的报道数量

意大利媒体	媒体地位	报道数量
晚邮报	第一大报，综合类报纸	8771
共和国报	第二大报，综合类报纸	73517
信使报	第四大报，综合类报纸	6851
24 小时太阳报	商业报纸，综合类报纸	18330
《全景》周刊	新闻周刊	5310
金融日报	米兰当地报纸	1716

意大利全国发行的《晚邮报》（Corrieredella Sera），1876 年创刊，2013
年平均日发行量约三十六万份。该报纸的好处是网络版的读者可以从其网
站上以在线文字形式获取该报诞生至今的所有历史新闻材料。作为意大利
媒体界长期以来的第一大报，该报纸政治态度中立。在关于中国的业务上，
除了开设中文网站外，近年来逐渐增加了与中国有关的报道内容。有关中
国报道的数量，笔者从其意大利文网站的搜索结果如下：截止到笔者的搜
索日期，一共有 8497 篇报道中提到了"Cina"。从年份来看，分别是 2010
年，916；2011 年，930；2012 年，1151；2013 年，1199。

《共和国报》（la Repubblica），是意大利另一份全国发行的大报，政治
倾向偏左，尤其以反对前总理贝卢斯科尼著称，2013 年平均日发行量三十
二万余份，是仅次于《晚邮报》的第二大报纸。在该报所有的在线报道中，
共有 73517 篇报道提到中国。根据其网站显示，这些报道中提到最多的人物
是巴拉克·奥巴马，其次是贝卢斯科尼，第三则是前任中国国家主席胡锦
涛；在各类组织方面，被提到最多的前三名则是 Fiat（517）、Google
（438）、Apple（405）；在地点方面，被提到最多的前三名则是中国
（10267）、意大利（3794）、欧洲（2362），第 4 和第 5 位分别是米兰
（2227）和罗马（2214）两座城市。

《信使报》（Il Messaggero），1878 年创刊，2005 年平均日发行量二十三
万余份，可算是仅次于《晚邮报》《共和报》和《新闻报》（la Stampa）的
意大利第四大报纸。据笔者查询该报纸网站发现，发现共有 6851 篇在线报

道涉及"Cina",且近年来对中国的报道有逐年增加趋势。

可以发现,意大利全国性的媒体在报道中国上还是比较全面的,媒体也正在加大对中国的报道力度,不少媒体在开设中文网站方面也开始尝试。此外,2008年的北京奥运会成为媒体集中报道有关中国内容的高潮时期。专事报道体育新闻的意大利《体育报》不仅派出了22人的记者团,以确保向意大利读者及时、全面地报道奥运会新闻,而且在意大利国内成立了40人左右的机动记者编辑报道组,进行奥运会赛场外的其他新闻报道;《晚邮报》从2008年的7月中旬就开始增设"聚焦北京奥运"版面;意大利杂志《欧洲人》7月出版专刊,刊登在中国工作和生活过的意大利记者撰写的文章和拍摄的图片,向意大利读者介绍中国几十年的发展情况;意大利最大的经济类报纸《二十四小时太阳报》等媒体陆续开辟专版和专栏,介绍北京奥运会的筹备情况,以及奥运给北京带来的变化;意大利最大的通讯社安莎社从7月8日起开始开辟"北京奥运会倒计时"专栏;类似报道不胜枚举❶。我国驻意大利使馆也支持媒体积极参与报道北京奥运会❷。从后来的反响看,意大利的媒体工作者基本秉持了媒体人的中立态度,将中国全面介绍给读者。意大利国家电视台还专门制作了一期节目,记者走访了北京、上海、南京、西安等城市,镜头投向了中国普通老百姓的生活:公园里晨练的老人们打起太极拳,父亲在与七岁的女儿对练乒乓球,羽毛球场上热火朝天,篮球场上小伙子们正在进行三人对抗赛,旁边一位五十多岁中年人的三步上篮有板有眼。节目评论员赞叹地说:"看看中国有多少人在玩乒乓球就不难理解他们为什么能在这个项目上包揽金牌,中国竞技体育的快速发展不仅是因为经济强大的中国在人力物力投入上给予保证,更是由于其拥有广泛的群众基础。"❸

---

❶ 新华网2008年7月28日文章"意媒体说北京奥运会开幕式将成为'体育达沃斯'",http://news.xinhuanet.com/newscenter/2008-07/28/content_8785501.htm;新华网2008年7月7日文章"意大利媒体积极准备组织记者团报道北京奥运会",http://news.xinhuanet.com/sports/2008-07/07/content_8506864.htm.

❷ 外交部网站2008年7月9日文章"孙玉玺大使同意大利AGI通讯社领导共同迎接奥运倒计时30天",http://www.fmprc.gov.cn/mfa_chn/gjhdq_603914/gj_603916/oz_606480/1206_607592/1206x2_607612/t489325.shtml.

❸ 中国驻意大使馆2008年8月25日文章"意大利人眼中的北京奥运会",http://www.fmprc.gov.cn/ce/ceit/chn/xnyfgk/t486493.htm.

不过，上述媒体所能体现的基本属于一小部分较为开明的意大利人的态度。从普通民众的角度来看，他们受各种形形色色的地方、网络等媒体和所在社区环境的影响更大，全国发行的媒体所能起到的作用其实非常有限。从笔者对普通意大利民众的采访结果来看，中国在意大利的文化外交似乎没能起到明显的作用。笔者采访了几位意大利人，得到了他们的一些反馈。其中一位在外交学院做访问学者的意大利女士提道："一些意大利人得病之后到中医诊所治疗，效果很好。中医在意大利越来越受欢迎。但是，中国文化有哪些好东西，意大利人却不清楚。"在她看来，中国应当把传统文化精华的内容编成生动而吸引人的"中国故事"，用通俗易懂的话语和形式传播出去。而且，像中医这样具有实际应用意义的东西值得推广。还有一位意大利女孩 Francesca Esposito 说，她没能在中国宣扬的文化中找到具有吸引力的内容，"在我看来，欧洲才有最好的文明"。当下，由于中国华北地区的雾霾问题，不少欧洲人都还对中国的环境问题很担忧。还有人认为中国的人权纪录"很糟糕"，中国似乎"说一套做一套"，"很虚伪"。这样的情况下，很难让他们对中国文化产生向往。

为什么一些意大利人对中国文化外交的反响不积极，评价不高？笔者认为有以下几方面的原因。

第一，普遍而言，意大利人非常具有文化自豪感，乃至是一种心态上的优越感。甚至在欧洲，意大利人都是以挑剔而著称，罗马时代的辉煌对于我们这些人来说是非常遥远的事情了，但是意大利人不这么认为。不仅古城罗马保留历史遗迹相当完整，整个亚平宁半岛简直都可以直接作为历史博物馆，拥有众多列入联合国教科文组织名录的历史文化遗产就是证据。欧洲人常开玩笑说法国人和意大利人彼此嫉妒对方，其实不是没有道理。两国都以美食、艺术、发达、时尚而著称，法国人的傲慢中国人早已知道，其实在对待自身文化上意大利人也不差到哪里。前文那位女生说欧洲有最好的文明，而欧洲的文明就起源于罗马时代，因为有了罗马的扩张，希腊—罗马文化才得以在地中海区域得到传播和扩展。文化自信心很足的地方，如果不是有着强烈好奇心或者对外了解的需求，外来的文化很难被接受。

第二，意大利作为一个高收入的欧盟成员国，地区安全早已不是问题，其国家发展的中心集中在经济和社会事业，它对中国的需求尤其表现在经贸上。2001 年中国加入世贸组织后，中意贸易达到了前所未有的水平，商业来往的增加成为促进两国文化交流的重要催化剂和基础，也对两国之间的文化外交的发展起到了积极的"溢出效应"。从机构方面看，中意两国最紧密的外交关系在 2004 年双边战略合作关系开幕式中成立了中意政府委员会时达到了顶峰。那一年，中意两国总理会晤，提出实现 2015 年两国贸易达到 800 亿美元的宏伟目标。由表 3 可以看出，由于受到 2008～2009 年国际金融危机的影响，两国贸易受到一定波动，但是两国贸易快速增长的趋势基本维持。

表4　中国和意大利的双边贸易状况（2001—2012 年）

（单位：10 亿美元）

年份	进出口总额	中国对意出口	中国从意进口
2001	7.78	3.99	3.78
2002	9.15	4.83	4.32
2003	11.73	6.65	5.08
2004	15.68	9.22	6.45
2005	18.61	11.69	6.93
2006	24.58	15.97	8.60
2007	31.38	21.17	10.21
2008	38.26	26.61	11.65
2009	31.26	20.24	11.02
2010	45.15	31.14	14.01
2011	51.28	33.70	17.59
2012	41.73	25.66	16.07

注：资料来源于《中国海关统计》；按照"四舍五入"原则保留数据。

所以，中意文化外交是建立在经贸发展的基础上的。意大利政府、企业更重视与中国的经贸关系，文化外交只是辅助性的。尽管中国对意大利开展了许多文化外交活动，但并没有引起意大利人的高度关注。

作为欧盟的核心成员国之一，意大利十分关注人权和环保，对人权的关注几乎和对经贸的关切相同。2013 年 10 月 30 日中意外长会晤并发表了一份联合公报❶，对比中意两国外交部网站关于这次会晤的公告，可以明显地发现，意大利外交部的公告更长，而且明显地把"人权承诺"和"经济潜力"视为同等重要的事务。中国外交部的公告❷则倾向于关注中意经贸合作和政治合作的内容。这也体现出两国不同的外交重点。欧盟国家十分重视借助舆论优势，在关注人权和环保领域取得突破，塑造自己的国际形象，力求获得比美国更充分的话语权和影响力，从而提升自身的软实力❸，意大利也采用了这样的策略。

第三，中国文化外交自身存在一些问题。

首先，在开展文化宣传、为意大利民众提供喜闻乐见的中国文化产品方面，目前的工作做得不够好，无论是文化内容还是呈现文化的包装方式都有问题。一个很明显的表现就是，我们为意大利提供的艺术和文化内容集中在一些特定时间和特定城市，对当地民众的覆盖有限，普通意大利人很难说出中国文化界的知名人士。利用这一机会，有些有中国背景的非官方团体推出了自己的文化内容，其中不乏不被我国官方认可的组织，比如在欧美地区，法轮功组织下的"神韵艺术团"就具有相当大的影响力❹。我们需要对提供的文化内容和展现的方式进行反思，总结经验教训，弥补以往的不足，参考自身或别国的成功经验，发展出适合推广中华文化的方式来，以免被"有心人"利用这一真空。

其次，欧盟的建立始于对欧洲一体化的期待，这种期待本身就带有理想化色彩。对欧盟国家而言，中国在国内政策和政治价值等方面的吸引力有限，这在很大程度上限制了中国开展对外文化外交的实际影响力。即使

---

❶ 联合公报英文版来自意大利外交部网站公告资料，http：//www. esteri. it/MAE/EN/Sala_Stampa/ArchivioNotizie/Comunicati/2013/10/20131030_ Comun_ Ita_ Cina. htm？LANG = EN.

❷ 中国外交部公告"王毅同意大利外长博尼诺举行会谈"（2013/10/31），http：//www. fmprc. gov. cn/mfa_ chn/wjdt_ 611265/wjbxw_ 611271/t1094625. shtml；意大利外交部公告"Italy – China：economicalpotentials and pledge for human rights"，http：//www. esteri. it/MAE/EN/Sala_Stampa/ArchivioNotizie/Approfondimenti/2013/10/20131030_ italia_ cina. htm.

❸ Mitchell P. Smith, *Soft Power Rising：Romantic Europe in the service of practical Europe*, World Literature Today, Vol. 80, No. 1 (Jan. – Feb. 2006), pp. 20 – 23.

❹ 我国驻华盛顿使馆方面还曾经特意发公告提醒当地民众有关"神韵晚会"的真相，参见中国驻美大使馆网站："认清'法轮功'所谓'神韵晚会'真相"，http：//www. china – embassy. org/chn/lj/t579411. htm.

是对中国的影响力持积极态度的学者也认为，"中国仍然是一个威权主义国家"❶。约瑟夫·奈给出了关于软实力的来源、检验方和接受者的分析框架表，见表5。

表5 软实力的来源、检验方和接受者❷

软实力的来源	信誉、合法性的检验方	软实力的接受者
对外政策	政府，媒体，NGO（非政府组织），IGO（政府间组织）	外国政府和公众
国内政策和价值观	舆论，NGO，IGO	外国政府和公众
高级文化	政府，NGO，IGO	外国政府和公众
流行文化	媒体，市场	外国公众

根据表4的分析框架，可以看出，中国开展文化外交有以下几方面的问题：

从意大利的角度看，中国的国内政策尤其是人权政策缺乏与西方一致的价值观和政治制度。欧洲的一些反华媒体势力太过强大，广大民众没有到过中国，不了解中国的现实真相，他们的片面报道和评价在一定程度上误导了意大利民众及欧洲民众。

从检验方来看，由于中国的非政府组织系统尚不发达，缺少协调途径，因此中国的核心价值观难以得到有效验证。

从接受者来看，意大利人对来自中国政府的信息缺乏信任感，中国的外交官做事情往往太谨慎，使得外交工作死气沉沉，缺乏吸引人的魅力❸。

四、结语

21世纪以来，中国对意大利开展的文化外交活动逐渐增多，得到意大

❶ 更多参见 *Charm Offensive：How China's soft power is transforming the world*，Joshua Kurlantzick，2007.

❷ Joseph S. Nye，Jr，"*Public Diplomacy and Soft Power*"，Annals of the American Academy of political and social science，Vol. 616，Public Diplomacy in a Changing World（Mar.，2008），pp. 94 - 109.

❸ Yiwei Wang，Public Diplomacy and the Rise of Chinese Soft Power，Annals of the American Academy of political and social science，Vol. 616，Public Diplomacy in a Changing World（Mar.，2008），pp. 257 - 273.

利媒体的关注和一定的正面评价。但是意大利人对中国文化的了解仍然不足，因此对中国形象有一些负面的评价。中国需要在与意大利发展经贸关系的同时，加强对意文化外交。今后开展对意大利的文化外交，应当注意以下几点。

（一） 了解意大利风俗习惯和意大利人的需求，对症下药

在信息时代，人们被各种信息包围，甄别信息的真假有时候并不容易。如果中国希望给欧洲及意大利人民留下积极的印象，就应当主动积极地提供大量信息，让欧洲人了解中国。

比如，对于意大利人关心的西藏问题，中国驻意大使馆特意开设了西藏板块，用中意两种语言介绍今日西藏的做法就颇值得肯定，中国还派出了"藏学家代表团"赴意大利交流。❶ 这也是一种很不错的方法。

根据笔者在欧洲诸国游历的经验，感觉欧洲人对中国了解得很少。比如，2013 年 8 月笔者在欧洲游历期间曾被欧洲人频繁地问到一个问题："中国人吃猫、狗吗？"尽管中国只有很少地区的人吃狗肉，如广西玉林地区有"狗肉节"，东北的朝鲜族人吃狗肉，吃猫在中国非常罕见，但是由于欧洲人对动物保护的重视和一些媒体的渲染，欧洲人形成了中国人都爱吃猫、狗的印象，从而对中国人产生厌恶感。因此，我们必须保证在一些关键问题上有发言权，积极提供当今中国社会的真实信息。在这方面，中国驻意大利大使馆等官方机构应该起到发现和引导当地舆论的作用。

（二） 弘扬传统文化精华与传播当代中国文化精品相结合

中国文化外交不能仅限于介绍中国古典文化，还应当加入当代中国文化精华的部分。全球化的社会，随着中国的崛起，让外国人感到好奇的更多是当代中国及当代的中国文化。孔子学院和孔子课堂之类的教育机构重点向西方介绍中国的古典文化，这与当下的中国社会有些脱节。关于中国当代文化的传播，或许在中国大众文化领域可以得到一些加分。中国独特的饮食文化和中药文化既有传统又有创新，都是颇受外国人欢迎的内容，

---

❶ 新华网，"中国藏学家代表团访问意大利"，2013 年 6 月 12 日，http://news.xinhuanet.com/politics/2013 – 06/12/c_ 116121153. htm，类似的访问还有很多次.

这些文化内涵可以切切实实地带给人们好处。或许，在包装方面，我们可以参考韩国和日本在推动"韩流"和"酷日本"方面的做法，这些邻国在传播自己的流行文化方面做得很成功。此外，加强对当代文化产品，尤其是精品文化产品的包装，也是必要的。或许需要有几位像马可·波罗或利玛窦那样有影响力的中国文化界领袖人物牵线搭桥，将中国最具吸引力的文化精品介绍给意大利人和欧洲人，将会收到良好的效果。

（三）抓住有利时机展示中华文化

2015年，在意大利米兰将召开欧亚首脑会议和米兰世界博览会，这是传播中华文化的好时机。中国政府应当通过丰富多样的文化外交活动和项目向意大利政府和民众展示"负责任大国"的形象。

米兰世博会的主题是关注健康的生活方式和节能，在这方面，中国具有一些独特的优势，如中国博大精深的饮食文化、茶文化、中医中药和针灸、养生之道等。我们可以借这样的机会向意大利乃至欧洲人展示丰富多彩的中华文化及其精品。笔者在欧洲居留期间，一位来过中国的意大利人对云南过桥米线赞不绝口，他为这种米线而倾倒。日本在推销日本料理方面不遗余力，多届日本首相都乐于在外国访问期间大力推荐"和食"，促进了日本料理走向世界，韩国在举办奥运会期间大力推销韩国泡菜和韩式烤肉，我们可以学习他们的推广技巧，大力推广中华文化精品。

总之，中国对意大利开展文化外交应当了解当地的历史文化、宗教信仰、风土人情和风俗习惯，因时、因地制宜，灵活机动。应当注意开发中华传统文化尤其是当代文化的优秀品牌和精品，掌握文化外交的话语权和技巧，不断提高文化外交的水平。

（李艳方，清华大学国际关系学系学士。）

中国与荷兰的文化外交

刘若楠

中国与荷兰王国（Kingdom of Netherlands）的关系源远流长。17 世纪初期，荷兰商业公司的贸易活动就已经扩展到我国东南沿海地区。我国的台湾地区还经历了 40 年左右的荷兰殖民统治时期。第二次世界大战爆发后，太平洋地区的荷兰军民曾与中国人民共同抵抗日本法西斯的侵略。新中国成立以来，荷兰成为最早承认新中国的西方国家之一。1954 年 11 月 19 日，中荷两国建立代办级外交关系。然而，由于冷战期间中荷两国分属两个相互对立的阵营，因此两国关系在一段相当长的时期保持代办级。1972 年 5 月 16 日，中荷两国政府签署建立大使级外交关系的联合公报。5 月 18 日，两国将代办级外交关系升级为大使级。荷兰贝娅特丽克丝（Beatrix Wilhelmina Armgard）女王（1980 年 4 月至 2013 年 4 月在位）曾两次访问中国，是最早访华的欧洲王室成员。

2012 年 11 月，中荷两国为纪念建交 40 周年举行了庆祝活动。40 年来，中荷关系有了长足的发展。作为两国交往的重要组成部分，文化外交项目成为增进双方民间友谊、加强公众之间相互了解的桥梁和纽带。正如荷兰的国际文化项目"艺术无国界"（Arts without Borders）在宣传册上所写的，"文化是社会的写照"，"文化能鼓励人们彼此交谈、相互争论，继而认同并欣赏他人的价值观"。在当前欧洲硬实力相对下降的今天，其文化的影响力更加突出。1972 年 5 月中荷建交以来，两国的文化交流经历了哪几个阶段？两国之间有哪些重要的文化外交项目？这些文化外交项目对两国的政府、媒体和公众对对方的认知又产生了怎样的影响呢？

一、中荷文化外交的发展脉络

荷兰是欧盟重要的成员国，也是西欧最发达的经济体之一。其低地国家的地理位置和历史渊源决定了荷兰对外政策的基调是以西欧国家和欧盟国家整体的战略为导向的。荷兰既强调美国在欧洲的军事存在，也曾经在人权和台湾问题上采取对华不利的政策。具体到中荷文化外交来说，两国的文化外交是外交关系中的一部分，很大程度上受两国政治关系的影响。总体而言，1972 年中荷建交以来，两国之间的文化交往可以分为四个阶段。

第一个时期是从建交到 20 世纪 80 年代初期，两国的文化交往经历了从无到有的过程。1980 年 10 月，中荷签定了《文化合作协定》，双方文化交流活跃。❶ 此后，由于 1981 年 5 月荷兰向台湾当局援助了两艘潜水艇，中荷两国的政治关系趋于冷淡，两国的外交关系从大使级降低为代办级。此事导致双方的文化往来减少。

第二个时期是从 20 世纪 80 年代初到 80 年代末，在中国与西方改善关系的大背景下，中荷关系也处于"蜜月期"，中荷之间的文化关系也趋于密切。1984 年 2 月，荷兰承诺不再以贸易的方式强化台湾的军事能力，两国外交关系恢复为大使级。荷兰还向中国提供了一部分涉及军事的关键技术，例如西安航空发动机公司就在这一时期与包括荷兰在内的西方国家进行了合作。此时，中荷文化交流也开始正式、全面地开展起来。荷兰主流电视媒体开始播放教授汉语的视频教程。1986 年，荷兰莱顿（Leiden）国立大学汉学院、现代中国资料研究中心的西欧著名汉学家博士彭轲（Franlepielce）教授受国家政府委托任命对"荷兰华侨现状和发展"专题进行调查研究。该中心在 80 年代末向荷兰政府提交了一份报告书——《华人在荷兰的地位》，为荷兰政府修订华侨政策提供有力依据。❷ 该报告强调，在旅荷华侨事业的兴起中，中文教育是华侨的精神支柱，办学育人为华侨在荷兰的立足和发展起到了重要作用，从而引起荷兰政府高度重视。此时两国的文

❶ 人民网：中国同荷兰的关系［EB/OL］.（2011 – 10 – 20）［2013 – 11 – 22］. http：// politics. people. com. cn/GB/8198/232297/232300/15962854. html.
❷ 中国新闻网：荷兰华社中文教育的历史与现状［EB/OL］.（2009 – 12 – 16）［2013 – 11 – 25］. http：//www. chinanews. com/zgqj/news/2009/12 – 16/2022033. shtml.

化往来的主要形式是荷兰对中国的了解和接触。"中国热"在西方持续了 10 年左右。

20 世纪 90 年代初到 2005 年是中荷文化外交关系发展的第三个阶段。在这一时期，受中国与西方总体外交关系的影响，中国与荷兰的外交关系历经曲折，同时也有了一定程度的发展。1989 年春夏之交的政治风波后，荷兰随同欧共体一起对我国实行所谓"制裁"，两国关系受到较大影响。然而，以美国为首的对华制裁很快就破产了。1990 年 10 月 23 日，卢森堡会议后，欧共体宣布："除政府首脑以上交往和军事往来、合作及军品贸易外，取消 1989 年 6 月以来实行的针对中国所采取的其他限制性措施，立即恢复同中国的正常关系。"❶ 此后，中荷两国也逐渐恢复了正常的国家间关系。1996 年 9 月 5 日，中国全国政协主席李瑞环开始对荷兰等四国进行访问。李瑞环与荷方就双边关系、地区和国际重大问题交换了意见。通过访问增进了两国的相互了解与合作。就在两国关系逐步改善之际，1997 年 4 月，在法、德、意等欧盟七国放弃在联合国日内瓦人权会上与我国对抗后，荷兰却执意提出涉华提案，中荷关系再次受到影响。1997 年年底，荷兰改变了在中国人权问题上的立场，表示愿在相互尊重的基础上以建设性的态度同中国对话，中荷关系恢复。这一时期，两国也有科技、文化上的合作，但是由于中荷在政治体制、意识形态和人权等问题上的鸿沟，两国的合作以与意识形态无关的科学和技术为主。1987 年和 1993 年，国家科技委员会与荷兰教育文化和科学部两次签署科学技术合作谅解备忘录。1999 年，中荷两国又签署了政府间的科技协定。此外，建交以来，两国教育交流的发展也非常迅速。1979 ~ 2000 年，中国向荷兰公派留学人员累计 2442 人。2003 年我国在荷留学人员达到 1972 人。

21 世纪伊始，中荷文化交往进入了发展的快车道。2005 年是中荷文化外交发展的转折点，自此中荷文化外交进入了第四个阶段。这一重大转折主要是由荷兰政府方面推动的，因为 2005 年是荷兰文化政策聚焦中国的起点。尽管在此之前两国之间已进行了一些文化交流，但从 2005 年起，荷兰的文化政策变得更具计划性和结构性，发起和组织了很多的项目和计划。

---

❶ 中国新闻网：荷兰华社中文教育的历史与现状 ［EB/OL］. (2009 - 12 - 16) ［2013 - 11 - 25］. http：//www. chinanews. com/zgqj/news/2009/12 - 16/2022033. shtml.

中国已经成为荷兰国际文化政策的优先国之一。

以下概述了中荷两国自 2005 年来的文化交流动态。2005 年，荷兰建立了 "荷兰—中国艺术基金会"（Netherlands – China Arts Foundation）以促进中荷文化交流。在这一年，两国在教育、艺术和地方间交流方面都有了突飞猛进的发展。首先，我国文化部与荷兰教育文化和科学部之间首次签署了关于文化合作与交流的协定，并于 2008 年进行续签。其次，同年 5 月两国政府签订相互承认高等教育学位证书及入学的协议（2006 年 6 月生效），此举意味着正式开启了两国留学生赴对方国家学习的大门。现在已有 20 所荷兰高等院校与我国有关高校建立了长期校际交流关系，包括莱顿大学、阿姆斯特丹大学和北京大学；德尔夫特技术大学和清华大学等。2010 年荷兰在华留学生约 1519 人，我国在荷留学人员约 7000 人。2011 年荷兰在华留学生约 1569 人，我国在荷留学人员达到 7955 人。❶ 最后，在文化合作与交流协定的框架下，2006 年 10 月，海牙孔子学院正式揭牌。这家位于海牙莱顿大学的孔子学院是国家汉办在荷兰设立的第一所孔子学院。学院与我国的山东大学合作组建，旨在建设一个包括文化交流、教学培训、信息与在线学习以及汉语考试在内的综合性发展平台。❷

二、中国在荷兰开展的语言与文化项目

（一）大型文化艺术交流项目

20 世纪 80 年代中后期以来，荷兰社会开始越来越多地关注中国文化。到目前为止，中国的文化艺术在荷兰的主要表现形式是荷兰各大城市举办的 "中国节"、"中国周" 和 "中国日"。其中水平最高且最有影响力的就是 2005 年 10 月阿姆斯特丹音乐厅与荷兰艺术家共同举办的中国文化艺术节。10 月 2 日晚，当时的荷兰王储威廉·亚历山大（Willem Alexander,

❶ 中华人民共和国外交部：中国同荷兰的关系［EB/OL］.（2013 – 11）［2013 – 12 – 3］. http：//www. fmprc. gov. cn/mfa_ chn/gjhdq_ 603914/gj_ 603916/oz_ 606480/1206_ 606944/sbgx_ 606948/.

❷ 第四届孔子学院大会：荷兰海牙孔子学院［EB/OL］.（2010 – 01 – 05）［2013 – 12 – 4］. http：//college. chinese. cn/conference09/article/2010 – 01/05/content_ 99432. htm.

2013年4月继承王位）与中国驻荷兰大使薛捍勤先生共同出席了开幕式。此次中国文化节源于阿姆斯特丹音乐厅的中国音乐戏曲表演，后经过中荷两国文化界、经贸界以及政界的联袂推动，扩大为中国文化主题，上演节目种类从中国民乐、戏曲、舞蹈、电影扩大到摄影、建筑、雕塑、流行音乐以及各类文化研讨会。这一"阿姆斯特丹中国节"（Amsterdam China Festival）活动是荷兰历史上规模最大、涉及面最广的中国艺术与文化的盛会。此次文化交流项目整整持续了一个月，内容涉及歌剧、音乐、建筑及当代艺术等。本次活动的圆满成功不仅促进了两国的文化交流，也激发了荷兰民众对中国文化的热情。我国文化部外联局西欧处处长陈平回忆起2005年"中国节"时表示，"那次活动成功推动了中荷两国的文化交流，激发了荷兰民众对中国文化的兴趣。"

阿姆斯特丹"中国节"不仅在荷兰刮起了一阵持久的"中国风"，其运作模式也成为后来的国际文化合作的典范。2011年，文化央企华侨城集团同荷兰国际文化交流中心签订合作意向书。陈平处长评价说："对于民间自发的文化交流，我们一直是支持和推动的。我们赞赏企业、机构通过具体项目合作来推动文化交流深入，他们在具体运作上有独特优势。"他补充道，"文化部此前已推动一些民营企业、民间机构参与国家级文化交流活动。比如意大利中国年，就有不少民营企业、民间机构承办了若干展览、演艺活动"。❶

此外，中荷两国在地方层面的文化项目也十分活跃，例如2006年7月在格罗宁根省举办的"中国周"。"中国周"以中国地方文化艺术（主要是陕西、天津和南方少数民族地区）为主要展示对象，由格罗宁根大学承办，荷兰中国友好协会与中国驻荷兰大使馆文化处协办。近年来，荷兰重镇海牙和素有荷兰"硅谷"之称的埃因霍温市也相继举办了"中国文化周"和"中国日"。类似的主题文化活动还有2008年由荷兰两大著名博物馆在荷兰格罗宁根和阿森市共同举办的"Go China"中国主题艺术展。艺术展在宣扬中国文化艺术的同时加强了两国之间的文化合作。活动推出了关于中国考古学、建筑、先锋派及当代艺术等五项展览，展现了代表中国古典及当代

---

❶ 中华人民共和国文化部：华侨城拓展中和交流平台［EB/OL］. (2011 – 07 – 12)［2013 – 12 – 2］. http：//www. ccnt. gov. cn/xxfb/xwzx/whxw/201107/t20110712_ 128349. html.

文化的部分一流作品。慕名而来的参观者多达50万人次。为了促进两国地方间长期的合作，我国的北京、上海和瓷都景德镇分别与荷兰城市阿姆斯特丹、鹿特丹及代尔夫特结成友好城市，并建立了各自的交流计划。截至2013年3月，两国已建立26对省、市友好关系。这充分说明了中荷两国地方往来密切而频繁。❶

（二）汉语教学

荷兰有着悠久的汉语学习和中国问题研究传统，是欧洲汉学研究与汉语教学最发达的国家之一。早在19世纪，莱顿大学就设立了汉学教授席位，一百多年来培养了大量高水平的汉学研究人才。20世纪80年代，中国实行的改革开放政策唤起了荷兰社会了解中国的强烈愿望。当时，荷兰有影响力的电视台也开始播放汉语教学节目，加入了传播中国语言文化的时代潮流。21世纪以来，不仅越来越多的荷兰高等学府开设了中国语言与文化课程，荷兰的一些中学也相继加入了汉语教学的队伍。孔子学院已经成为荷兰汉语教学机构的"领头羊"。根据国家汉办公布的信息，中国已经在荷兰建立了两家孔子学院，分别是位于海牙的莱顿大学孔子学院和位于格罗宁根省首府的格罗宁根大学孔子学院。

海牙孔子学院是中国在荷兰建立的第一所孔子学院，它于2006年10月20日正式挂牌成立。❷挂牌仪式上，荷方代表、海牙市副市长桑德·德克斯（Sander Dekker）以一句"先生们，女士们，大家好"的汉语开场白，博得了在场嘉宾的一片掌声。德克斯表示，海牙孔子学院的设立旨在增进荷兰民众对中国汉语言文化的了解，将荷兰和中国在文化上拉得更近，他希望

---

❶ 这26对友好省市分别是：江苏省与北布拉邦省、广东省与乌特勒支省、山东省与北荷兰省、四川省与弗里斯兰省、陕西省与格罗宁根省、湖北省与海尔德兰省、河北省与南荷兰省、陕西省与德伦特省，上海市与鹿特丹市、天津市与格罗宁根市、南京市与埃因霍温市、北京市与阿姆斯特丹市、常州市与蒂尔堡市、青岛市与维尔森市、武汉市与阿纳姆市、苏州市与奈梅亨市、厦门市与祖特梅尔市、扬州市与布雷达市、漳州市与瓦格宁根市、无锡市与丹波斯市、景德镇市与代尔夫特市、商洛市与埃门市、溧阳市与莱瓦顿市、西安市与格罗宁根市、金坛市与克伊克市、成都市与马斯特里赫特市。

❷ Confucius Instituut Leiden University. Opening Ceremony of the Confucius Institute：[EB/OL]. (2006) [2013 – 12 – 4]. http：//confuciusinstituut. nl/en/view. php? a_ id = 9.

海牙将来能够成为传播中国文化的中心。❶中方代表中国教育部副部长袁贵仁在致辞中说，"荷兰首家孔子学院的成立标志着荷兰的汉语教学和推广进入了一个新阶段，希望借助孔子学院这个形式，促进中国和荷兰人民之间的交流与了解，服务于两国的经贸往来，为世界未来的和谐与和平作出贡献"。❷海牙孔子学院成立以来，除了承担汉语教学和考试任务之外，还协助组织了"海牙中国文化周"，举办了"汉语桥"比赛并选拔了一些荷兰汉语爱好者赴中国参加决赛，以及与莱顿大学汉学院对外汉语教师共同编写了荷语版《成功 HSK》系列辅导教材，为中荷两国的文化交流作出了重要贡献。目前，海牙孔子学院还与"城市之声"电台、《华侨新天地》等荷兰华人主要媒体成为长期的合作伙伴。❸

三、荷兰在中国开展的文化项目

中国在很短的时间内成长为世界比较大的经济体之一，荷兰的经济学家、政治家和艺术家，都对中国很感兴趣。越来越多的荷兰艺术界人士开始寻求与中国艺术家合作的机会。在过去的若干年间，一些极具创造力的荷兰人在中国举办了众多令人称赞的文化活动。❹ 荷兰国际文化中心（Stichting Internationale Culturele Activiteiten，SICA）的数据显示，仅 2005年，在中国发起的来自各个领域的文化活动就达到 34 项，到 2006 年，数目增长到 61 项，随后两年则进一步增长为 68 项和 172 项。❺ 这些数字同时证明了中国文化组织与个人对与荷兰同行合作的兴趣也在不断增加。也就是

---

❶ 新华网：荷兰首家孔子学院落户海牙［EB/OL］. (2006 – 10 – 21)［2013 – 12 – 8］. http：//news. xinhuanet. com/overseas/2006 – 10/21/content_ 5232145. htm.

❷ 同上。

❸ 山东大学孔子学院工作办公室：荷兰海牙孔子学院简介［EB/OL］. (2013)［2014 – 01 – 8］. http：//www. cie. sdu. edu. cn/information/ShowArticle. asp？ ArticleID = 104.

❹ Embassy of the Kingdom of Netherlands in Beijing, Arts without Borders：Cultural Exchanges Between Netherland and China：Cultural Exchange between the Netherlands and China［R/OL］. (2011 – 01)［2014 – 01 – 5］. https：//www. google. com. hk/search？ q = Arts + without + Borders% 3A + Cultural + Exchanges + Between + Netherland + and + China&oq = Arts + without + Borders% 3A + Cultural + Exchanges + Between + Netherland + and + China&aqs = chrome. . 69i57. 348j0j4&sourceid = chrome&espv = 210&es_ sm = 93&ie = UTF – 8.

❺ Dutch Culture, China & the Netherlands Cultural Exchange［EB/OL］.［2014 – 01 – 10］. http：//www. sica. nl/en/content/en – us – china – netherlands.

在这一年，中国成为荷兰外交的重点对象。荷兰对中国的文化外交有四项目标，分别是为主要的荷兰机构创造平台，为主要的荷兰艺术家打开市场，促进荷兰的经济利益和加强两国整体双边关系。●

（一）世界博览会"荷兰馆"建筑艺术

荷兰建筑设计理念引领世界潮流。著名的广州地标性建筑，素有"小蛮腰"之称的广州塔设计者就是荷兰顶级设计师马克·赫梅尔（Mark Hemel）和芭芭拉·奎特（Barbara Kuit）。大家所熟悉的央视总部大楼也是由荷兰的大都会建筑事务所（OMA）设计的。荷兰建筑设计理念和思想的精华最为集中地体现在 2010 年上海世博会的荷兰文化馆（Dutch Culture Centre）上。荷兰馆由荷兰中国艺术基金会出资建造，该基金会成立于2006年，是专门为推动中荷文化外交设立的。● 荷兰馆的设计者是著名建筑设计师约翰·考美林（John Körmeling），是荷兰社会、文化、理念和科技面向中国公众的一次集中展示。荷兰馆以"快乐街"为主题，由长约 400 米、向空中延伸的"8"字形街道和 20 个错落有致地"悬挂"在街道两旁的微型展馆组成。"快乐街"代表着一个理想化的城市，展现了现代城市生活的合理规划，不仅充分展示了荷兰在空间、能源和水利方面的创新，更体现了荷兰人的自由、舒适、环保和慢节奏的生活理念。"8"字形街道的设计也与中国传统文化中的幸运数字相契合。凭借荷兰馆的成功，考美林赢得了2010 年度荷兰黄金眼最佳设计大奖（Golden Eye Award for Best Dutch Design 2010）。世博会期间，荷兰馆吸引了近 850 万名游客，超过世博会总游览人次的 10%。美国基督教广播电视网（CBN）传媒集团授予了荷兰馆世博会参与国最佳营销奖。另外，荷兰还是世博会参与国中唯一在上海市中心建立"艺术馆"的国家。荷兰馆将静态展示与生动动态的文化传播结合起来。在 6 个月之内，这一非商业项目的文化项目举办了 8 场大型展览，筹备了93 场音乐、戏剧、文学及舞蹈演出，增进了中国人与荷兰人之间的艺术交流。

● Government of Netherland, Relations the Netherland – China ［EB/OL］.［2014 – 01 – 10］. http://www. government. nl/issues/international – relations/china.

● Cultural360. org, SICA Dutch Centre for International Cultural Activities ［EB/OL］.［2014 – 01 – 07］. http：//culture360. org/organisation/service – centre – for – international – cultural – activities – sica/.

（二）荷兰大使馆的文化推介

荷兰文化外交的一个固定的、重要的阵地是荷兰驻华大使馆。大使馆经常会对文化合作活动和项目进行宣传和推广。例如，荷兰驻华大使馆会例行在其官方网站上公布使馆的博物馆开放、电影节开幕和文化沙龙等信息。最近，大使馆还介绍了来华展出的荷兰著名设计作品"大黄鸭"以及即将在阿姆斯特丹举办的主题为"如荷设计"的北京设计周等具有广泛影响力的文化活动。此外，荷兰大使馆还推出了订阅"橙色小报"（文化类的电子报刊）的服务，便于中国普通民众了解荷兰大使馆每月更新的文化日程，包括中荷两国在艺术和文化领域合作交流的新闻和背景信息。❶

（三）荷兰政府在中荷文化外交中的作用

当今世界，全球化不仅为国际间的文化交流，也为向国外介绍荷兰文化创造了新机遇，文化已成为荷兰外交政策中不可缺少的一部分，主要涉及国际文化交流、共同的文化传承及文化和发展几个方面。荷兰政府在国际文化交流方面的主要作用有四点。首先是明确相关的政策导向。荷兰国际文化政策的具体目标十分明确，第一是要通过与其他文化和国外艺术家的艺术碰撞及合作来丰富并激励荷兰文化；第二是开拓荷兰文化市场，使之成为国际网络的一部分；第三，在国际标准的框架下，测试荷兰艺术家和文化实践的关联性和质量水平；第四，支持发展中国家的文化生活；第五，以艺术和文化为桥梁来鼓励国际关系的发展，利用文化外交提高荷兰的艺术和文化水平。❷其次，政府为部分大型的国际文化项目提供资金，荷兰的七大文化基金会是由政府部门提供资金资助的。❸ 2010 年荷兰面向中国

---

❶ 荷兰驻华大使馆：文化电子报 ［EB/OL］.［2013 - 12 - 28］. http：//china - cn. nlembassy. org/% E6% 9C% 8D% E5% 8A% A1/cultural - newsletter. html.

❷ Dutch Culture, China & the Netherlands Cultural Exchange ［EB/OL］.［2014 - 01 - 10］. http：//www. sica. nl/sites/default/files/brochure_ art_ ch - nl_ 2011. pdf.

❸ 这七个基金会分别是表演艺术基金会（The Fund for Performing Arts）、电影基金会（The Film Fund）、荷兰视觉艺术、设计与建筑基金会（The Netherlands Foundation for Visual Arts, Design and Architecture（Fonds BKVB））、蒙德里安基金会（The Mondriaan Foundation）、文化参与基金会（The Cultural Participation Fund）、荷兰创作和翻译基金会（The Dutch Foundation for Literature）和荷兰建筑基金会（The Netherlands Architecture Fund）。政府可在一定范围内通过每项基金制定并调整文化政策。

的国际文化项目"艺术无国界"也主要由荷兰教育文化和科学部与外交部资助。项目着重点放在荷兰的设计、时装及建筑三大享有良好声誉的艺术领域。❶再次，荷兰政府，特别是驻世界各地使馆为荷兰一些民间机构的国际文化项目的质量、举办地点以及相关事务提供意见。全球范围内所有的荷兰大使馆都拥有文化项目的基金预算。当地方团体与荷兰机构精诚合作筹备项目时，也可申请这项基金。重点在于机构的支持，而不是对个别艺术家的资助。如果项目能传递文化知识或建立长期网络关系和平台，那么这些项目就可获得优先权。最后，大使馆和领事馆在有条件的情况下会面向驻地公众开展一些文化宣传和服务项目。

（四）荷兰官方、媒体和民众对中荷文化交流的评价

2013 年 11 月，荷兰首相马克·吕特（Mark Rutte）访华时高度评价了两国文化交流的成果。他表示："荷兰民众基本上都非常喜欢中国文化，包括传统音乐在内的很多文化元素，而且现在也有许多机会进行了解。"❷ 李克强总理在会见马克·吕特首相时也特别强调霍夫曼设计的"大黄鸭"在中国很受欢迎，促进了两国人民心灵的沟通。吕特首相在会见习近平主席时，更是把中荷文化交流放在与高层往来、经济互惠合作和两国人民间的互动同等重要的位置上。❸ 以传统音乐为代表的中国文化在荷兰受到广泛认可很大程度上得益于 2006 年以民乐为主题的"中国文化节"的成功举办。

在荷兰得到广泛认可的报纸之一——Volkskrant（其报纸发行量位居全荷兰第五）是 2006 年阿姆斯特丹"中国文化节"的媒体伙伴，它对中国节

❶ 这七个基金会分别是表演艺术基金会（The Fund for Performing Arts）、电影基金会（The Film Fund）、荷兰视觉艺术、设计与建筑基金会（The Netherlands Foundation for Visual Arts, Design and Architecture（Fonds BKVB））、蒙德里安基金会（The Mondriaan Foundation）、文化参与基金会（The Cultural Participation Fund）、荷兰创作和翻译基金会（The Dutch Foundation for Literature）和荷兰建筑基金会（The Netherlands Architecture Fund）。政府可在一定范围内通过每项基金制定并调整文化政策。

❷ Xinhua Net, Dutch PM speaks positively of cultural contacts between China, Netherlands ［EB/OL］.（2013 - 11 - 07）［2014 - 01 - 10］. http：//news. xinhuanet. com/english/china/2013 - 11/17/c_132895115. htm.

❸ Ministry of Foreign Affairs of People's Republic of China, President Xi Jinping Meets with Prime Minister Mark Rutte of the Netherlands ［EB/OL］.［2014 - 01 - 15］. http：//www. fmprc. gov. cn/eng/zxxx/t1100413. shtml.

及其背景资讯作出了详尽报道。❶ Volkskrant 报通过采访参与中国节的普通荷兰人，他们都表示："从中感受到了中国改革开放以来文化的传承和创新。过去一百多年中国经历了诸多革命和运动，依然有相当丰厚的文化遗产保留下来并被发扬十分不易。"❷

"中国节"活动发起人、阿姆斯特丹音乐厅总经理桑德斯 2005 年 10 月 17 日在接受新华社采访时说，这次"中国节"活动非常成功，民众反应之热烈和媒体评价之积极，都可以用"超乎寻常"来形容。❸ 为此次"中国节"选定音乐节节目单的欧洲中国音乐研究基金会的负责人之一荷兰汉学家施聂杰于 2005 年 10 月 17 日也表示，由于荷兰各方的关注和参与，这次活动的规模和影响已经远远超出了主办者最初的设想。她表示策划者的初衷是希望"中国节"能增进荷兰人乃至西方人对中国艺术的理解，以此消除误解，加深双方的友谊。目前从各方反应来看，这个目的早已达到。❹

随着中国实力地位的上升，有关中国的一切都变得越来越重要。近年来，除了重大的文化交流活动以及节日之外，荷兰媒体从它们所擅长的"以人为本"的视角出发，对中国人日常生活中的文化现象也开始给予更多的关注。比如，荷兰最大的报纸《电讯报》（De Telegraaf）报道中国的教育体系对儿童学习和成长的决定性作用，以及中国传统文化中的基本礼仪等。❺ 甚至有的荷兰媒体集团（比如 Metro 集团）在香港设立了分部，发行中文报纸、建立中文网站。❻ 此举一方面拓展了在华人群体中的市场份额，另一方面便于集团掌握一手的有关中国的资讯和动态。由此可见，荷兰媒

---

❶ 荷兰的普通人基本都能够用英语和德语进行日常交流，但荷兰绝大多数的广播电视、报纸、网站、法律和合同都使用荷兰语。这与国家强化本国文化的政策有关，荷兰希望保持自己语言的生命力并且要求新移民必须通过包括荷兰语测试在内的融入考试。

❷ Volkskrant, Amsterdam China Festival ［EB/OL］. （2005 – 09 – 29）［2014 – 01 – 15］. http：//www. volkskrant. nl/vk/nl/2676/Cultuur/article/detail/672554/2005/09/29/Amsterdam – China – Festival. dhtml.

❸ 新浪网：荷兰"中国节"在阿姆斯特丹音乐厅圆满闭幕［EB/OL］.（2005 – 10 – 18）［2014 – 01 – 12］. http：//news. sina. com. cn/w/2005 – 10 – 18/13107200743s. shtml.

❹ 同上。

❺ De Telegraaf, Chinese les op Meerscholen ［EB/OL］.（2014 – 01 – 16）［2014 – 02 – 01］. http：//www. telegraaf. nl/binnenland/22215089/_ Chinese _ les _ op _ meer _ scholen _ .html; De Telegraaf, Handboekvoor Chinese Toeristen ［EB/OL］.（2013 – 10 – 03）［2014 – 02 – 01］. http：//www. telegraaf. nl/reiskrant/21942649/_ Handboek_ voor_ Chinese_ toeristen_ html.

❻ 都市日报［EB/OL］.［2014 – 02 – 01］. http：//www. metrohk. com. hk.

体正在越来越主动地、全面和深入地了解中国文化,并且凭借一些渠道性的优势,不断增强自己在华的影响力。

四、中荷文化外交比较之异同

总体而言,中荷文化交流项目数量日益增多,形式也越来越丰富,在两国民众间的影响力越来越大。日益紧密的文化联系也展现了中荷两国的文化外交在侧重点、级别和运作方式上的相似和差异。了解两国文化外交方面的异同有助于进一步完善我国文化外交的方式、提升文化外交在改善国家形象、增加国家魅力方面的效果。

在文化外交方面,中荷的相似之处首先是两国都越来越重视文化在外交中的重要作用,无论在资源投入还是在项目筹划上都不难发现这一点。其次,两国都希望尽可能地影响对方国家的普通民众,向对方展现最具特色且最贴近生活的文化侧面。两国的努力都在对方国家收获了积极的效果。最后,政府部门在文化外交中所起的作用虽然有所不同,然而无论对中国还是荷兰来说,官方仍然是文化外交项目的主要推动者。

两国文化外交除了具有相似性之外,也存在一些差异。中国的文化外交多以展示传统艺术、民俗活动和汉语传播为主;荷兰则更侧重文艺和理念性的路线,宣传本国现代艺术和设计理念背后的人文关怀。在文化项目的运作方式方面,中国在荷兰的文化外交项目以官方直接主办为主,我国文化部和国家汉办承担了主要的文化外交任务。许多重要的文化外交活动均是文化部或国家汉办通过荷兰当地华人联合会筹备和主办的。此类项目的优势是规模较大、活动集中并且级别较高,短时间内的影响力较大。相比之下,荷兰在中国开展的文化外交项目由专门的部门承办,即荷兰国际文化交流中心;项目资金则来自政府资助的基金会。国际文化交流中心和基金会具有一定的独立性,除了承办官方指定的项目之外,也在一定程度上接受民间的文化项目的申请。如果说中国的文化外交项目主要是自上而下的,那么荷兰则开通了自下而上开展文化外交的渠道。此外,专门的部门和资金也体现了荷兰文化外交的一大优势,即它有着非常明确的文化外交战略,并设立了与之配套的部门和基金会。

五、结语

通过观察我们不难发现，在两国政治和经济关系相对稳定的情况下，文化外交在中荷双边关系中所起的作用越来越重要。这一点对于中国和荷兰来说都是不争的事实，也是不可阻挡的趋势。那么如何更好地实施文化外交，如何让文化外交项目取得最好的效果，就是两国共同面临的问题。对于中国来说，要解决以上两个问题首先要明确我国对荷兰文化外交的目的。我们知道，外交政策要体现我国的核心价值观，文化外交同样如此。❶因此，对荷兰文化外交项目的目标，首先，不应该仅仅停留在表现中国的曲艺、节日氛围和语言方面，更要注重传递文化背后的中国传统价值观，要让荷兰民众不仅参与，而且试着去理解中国的价值理念；其次，中国可以适当地借鉴荷兰文化外交的运作模式。从荷兰的经验来看，政府在文化外交上起主导作用并不必然阻碍文化项目的开展和效果。然而，文化外交要有一定的自主性和专业性，政府不必事无巨细地操办，而是可以采取间接的方式进行管控。荷兰政府就是通过基金会和国际文化交流中心来管理文化外交的。我国的国家汉语办公室也是类似的机构，它是国务院下属的一个专门负责对外汉语教学和考试的部门，有自己相对独立的组织模式和发展规划。这正是我国文化外交逐渐向成熟方向发展的信号。

（刘若楠，清华大学国际关系学系博士研究生。）

---

❶ 新华网：中国软实力与文化外交研讨会在京举行 [EB/OL]. (2012－05－11) [2013－11－20]. http：//news. xinhuanet. com/world/2012－05/11/c_ 123116341. htm.

中国与瑞典的文化外交

王勤硕

    瑞典是第一个与中国建交的西方国家，1998 年和 2005 年，瑞典政府分别出台了包括深化对华关系内容的"亚洲战略"和《瑞典亚洲政策》新文件。建交 60 年来，中国与瑞典文化交流在相互尊重、平等互利、互不干涉内政等原则基础上稳步发展。近年来，双方高层通过广泛双向交流，使文化交流在政治、经济的促进下卓有成效，时至今日，中瑞文化互动已步入一个相对成熟稳定的发展阶段。尤其在 2004 年之后，中瑞两国文化交流迈上了一个台阶，双方都更加重视文化方面的交流，在艺术、展览、文化节等方面举办了许多有影响力的活动。在一定程度上甚至可以说，中国与瑞典的外交史就是一部中瑞文化的交流史。

一、中国与瑞典文化外交概况（2004—2013 年）

（一）艺术交流

    近些年来，通过政府组织、举办的艺术表演，互动、表演、展览等方式进行的艺术交流与融合模式在中瑞间逐步成型，两国间的传统艺术以及现代艺术交流受到了双方的高度肯定和赞美。

    2004 年、2007 年、2008 年及 2010 年，中国京剧院、上海歌剧院、中央民族乐团在瑞典进行了多场演出，表演形式涉及京剧、杂技、民乐、武术、民间艺术等数十种。为了让瑞典人民能对京剧及其背后承载的中华传统文化有更深入的了解，2006 年 2 月瑞典民俗博物馆举办了《京剧人物造型展》，包含京剧知识讲座、戏曲表演以及京剧造型展，对京剧历史、服饰以及表演技法作了全面介绍。2010 年 6 月 18 日，在瑞典王储婚礼上，中国将欧洲古典芭蕾与中国杂技相结合所编排的《天鹅湖》得到了广泛好评。此外，2012 年由国家汉办和孔子学院总部主办的"武林汉韵"中国功夫与民乐演出在瑞典斯德哥尔摩、卡尔斯塔德和乌普萨拉三个城市进行演出，创造性地将武术与中国传统民乐融合起来，调动瑞典观众的所有感官，演出饱受好评。❶

除了传统艺术，中国现代艺术也在瑞典不断推陈出新。2004～2013 年的 10 年间，从中央到地方，多批次艺术团体及艺术家来到瑞典，如指挥家张艺、钢琴家郎朗、陈萨均在瑞典举办过专场演出，震撼人心的艺术表演为瑞典人民了解中国文化打开了一扇大门，艺术表演已经成为文化外交最主要的方式之一。2012 年 10 月，中国现代艺术展"宓爱"开幕式在瑞典斯德哥尔摩市东方博物馆举行，展出了 27 位中国艺术家的作品，本展览通过摄影、雕塑、绘画等方式及声、光、电等现代科技手段，向瑞典人民展现了现代中国社会及精神风貌。❷

瑞典方面也在积极与中国进行文化艺术层面的交流，瑞典流行音乐在全球乐坛享誉盛名，其流行音乐产业也保持着不断增长的繁荣趋势。为了扩大瑞典音乐的影响，瑞典艺术家与华人艺术家共同组建了中欧文联—国际文化艺术中心，在音乐、歌舞、美术、摄影、书法、武术和戏曲等方面进行深入交流。这一组织得到了双方政府的支持。为纪念仰韶文化发现 90 周年，2011 年中国社科院、国家文物局、河南省人民政府举办中瑞文化艺术交流邀请展，共展出艺术作品 145 幅，其中瑞典艺术作品 25 幅，全部出自瑞典艺术家杨翰松之手。❸2013 年 4 月，瑞典摄影博物馆参加第十三届平遥国际摄影大展，用照片展现了一个不一样的瑞典，瑞典摄影博物馆馆长也莅临平遥。

（二）历史文化展览

中国官方机构多次在瑞典各大博物馆举办展览及论坛，采用生动形象

---

❶ 刘一楠."武林汉韵"在瑞典演出 [N]. 人民日报海外版. 2012 - 2 - 20（04）.

❷ East Asian Museum in Stockholm: Secret Love [DB/OL]. [2012 - 09 - 21]. http://www.mnordic.com/2012/09/secret - love/.

❸ 文化传通网. 中瑞文艺交流展开幕，瑞典艺术家 25 幅三维画成亮点 [DB/OL]. [2011 - 11 - 7]. http://www.culturalink.gov.cn/portal/pubinfo/102001/20111107/da5c54e47e47464f98b181acc3ab5db0.html.

的直观方式将中国五千年的文化凝聚在图片和展品中，吸引了许多瑞典学者及观众。2003～2004 年，中国的汉字展《从甲骨文到计算机》在瑞典斯德哥尔摩举办，展出的图片和实物详尽地向观众介绍了汉字从甲骨文到计算机语言的发展过程。

瑞典的东方博物馆馆藏中国文物占馆藏文物总数的 80% 以上，是海外博物馆中收藏中国文物数量排名第二的博物馆，2004～2013 年，东方博物馆多次举办大型中国文物展。2010 年，为纪念中瑞建交 60 周年，中国国家文物局等单位与瑞典东方博物馆合作举办兵马俑暨中国古代帝王墓葬习俗展——《中国的兵马俑》，展出历时半年，在瑞典乃至北欧地区都产生了轰动效应。根据博物馆的记录，2010 年 8 月至 2011 年 2 月，共有 35.8 万人次参观了这个展览，创下了瑞典文化展览史上参观人数之最，展览独树一帜的场景设计也被瑞典媒体称为 "与中国古代将军面对面的接触" 以及 "2010 年度瑞典最受欢迎的文化展览"。❶ 2013 年 5 月，又展出夏、商、周三代共计 117 件青铜器以及瑞典国王古斯塔夫六世为博物馆捐赠的大量中国漆器、宋代陶瓷和珐琅瓷。❷ 博物馆的展览及媒体宣传为喜爱中国文化的瑞典民众提供了大量深入了解中国的机会。河南省 2012 年与瑞典世界文化博物馆共同签署了《中国河南省文物局与瑞典世界文化博物馆合作协议》❸。中瑞双方在考古研究、文物展览、博物馆管理及其他与文化遗产相关的领域的合作进一步增强，在瑞典举办中国考古文物展览的频率也大为增加。

2004 年之后，瑞典在中国举办的历史文物展览频率也在不断增加。2005 年 9～12 月，"世纪典藏、情归华夏——瑞典藏中国陶瓷展" 在北京故宫展出，这次展出的精美古代瓷器是 260 年前不幸沉没的 "哥德堡号" 上的货物，共 181 套。展览共分为四个部分："千古之谜——哥德堡号沉船"、"域外生辉——瑞典收藏的中国瓷器"、"西风东渐——紫禁城收藏的西洋风格瓷器" 和 "考古新途——瑞典人安特生与仰韶文化"。❹ 这次展览也让更

---

❶ 中国的兵马俑展览在瑞典开幕，瑞典国王剪裁 [N]. 西安晚报，2010 - 8 - 29（01）.

❷ 刘仲华. 河南青铜器文明展在瑞典举行 [N]. 人民日报，2013 - 05 - 26（03）.

❸ 文化传通网：河南省文物局与瑞典世界文化博物馆在郑签署合作协议 [DB/OL]. [2012 - 08 - 05]. http：//www. culturalink. gov. cn/portal/pubinfo/106001/20120815/40be50d29d6a4f8aa6b9521dc929430f. html.

❹ 中华人民共和国外交部教育研究室. 中国外交 2006 年版 [M]. 北京：世界知识出版社，2006：227.

多的中国人对中瑞两国关系有了更好的理解。

瑞典马尔摩市艺术博物馆积极与首都博物馆建立密切的合作关系。2009年4月，首都博物馆举办了瑞典设计师克雷茨夫妇举办的《源自宋代瓷片中的瑞典现代艺术——邬拉·克雷茨及古斯塔夫·克雷茨雕塑作品展》，共展出99件雕塑作品，题材涉及人物、动物和日常物品，这些作品都结合了中国宋瓷丰盈滋润的釉彩及克雷茨夫妇个人的创作理念。❶ 而瑞典《中国瓷器艺术展》作为交换展也于2009年11月在马尔摩市艺术博物馆举行，共展出中国明清时期及少量20世纪初期的共53件瓷器精品。

（三）教育及文化传播

近些年来，随着各国"汉语热"的升温，学习中文的外国人越来越多，孔子学院为世界各地的汉语学习者提供规范、权威的现代汉语教师及教材，起到了规范汉语教学和传播中国文化教育的作用。瑞典的孔子学院为瑞典的中国文化爱好者提供了一个系统学习汉语和中国文化的平台。

截至2013年，瑞典已创办4所孔子学院，分别为斯德哥尔摩大学东亚语言系的瑞典斯德哥尔摩北欧孔子学院、瑞典卡尔斯塔德大学孔子学院、布莱金厄理工学院孔子学院以及吕勒欧工业大学孔子学院。❷ 两所孔子课堂也在乌普萨拉市博兰高中与法尔肯贝里高中成立，为中学生开设中文课，也增加了中瑞学生交流互访的机会。作为欧洲成立最早的孔子学院，目前斯德哥尔摩北欧孔子学院学生人数已经扩展到约400人，另有40多所中学开办了中文学习班，中文也被瑞典教育部定为中学第二外语选修课之一。作为孔子故乡的山东省人民政府还特意向北欧斯德哥尔摩孔子学院赠送了一座2米高的铜制孔子塑像，以表敬意。

自2009年开始，瑞典每年举办大中学生中文比赛，鼓励参赛选手学好、用好中文，优胜选手将参加"汉语桥"世界大学生中文比赛。此外，他们还利用中国国务院侨办主办的"文化中国·名家讲坛"系列活动在斯德哥尔摩举办英语沙龙和两场中文讲座，向瑞典民众和当地华侨华人讲述中国

---

❶ 中国新闻网：瑞典现代艺术展将在首都博物馆开幕 [DB/OL]. [2009 - 4 - 16]. http：//www. chinanews. com/cul/news/2009/04 - 16/1649622. shtml.

❷ Speak Chinese. Second Confucius Institute established in Sweden [DB/OL]. [2011 - 3 - 30]. http：//www. china. org. cn/learningchinese/news/2011 - 03/30/content_ 22252897. htm.

悠久的历史文化，这些活动对汉语国际推广和中瑞教育文化交流合作起到了极大的促进作用。

与之相对应，瑞典也在中国提供正规语言培训，并鼓励更多的中国学生留学瑞典。瑞典商会在北京和上海开设了初学者的语言培训和速成课程。上海外国语大学还开设了瑞典语专业，培养精通瑞典语以及瑞典国家文化的专业人才。2012年，瑞典积极加入中国启动的"中外出版深度合作"项目，中瑞两国作家与插画家的联手合作，深化了双方创作者对彼此国家文学文化的认识。❶ 2012年8月，瑞典驻华大使馆携多位瑞典知名作家和瑞典两大出版社参加在中国国际展览中心举办的第19届北京国际图书博览会，扩大了瑞典图书在中国的影响力。瑞典驻华大使还时常邀请马丁·威德马克等瑞典知名作家参加与中国出版社之间的讨论会，增加瑞典书籍在中国的出版量并扩大其影响力。❷

瑞典文学院十分关注中国文学和中国作家，随着"中国图书推广计划"的顺利推行，中国图书在瑞典的影响力也在逐渐增加。2012年10月11日，瑞典文学院将2012年诺贝尔文学奖授予中国作家莫言，并称："因为他笔下的乡土人物故事充满魔幻现实主义色彩，是历史和现实的并存。"次日，瑞典各大媒体几乎无一遗漏，头版封面都是莫言的巨幅照片，文化版更是拿出多个版面专题报道了莫言获奖情况，称莫言的作品，"涉及中国近代史中最黑暗的时期，作品常常充满政治批判和黑色幽默。"❸ 莫言的获奖使得瑞典兴起了"中国文化热"。莫言获得诺贝尔奖两个月后，他的三本小说《红高粱家族》、《天堂蒜苔之歌》和《生死疲劳》在瑞典就卖出七千多套，莫言的另外四本小说《变》、《透明的红萝卜》、《四十一炮》和《蛙》的瑞典语版也开始出版。2012年12月，莫言在斯德哥尔摩的皇家戏剧院参加文

---

❶ 刘莉. 瑞典加入"中外出版深度合作"［N/OL］. 深圳晚报. ［2012 - 9 - 16］. http：// wb. sznews. com/html/2012 - 09/16/content_ 2206409. htm.

❷ Embassy of Sweden, Beijing. Sweden's most popular writer of children's books paid visit to China in February［DB/OL］. ［2012 - 3 - 9］. http：//www. swedenabroad. com/zh - CN/Embassies/Beijing/10/ News - Events - cn/48/.

❸ AFP. China's Mo Yan releases new book on Nobel win［N/OL］. The Local：Sweden's News in English，［2013 - 4 - 19］. http：//www. thelocal. se/tag/china.

学讲谈会，谈论文学创作体验，受到瑞典文学界的广泛关注。❶

（四）传统节庆日

中国的传统节日表现出中华民族历史文化的积淀和凝聚，是维系华人世界的文化纽带，传统节日中所蕴含的习俗和精神也以直观的方式传播了中华文化。春节是中国最隆重的节日，每年中国驻瑞典大使馆都会在多座城市举行盛大的庆祝活动。演出包含杂技、舞龙舞狮、京剧等大量中国传统元素，许多热爱中国文化的瑞典民众都被吸引并参与到活动当中，正如瑞典东方博物馆馆长安娜·帕尔奎斯所说，国际上对农历新年越来越重视，每年的中国春节也已经成为瑞典人民最喜爱、最期待的外国节庆活动。❷

在香港回归 10 周年、西藏和平解放 55 周年以及辛亥革命 100 周年等重要纪念日到来之时，中国驻瑞典使馆都要举行座谈会以及图片摄影展，以讲座、照片等形式介绍中国百年来所经历的巨变。

自 2006 年以来，丰富多样的"中国文化节"每年都在瑞典多个城市举行。2006 年，斯德哥尔摩市举办了"中国湖北文化周"活动，介绍了湖北省辉煌的历史文化和经济社会建设的成就，推动了瑞典和湖北省的交流与合作。2007 年，在埃斯基尔斯图纳和斯德哥尔摩市举办了"新疆文化周"，两市举办的新疆图片展、民族服饰、民族乐器展以及新疆电影展等活动，从多角度向瑞典民众展示了新疆的风土人情、别具风格的各民族文化艺术和新疆各民族和谐相处、共同发展的社会现状。❸ 除了中瑞城市之间的合作外，别具一格的中国风筝节、中国功夫节、华人文化节等丰富多彩的节日都在向瑞典民众和外国游客展示多民族、历史悠久的中国文化。❹ 瑞典各高校也有自己独特的"中国周"或"中国日"活动，通过举办学术讲座、服装展、文艺表演、厨艺展示、影片放映等活动向瑞典师生全方位地介绍博大精深的中国文化。2011 年，"今日中国"艺术节在马尔默市和韦斯特罗斯

---

❶ Charlotte West, Mo Yan: no author is liked by all of his readers [N/OL]. The Local: Sweden's News in English, [2012 – 12 – 4]. http://www.thelocal.se/guides/nobel/the + Nobel + Prizes/.

❷ 王立元. 五洲同庆欢乐春节，文化润泽和谐世界 [N]. 中国文化报. 2013 – 02 – 2 (10).

❸ 中华人民共和国外交部. 新疆综合文化交流代表团访问瑞典 [DB/OL]. [2007 – 9 – 9]. http://www.fmprc.gov.cn/mfa_ chn/wjdt_ 611265/zwbd_ 611281/t433352. shtml.

❹ Confucius Institute Online. Kung Fu festival held in Swedish Capital [DB/OL]. [2011 – 4 – 16]. http://kungfu.Chinese.cn/en/article/2011 – 05/16/content_ 260605. htm.

市举办，这是中瑞文化交流史上规模最大、门类最齐全的中国文化传播活动。演出包括中国民乐、民族舞、现代舞、木偶剧以及举办电影展映和中国画展，精彩的艺术表演让瑞典民众领略到今日中国的最新艺术成就和人民生活风貌，为两国人民彼此间情感和心灵的交流提供了良机。一系列的"中国节"、"中国日"等活动在近年已成为中国文化对瑞典交流的主要方式。

瑞典的一些大学和孔子学院在传统节日到来之际也会举行具有特殊意义的庆典仪式，如乌普萨拉学联会的元旦饺子宴、瑞典皇家工学院春节庆典活动，都让瑞典学生切身感受到中国文化的魅力。2012 年 10 月，卡尔斯塔德大学孔子学院举办了中秋日活动，将中秋节与书法、诗词教学结合在一起，有效地拉近了瑞典师生与中国留学生的关系。❶ 在中西文化元素的碰撞、传统与现代融合的传统节日庆典活动中，中瑞两国人民共享中国传统节日喜庆、热烈的氛围，也为中瑞文化合作之间搭建起一座理解、合作的新桥梁。

而瑞典驻华大使馆在瑞典传统节日来临之时也会在中国举行庆祝活动，最为盛大的便是每年的冬季，北京和上海领事馆在圣露西日（12 月 13 日）和圣诞节都会举行大型庆典活动，包括教堂唱诗班吟诵、聚餐派对等。外国语大学、瑞典国际学校等教育院校也会举行独特的庆祝活动，面向学生及所有对瑞典文化感兴趣的人，这些活动既向中国人传播了瑞典的传统及宗教文化，又拉近了节日期间两国人民的距离。

二、中国与瑞典文化外交的特点

（一）中国占据主导地位

通过统计、梳理中瑞 2004 年至 2013 年双方进行文化外交数量对比可得图 1。

---

❶ 中华人民共和国驻瑞典大使馆教育处. 2012 年卡尔斯塔德大学孔子学院中秋日. ［DB/OL］. ［2012 - 10 - 3］. http：//www. cnedu. nu/publish/portal16/tab5157/info94154. htm.

图1　中国与瑞典文化外交数量对比图

可以看出，2004 年至 2012 年间，中国对瑞典文化外交次数呈不规则变化，而瑞典对中国的外交整体是上升趋势，但是中国向瑞典输出文化的数量远超瑞典对中国的外交数量。中国对瑞典外交的巅峰位于 2011 年，进行艺术演出、展出、文化节以及其他文化交流活动共计 24 次，而瑞典对中国文化外交最频繁时间是 2012 年，但也仅有 8 次。由此可见，在中瑞文化互动过程中，中国占据主动地位，对瑞典开展的文化活动主要以历史、传统文化和教育为主。中国人意识到"文化失语"的问题，即"与西方人交往的过程中无法用西方语言表达中国文化，尤其对中国传统文化的表达心有余而力不足"❶。因此中国在推进中文教育方面做出了足够的努力，提供了向瑞典民众学习规范中文的渠道。而在这一层面上，瑞典方面存在"文化逆差"现象，对中国开展的文化项目比较少。由此可见，作为文明古国和世界上发展最迅速的国家之一，中国在文化外交方面有着足够的实力和竞争力。

（二）中央政府与地方政府交叠配合呈现梯次性

中国对瑞典文化外交主要是依靠中央政府行动，"不管是中国的文化年项目还是大众文化交流项目大多都是在政府的直接领导下运作的。政府直

---

❶　曲慧敏. 中国文化走出去战略研究［D］. 山东：山东师范大学马克思主义学院，2012.

接从事文化外交活动给中国的文化外交活动提供了巨大的人力、财力的保障，使得文化外交的规模大，影响面广"❶。例如，京剧人物造型展、兵马俑展、中文比赛、文化中国等系列活动都属于中央政府策划组织，活动时间跨度大、传播范围广、合作程度深，具有较强的传播力，也能通过各地媒体扩大其传播面。中国的一些地方政府也在积极与瑞典进行文化交流，湖北文化周、新疆文化周以及各地艺术团的表演也在瑞典赢得了社会各界人士的高度评价。文化活动还促进了中瑞的地方交流，2007 年石家庄、武汉、无锡三座城市分别同瑞典的法尔肯贝里市、博伦厄市、南泰利耶市建立了友好城市关系。❷ 此外，中国对瑞典的一部分文化项目是政府支持、引导和牵线搭桥，由民间艺术团体、企业家自行运作，例如莫言在瑞典的演讲、郎朗的钢琴演出等。

（三）中国式传统文化项目斐名远扬

表 1　中国对瑞典文化外交活动一览

	2004	2005	2006	2007	2008	2009	2010	2011	2012
艺术演出	1	0	1	1	1	3	4	1	2
历史展览	1	0	0	0	0	0	0	2	1
教育文化及语言传播	3	2	0	0	1	3	3	6	4
传统节日及文化节	1	2	3	5	2	8	2	7	9
其他（领导人访瑞、电影节、摄影展等）	2	3	3	4	3	9	1	8	7
全部文化外交项目数量	8	7	7	10	7	23	10	24	23

由表 1 可以看出，在中国文化"走出去"的过程中，大部分活动都着点于对中国传统文化——春节、武术表演、兵马俑等——的宣传。中国传统文化中蕴含了几千年的智慧沉淀，也是中国文化的精髓，吸引了无数瑞

---

❶ 李德芳. 中国文化外交模式探析［J］. 理论月刊, 2012（4）：58－61.
❷ 中华人民共和国外交部教育研究室. 中国外交 2008 年版［M］. 北京：世界知识出版社, 2008：175.

典民众。❶瑞典文化和体育事务大臣莉娜·安德尔松·丽列罗斯认为，兵马俑以及其他来自中国的文物展吸引了瑞典人民去了解中国，"Culture has a special ability to bring people together, over time and over space, exhibition will stimulate more interest among Swedes about China."（文化具有穿越时空的凝聚力，文化展览能激起更多瑞典人对中国的兴趣。）❷中国驻瑞典大使馆文化参赞黄文娟也认为，文化乃民族之魂，文化和外交需要紧密结合起来，近年来随着我国经济社会的不断发展，文化外交也日趋活跃，在文化外交的内容上，把中国的传统文化与现代、当代艺术结合起来能产生更好的效果。随着"中国热"在瑞典的升温，越来越多的官方或民间机构希望访问中国，亲眼看一看中国的发展，中方需要建立文化的双向交流管道，把中国文化的"走出去"与优秀瑞典文化引进来结合起来。❸瑞典文化副大臣托雷马克则表示要进一步加强瑞中艺术和技术人员深层次交流与合作。前瑞典驻华大使林川则也认为，虽然中国和瑞典文化背景不同，但是两种文化中都有开放包容、团结协作的精神，应该进一步加强两国的文化交流。❹中国在进行文化传播和文化外交也应该打开思路，全方面展现一个真实的中国。

（四）瑞典政府日益重视对中国的文化外交

随着瑞典社会对中国兴趣的日增，越来越多的瑞典人到中国旅游，越来越多的瑞典学生开始系统学习中国历史和文化，瑞典媒体对中国的报道也在不断增多。瑞典政府对中国的重视程度越来越高。

瑞典的哥德堡市是中瑞贸易的发源地，1739 年瑞典东印度公司驶往广州的第一艘远洋商船便是"哥德堡"号，此商船曾经三次驶往广州，从此"哥德堡"号成为中瑞关系发展史上重要的里程碑。1993 年瑞典新东印度公司筹划仿造 18 世纪工艺制造"哥德堡"号，并准备复航中国。2005 年 10

---

❶ 周丽娟. 对外文化交流与新中国外交 ［M］. 北京：文化艺术出版社，2010：227 - 229.

❷ Yang Yong. Swedish King Declares Open the Exhibition of China's Terracotta Army ［DB/OL］. ［2010 - 8 - 28］. http：//english. cri. cn/7146/2010/08/28/1481s591597. htm.

❸ 刘仲华."汉风"舞动，中国文化外交显魅力 ［N］. 人民日报，2005 - 11 - 11（7）.

❹ Zhang Xin. Interview with ambassador of Sweden to China, Mikael Lindström ［N/OL］. Global Times，［2010 - 5 - 21］. http：//59. 151. 109. 83/www/english/metro - beijing/people/profile/2010 - 05/534068. html.

月，新的"哥德堡"号正式起航，10万多市民倾城出动，500多艘船跟随欢送，场面极其壮观。"哥德堡"号沿着当年的航线，从北欧明珠哥德堡港出发，途经西班牙港加迪斯、巴西的雷塞夫港、南非开普敦、澳大利亚的佛雷蒙特和印尼首都雅加达。2006年7月18日，历经9个多月航程、行程17000多海里的瑞典仿古木船终于出现在广州南沙客运港码头，由瑞典国王卡尔·古斯塔夫十六世和王后西尔维娅亲率的瑞典文化经贸代表团乘机……从"哥德堡"号登岸。● "哥德堡"号在广州停留一个月，停留期间，广州市政府组织了一系列涵盖文化、经贸、旅游等内容的活动，包括官方和民间欢迎仪式、边贸关系研讨会、历史寻访及研讨会，提供给中国民众一个近距离接触"哥德堡"号的机会，"哥德堡"号的展品也在故宫展览。这次成功的文化外交活动是由瑞典政府直接组织的。2006年以后，瑞典政府越来越重视开展对中国的文化外交，据统计，瑞典最大的英文报纸 *The Local* 近几年关于中国文化方面的报道如图2所示。可以明显看出，自2006年之后，瑞典报纸对中国文化关注度整体呈明显上升趋势，2012年更多达11次。

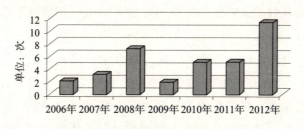

图2 地方对中国文化报道次数

三、中国文化外交在瑞典的反响

中国自2004年开始对瑞典开展的文化外交也得到了瑞典各界的反馈和回应，在瑞典官方、媒体以及普通大众心目中，随着中国文化的传播，中国的国家形象也得到了良好发展，也有效遏止了中国威胁论。

● 吴春燕，张景华. 仿古船"哥德堡"号复航广州［N］. 光明日报，2006-07-19（02）.

（一）官方反馈

中国的文化外交活动在瑞典赢得了广泛的好评，随着 2004 年之后文化外交活动频率的增加，瑞典政府官员纷纷表达了对中国文化外交活动的支持，并对两国关系及未来发展持肯定态度。2013 年"瑞典中国节"举办之后，瑞典外交部礼宾中心副主任 Klas Nyman 在接受中国国际广播电台采访时肯定了中国节活动的成功，并说："在中瑞双边合作的过程中，文化外交是促进两国关系更好发展的核心要素。""今天聚集在这里的人们都对中国和中国文化有浓厚的兴趣，我认为中国节的举办对双方都有帮助，也促进文化间的互相学习。因此我很自信中国节在促进文化交流和两国合作方面将取得巨大成功。"❶ 中瑞两国一直保持着友好关系，瑞典文化官员对中国在瑞典举办的活动非常支持。2012 年中国驻瑞典使馆在斯德哥尔摩东方博物馆举办新年"欢乐春节"文化活动时，瑞典国家世界文化博物馆管理署的尼尔森署长特意从外地赶来出席活动，她表示越来越多的瑞典民众开始关注拥有几千年文化的东方古国中国，瑞典已多年连续举办迎春节的文化活动，每次都吸引了众多瑞典民众的参加，中国的传统春节已经成为瑞典人的共同节日。

而在很多交流论坛、领导人会面等场合中，瑞典文化官员也都表示希望中瑞文化外交活动范围能够进一步扩大，例如 2011 年"今日中国"文化节在马尔默市举办，斯高奈省省长皮亚·金哈特发表讲话，他希望中方今后能再次举办此类活动，让瑞典人民更多地了解中国民乐、民族舞、艺术书画展等传统和现代艺术，进一步加强两国间文化和情感的交流。2012 年瑞典副文化大臣托雷马克在会见中国国家广播电影电视总局副局长张丕民时提出需要着重加强和拓宽中瑞影视交流的渠道，加强影视范围内的瑞中艺术和技术人员深层次的交流与合作，希望能够以定期举办电影周、合拍双方共同感兴趣的影视作品来建立影视传播方面的长期合作机制。

---

❶ Chen Xuefei. China Festival Opens in Sweden. [N/OL]. Crienglish. com, [2013 - 08 - 03]. http://english. cri. cn/7146/2013/08/03/2702s779830. htm.

（二）媒体反馈

瑞典新闻界在 1766 年由宪法获得了言论自由权，瑞典新闻媒体的批评传统根深蒂固。瑞典传媒学者林多夫在对斯德哥尔摩最大的两家严肃大报《今日新闻》和《瑞典日报》进行统计后发现，在过去的十年中这两家报纸对中国的报道显著增多，包括经济发展、中瑞贸易、中国政治、历史文化等方面，通过对比他发现，虽然对中国的正面报道与负面报道（主要集中于人权、卫生、环境等问题的批判）基本是对半分，但瑞典报纸对中国形象的描绘越来越近似于对美国的描绘，即中国为瑞典提供了可利用的机遇也带来了危机和挑战。❶ 随着中国文化外交活动的增多，加之瑞典媒体增加了驻派中国的专业记者，来自中国城市和农村的报道越来越多，瑞典媒体对中国的偏见越发减少，正面和积极报道增多。普遍而言，严肃媒体笔下的中国基本保持了一种平衡和友好的形象。

除了纸媒，电视媒体对中国的关注也愈来愈多，瑞典电视台在新闻时间对中国政治、经济及环境问题的讨论频率增多，并且开始重视对中国的历史和文化的介绍，在 2006 年 9 月瑞典电视台还播出了一部介绍毛泽东生平的三集历史纪录片，这也标志着中国的纪录片、电影及电视剧在瑞典获得了越来越多的"出镜率"。瑞典电视台不再直接抄袭美国媒体的价值观，瑞典驻派中国的记者把在中国的所见所闻具体地告诉观众，这也使得观众心目中的中国形象更加生动饱满。❷

与此同时，瑞典媒体也在不遗余力地帮助宣传中国举办的文化外交活动，并对中国的历史、文化、语言进行了全面的介绍。如瑞典当地英文报纸 The Local 经常报道与瑞典中文学校相关的新闻。"由于中国持续增长的政治和文化影响力，瑞典政府正采取措施推动瑞典学校的汉语教学"❸。报道还说瑞典所有的大学以及 60 多所中学都开设了中文课，中文在瑞典的火热程度可与英语、法语和西班牙语相媲美，无形中吸引了更多学生学习中文、了

---

❶ 乐黛云，钱林森. 跨文化对话 21 缉 ［M］. 江苏：江苏人民出版社. 2007：166 – 168.

❷ 吕莎. 瑞典媒体中的中国形象渐趋积极——访瑞典媒介研究者 Hakan Lindhoff ［N/OL］. 中国社会科学报. ［2011 – 06 – 12］. http：//www. csstoday. net/Item. aspx? id = 4294.

❸ Ann Törnkvist. 'More Swedish kids should learn Chinese'［N/OL］. The Local：Sweden's news in English，［2012 – 12 – 04］. http：//www. thelocal. se/tag/china.

解中国文化。

（三）专家学者反馈

瑞典的专家学者对中国在瑞典举办的许多文化外交项目赞不绝口。2010年"中国的兵马俑"展览在瑞典举办的时候，瑞典国王夫妇、王储、王子及皇室成员、政府官员、文化界人士均多次参观该展，瑞典文化大臣莱娜·阿德尔松·利耶罗特多次向媒体表示，兵马俑是举世闻名的文化瑰宝，展览将对两国文化交流起到很大的促进作用。瑞典著名汉学家林西莉也说，"中国的兵马俑"是东方博物馆举办的最为精彩的展览之一，兵马俑展品精美绝伦、高大美观，数量之多也让人惊叹，且展览场地选择好，山洞营造了兵马俑原先所处的坑道环境，更增强了展览的吸引力。瑞典的经营学者和专家不仅积极向媒体和民众表达对中国文化外交项目的赞扬，宣传中瑞文化交流活动，还积极投身于中瑞人文交流之中，他们积极参与中瑞文化传媒论坛，共同商议搭建一个中国文化企业与北欧文化交流与合作的有效平台，为今后中国与瑞典及其他北欧国家开展更广泛的务实合作打下坚实基础。除此之外，瑞典的汉学家在积极推广中国文化方面功不可没，他们将中国优秀文学引进瑞典。瑞典年轻的汉学家陈安娜翻译过余华、苏童、王安忆等作家的作品，也是莫言在瑞典出版的三本书《红高粱家族》、《天堂蒜薹之歌》、《生死疲劳》的翻译组成员，莫言能够获得诺贝尔文学奖一定程度上跟陈安娜精通中国文化，将莫言作品的丰富性、文学艺术的魅力很完整地呈现出来有一定的关系。

（四）大众反馈

正如2012年瑞典外交大臣比尔特接受新华社记者采访时所说，"瑞中关系多年来一直很好，虽然两国在一些国际事务上存在分歧，但双方始终能保持对话与磋商机制，并在各领域着眼于不断增强交流与合作。"❶ 瑞典和中国关系融洽，且一直用积极、善意的目光注视着中国，关心着中国，

---

❶ 和苗，刘一楠. 中瑞促进两国人文交流，关系持续稳定发展 [DB/OL]. [2012－4－23]. http：//www.culturalink.gov.cn/portal/pubinfo/102002/20120423/1457b44ac1c04c18850055e0dd64b993.html.

瑞典人民对中国的历史、文化及发展充满了兴趣，中国在瑞典举行的文化节、历史展览、艺术演出等活动无一不收获了热烈的反响。在瑞典学习中文、参加中文比赛的学生也逐年增加，而大部分学习中文的学生都表示学习语言是为了更好地了解中国文化，中国在瑞典举办的文化外交活动在很大程度上展现了中华文化的魅力。苏州青年书法家钱玉清日前赴瑞典参加"2013瑞典中国文化年"活动，并展出了他的30幅书法作品。为期三天的展览就吸引了千余名书法爱好者和千余名艺术品收藏家的观摩，即使是对书法没有过多了解的普通民众也被中国书法传递出的神秘感、抒情性和线条中富有诗意的情感和律动所散发出的魅力所打动。书法作为最具代表性的中国文化元素，是中国传统文化艺术发展五千年来最具有经典标志的民族符号，瑞典民众对中国文化所带来的心灵交流和精神愉悦都表示尊崇和敬慕。

中国在瑞典举行的每一场艺术表演都让瑞典观众如痴如醉，历史文物展览以及传统节日的庆典也都展现了中国丰富的文化，许多观众都以"精彩绝伦"、"无与伦比"来形容观看后的感受。正如瑞中友好协会负责人之一的斯蒂格·卡尔森在接受人民网采访时所说的那样："我们不久前对中国还很陌生，但经过这些年的文化交流，许多瑞典人包括我自己，都已经相当熟悉中国了。"文化外交以一种共通的方式使得两国民众获得了心灵的理解。根据瑞典各方对中国文化外交的评价可知，目前是中国文化进一步展现魅力、扩大影响力的良好契机，需要保持住文化交流项目的增长速度，进一步提高项目的质量及影响力。

四、中国对瑞典文化外交的问题

（一）存在的问题

2006年以来，中国与瑞典的文化交往空前频繁，但是随之而来的差异、误解甚至是冲突也呈现迅速增长的趋势，就目前来看，我国对瑞典文化外交还存在以下问题。

第一，缺乏"把握文化交流时机"的敏感度。

文化领域的交流与其他力量相比更具渗透性、持久性和广泛性，而其中至关重要的一个环节就是时机。但是就目前的情况来看，中国对瑞典文化外交相关部门的协调机制建立不到位，资源比较分散，综合整合力度不够。中国文化需要真正的"走出去"，就需要在文化外交方面进行深度的文化合作。莫言获得诺贝尔奖便是一次极好的契机，2012年年底瑞典刮起了"莫言风"和"中国风"，越来越多的瑞典读者对中国书产生了浓厚的兴趣，瑞典及时再版和引进了莫言的作品，瑞典电视制作公司专程奔赴山东高密拍摄莫言纪录片，皇家剧院也编排了莫言作品的舞台剧。但是同一时期中国国内的反应却慢了半拍，没有全方位利用此次莫言获得诺贝尔文学奖的影响力顺势扩大中国图书在瑞典的影响力。从本书134页图1中也可以看出，北京奥运会及上海世博会的举行是扩大中国文化影响力的极佳时机，但是2008年和2010年却是中国对瑞典进行文化外交最少的年份。语言障碍在很大程度上阻滞了中瑞交流，中方应该积极主动培养瑞典语人才，向瑞典图书市场提供更多中国优秀作家的著作❶。

第二，缺乏"打造长期品牌项目"的意识。

文化软实力，从本质上来说就是国家文化的吸引力、感召力及影响力。同样，"文化产业所生产的主要是精神性产品，它的源头是创意，核心是内容，源源不断的创意才能带来源源不断的产出，繁殖缺乏创意就会变为无源之水，无本之木"❷。缺乏创意也就意味着缺乏国际文化传播的人才，从而导致中国文化外交项目单一，仅集中于艺术表演、展览和文化节等活动，中国在瑞典开展的文化项目虽然有一些轰动效应的展览如兵马俑展览，但是缺乏一些长期的品牌项目，这是中国对瑞典文化外交的致命问题。当一个精品项目已经有举办的经验之后，应该进一步反思、总结和创新，将其变为长期的品牌性文化项目，例如斯德哥尔摩、哥德堡、恩雪平市以及多所大学都会举办"中国节"活动，但是活动举办方之间并没有讨论、交流，每年的活动内容都比较单一和分散，缺乏创意和特色，也难以吸引更多瑞典民众。除此之外，中国在瑞典举行的文化活动多集中于斯德哥尔摩、哥德堡等大城市，对中小城市的关注不够。瑞典全国经济发展很均衡，城乡差距极小，中小城市观众的文化品位也很高，地方政府相对自主权较大，

❶ 张和明. 要畅通北欧，先学瑞典语 [J]. 成才与就业，2005 (10)：44.
❷ 陈文力，陶秀璈. 中国文化对外传播战略研究 [M]. 北京：九州出版社，2012：191.

经济上也有实力，受众对陌生的中国文化更感兴趣，在这些地区举办文化外交活动往往事半功倍。

第三，缺乏扩大影响的主动性。

正如许多中国普通民众没有去剧院观赏过芭蕾舞一样，很多瑞典人也从来没有接触过京剧，双方在文化交流上就是如此现状。就整体而论，中国对瑞典的文化外交活动项目数量多，但是受众仅集中于一部分已经熟悉中国文化的瑞典民众。虽然中瑞两国建交已有 60 余年，瑞典民众也在几十年的文化交流与合作过程中对中国有了不少认知，但是对于绝大多数瑞典人来说，对中国文明的了解常常仅限于四大发明和孔子，对于中国的影视、音乐及书籍的兴趣也有限，瑞典人对中国独具魅力的饮食文化、中医中药、诗歌戏曲及其他真正富有中国元素的文化产品也了解甚少。前歌德学院中国区总院长阿克曼曾指出，文化交流有三个阶段：接触（因好奇而了解文化）—交流（增进感情）—合作（项目理解）❶。如果中国对瑞典的文化外交仅仅局限于传统节日、杂技武术等"常规项目"，那么瑞典观众对中国文化也将仅仅局限于接触，而非深入的交流和全面的合作。

在传播方面遭遇"瓶颈"最严重的是影视作品，瑞典引进中国影视产品的渠道不多，直接从中国引进的影视产品十分有限，大多是从国际影视交易会或其他国家间接引进，因而无从谈及引进数量。而中国影视产品由于语言、技术、资金等多方面原因，存在质量偏低、在国际市场上竞争力不强等问题，所以瑞典将引进重点仍然放在其他国家，因此如何加强中瑞影视交流也是中瑞文化论坛上讨论次数最多的问题之一。

第四，缺乏"主动消弥文化差异"的积极性。

中国的集体主义价值观倡导热爱祖国，尊重领导，听从上级，提倡和谐社会。而瑞典是典型的西方价值观主导的国家，瑞典人更注重的是个人主义，强调个人的自由、隐私与人性的解放，重视选择性与多样性，价值观常常在文化和艺术中得到淋漓尽致的展现，这种差异势必产生中瑞文化交流的碰撞和壁垒。对于一些中国传统艺术，由于瑞典观众社会文化背景与中国观众的不同，他们对艺术作品的审美也会有不同的要求，例如戏曲

---

❶ 中华文化"走出去"需要学习国际经验 [EB/OL]. 文化传通网. [2011－11－07]. http：//www. culturalink. gov. cn/portal/pubinfo/107/20111107/cc4685df86264407b639fe1f45072eb1. html.

艺术，中国观众会要求作品的娱乐性、专业性和艺术性，而对于瑞典观众来说理解戏曲本身已经是一个难题，这就需要海外剧团的演员、创办人员对中国戏曲剧目进行加工后再进行表演，尽量将故事以及反映的价值观完整地反映出来。❶

欧盟委员会负责教育、文化、语言多样性和青年事务的委员瓦西利乌曾说过，文化对话是两把扇子，红扇子代表中国，蓝扇子代表欧洲，它们反映了东西方文化交流的韵律感。很多外国友人也认为，重视国与国发展文化领域的合作，进一步夯实全面战略伙伴关系，是国与国之间直面相同或不同位阶矛盾以及解决实际困难的重要伏笔，因为努力寻求对话和理解并付诸实施，不仅是政治、经济、文化往来的需要，更是人类自身寻求理解和发展的成长需求。文化外交能够很好地淡化政治色彩和意识形态的差异，让不同民族、不同宗教的人能够在文化中获得理解和认同，文化交流也应由外到内、由浅入深地促进两种文明在核心层得到融合而共同发展。

五、结语

中国与瑞典文化外交由来已久。1983 年，中国文化部和瑞典学会签署了《文化合作与交流会谈纪要》，又于 1992 年、1998 年和 2001 年分别与瑞典签署了新的文化交流计划意向书。中国与瑞典双方高层文化交流活动频繁，政府文化代表团以及歌舞团来访频繁。从 2004 年至今，中瑞双方的文化外交活动在频率和影响力方面都上升了一个层次。但是中国对瑞典的文化外交也存在诸多问题，面临一些困难。针对这些问题，笔者提出几点改进建议。

第一，精确把握文化契合脉搏，提升文化交流成功率。

首先，在传播之前，我国应当先让全社会特别是年轻一代，深入了解我国传统文化，借以认识民族文化的根基及文化传播的意义，自觉地关心传统文化。要让他们了解到，自身学习以及对外弘扬传统文化并不等同于复古，而是以一个严谨认真的态度对待我们的过去，要通过国家间的横向比较以及历史的纵向比较与鉴别，抓住东西方文化精髓，使之更好地在正

---

❶ 林一马萱. 中国戏曲的跨文化传播［M］. 北京：中国传媒大学出版社，2009：132－133.

确的时间向着正确的融合发展。其次，我国应在瑞典广播电视方面加大传播力度，择取合适时机向公众推介优秀的文化成果，建立更多、更专业、更吸引瑞典观众的海外电视平台，使中国电视国际传播进入瑞典主流社会。与此同时，政府以及民间组织应适时增加大众交流渠道，利用现代化信息手段进行更广泛、更快捷的交流。"中国在这些国家的文化外交项目重点应该放在具有全球观念的年轻人身上，通过面对面的活动，或者通过官方网站、博客、社交网络、线上活动、微博等他们乐于接受的方式尽可能地接触到他们，让他们通过对中华文化的了解，拉近与他们之间的距离，建立信任，创造机会。"❶ 在适当的时期运用文化中心网络以及数字技术不仅可以事半功倍地让瑞典民众更为快捷地掌握中国文化活动的详情并选择参加合适的活动，还可以让瑞典民众在网络上增加点播视频、购买文化产品等方式，让更多的西方普通民众有机会看到、购买到其感兴趣的中国产品。同时也可在网络上建立对外文化信息库，及时完整地保存重大活动的所有资料，并提供咨询和统计分析功能，形成策划、举办活动的"信息宝库"。

第二，树立打造特色文化意识，提升外国民众好奇心。

中国在开展对瑞典文化交流活动的同时，应深入挖掘中国具有特色传统文化的丰富资源和深刻内涵，并与当代世界的时代精神相融合，推出更多富有民族特色、富有时代色彩的文化产品，打造中国文化品牌并形成系列。对于中瑞双方政府，应该制定更具有针对性的优惠政策，即针对特色文化互动，进一步增加文化方面的互访活动。中国政府应当资助和支持民间组织与瑞典影视界、音乐界、出版界等方面的合作，积极引进创新人才，并且把文化交流工作与外交、科技、旅游、体育等活动结合起来❷。这些创新人才，将是中瑞之间大众文化生活互动迫切需要的枢纽与智囊。而在传播方式上，应积极探索现代传播的不同载体和渠道，用极富创意的生动形象和丰富繁多的传播途径构建多元化的文化传播体系❸。在教育领域也应该开展深度合作，尤其是高校之间，通过学校教育和师生学术交流能有效促进中瑞不同文化间的了解和融合。国际间的教育合作例如学术研讨、师生

---

❶ 李德芳. 中国文化外交模式探析 [J]. 理论月刊, 2012 (4)：58 – 61.

❷ 马晓明. 文化软实力视角下的中国对外文化交流路径分析 [D]. 上海：上海交通大学国际与公共事务学院, 2011：30 – 31.

❸ 陈文力, 陶秀璇. 中国文化对外传播战略研究 [M]. 北京：九州出版社, 2012：167.

互访、合作办学、国际会议等项目不仅能让更多瑞典青年和科研人员了解中国文化，还能使中国的文化产业国际化。除中央级国际媒体外，还可以在两国地方电视台设立"中瑞文化交流特色栏目"，介绍两国独一无二的历史、文化、政治、经济和民众日常生活的方方面面，加深两国人民之间的了解。

第三，主动扩大文化国际影响，提升世界范围知名度。

就扩大一国文化在世界的影响而言，光靠政府的组织形式是单一、匮乏而又受到种种约束的。要想进一步提高中瑞文化外交水平，在文化外交工作中也需要把官方与民间机构有机结合起来。中国目前仍然以政府主导为重点，而瑞典政府在文化外交方面只负责政策的制定和经费划拨，具体交流项目的推动要靠各类民间组织的配合。许多长期旅居瑞典的留学生、侨民和移民不仅熟悉两国的文化，而且能够直接接触瑞典民众，对两国之间的文化交流和沟通起着非常重要的作用。因此可以在海外形成若干以留学生及移民中的积极分子组成的民间文化宣传组织，一方面通过充分发挥海外留学生和移民数量多、分布广的优势推进中国的文化外交发展，另一方面可以更好地约束不符合文化影响力拓展目的的各类行为。政府在组织文化活动的同时应该与海外侨胞以及瑞典学会、瑞中友好协会、瑞京华人协会等官方或民间自发机构积极合作，使得民间力量真正进入对外文化外交活动中，更好地体现民意。

为了促进瑞典在欧盟其他国家的文化交流，瑞典在欧盟建立了文化联络点，负责与欧盟其他联络点交换信息、开展交流活动❶，中国和瑞典也可以构建相似的文化联络点或其他中介机构，负责中瑞之间各级政府以及地方机构的合作。同时鼓励中国各省市以地域文化、城市文化为载体，由地方政府和民间积极展开文化交流活动，加强两国城市间的友好交流，推进相互信任、理解和合作。

第四，积极消弥国家文化差异，提升东西文化认知感。

可以说，文化是各国政府实现其本国倡导的价值目标、影响民众思想的一类工具，它的覆盖面非常广泛，其具有包容性的同时，又具有一定的

---

❶ 郭灵凤. 变化中的瑞典文化政策——地方化与欧洲化 [J]. 欧洲研究，2008（1）：74 – 89.

排外性。因此，我国在举办文化外交活动时，完全可以由小入手，以点带面，积极鼓励中瑞双方学校、友好城市以及艺术家的合作和创新，也应该定期对举行过的活动进行分析评估并及时改进，对项目的形式和具体内容进行创新，对市场进行调查，顺应瑞典人民的需求和文化市场潮流，举办受众所喜闻乐见的活动。并且，我们应当思考，中国也应当在政治、经济逐步走上世界舞台的同时，扩大文化对于现代世界的影响力如诺贝尔奖基金等，而非仅仅停留在中国过去五千年的辉煌历史的研究中。另外，第二次世界大战之后瑞典成为一个移民国家，瑞典文化政策被纳入福利国家体系，致力于为全体公民提供平等地参与社会文化活动的机会。瑞典的语言、文化和民族都显示出多样性，瑞典实行多元文化政策，保障每位公民平等、自由和社会参与的权利。❶ 作为社会民主国家，瑞典的文化中尊重人的价值和权力，认可团结、自由、公平正义等价值观，所以在开展文化交流活动的同时，应尊重瑞典的价值观以及多元文化政策的基本原则，建立多元合作机制以化解矛盾和冲突❷。除此之外，文化交流的形式可以更加多元和开放，也可以针对不同年龄、教育和文化背景的观众开展不同类别的文化活动，让中国文化更加深入人心。

（王勤硕，清华大学哲学系学士。）

❶ 杨洪贵. 瑞典多元文化政策初探［J］. 欧洲研究，2006（5）：105－123.
❷ 汤益诚. 促进社会和谐的瑞典经验［M］. 北京：中国社会出版社，2008：111.

中国与波兰的文化外交

郭 凯

中华人民共和国成立后，波兰是世界上第一批承认新中国的国家之一。近 10 年来，波兰成为欧洲经济增速最快的国家之一，也是在中东欧地区面积最大、经济总量最大的国家，其经济总量占中东欧 16 国的 1/3。随着中国与波兰经济贸易总量的增长，中国与波兰的文化外交也在扩展。在中国驻波兰大使馆和带有官方背景的机构的支持之下，中国在波兰开展的文化活动无论是数量还是规模在整个中东欧地区都是首屈一指的。在波兰首都华沙已经举办了数次大规模的介绍中国文化的活动。特别是在 2008 年金融危机之后，无论是波兰方面还是中国方面都把与对方发展全面合作伙伴关系作为自己对外关系中的重点。本文将探讨中国与波兰之间开展的文化外交活动，分析其特点和问题，并提出改进建议。

一、中国与波兰开展文化外交的背景

冷战结束，柏林墙倒塌，欧洲的局势发生了翻天覆地的变化，原来柏林墙以东的东欧国家纷纷加入西方的阵营。2004 年 5 月欧盟进行了历史上规模最大的一次东扩，以波兰等 8 个中东欧国家，连同塞浦路斯和马耳他两国一起加入了欧盟。在这些欧盟新成员国当中，波兰面积最大、人口最多。自加入欧盟以来，波兰在经济社会发展、基础设施建设等方面取得了长足发展，与此同时，波兰的地缘政治关系得到明显改善，地区影响力明显提高，加入欧盟使波兰受益匪浅。

加入欧盟以来，波兰经济连续保持 9 年增长。旷日持久的欧元区危机也基本没有阻碍波兰经济增长的脚步。入盟使波兰的地缘政治环境得到改善。随着欧盟边境线的东移，波兰的战略地位凸显。波兰同德、法两国结成了

"魏玛三角"定期会晤机制，极大地提高了波兰在欧盟的地位。波兰同捷克、匈牙利和斯洛伐克3国组成了"维谢格拉德集团"，近年来波兰在协调4国立场，制定共同地区政策方面的作用和影响力不断增加，确立了波兰在中东欧地区国家中的领头羊地位。

1989年之后，尽管中波保持友好关系，但进展并不大。20年来，波兰先是忙于内部改革，接着又为加入北约和欧盟的战略目标奋斗。加入这两个组织后，波兰需要着力提高自身在其中的地位。所以，20世纪最后20年，波兰大多数时间都忙于内部事务。这一时期，中国在与欧洲发展关系过程中更多地把精力投向西欧国家，从西欧国家获得了投资、技术和市场，较少顾及中东欧国家。直到最近几年，中国才意识到中东欧越来越重要了，而波兰政府也意识到发展与新兴大国尤其是中国的关系的重要性。

2008年金融危机发生后，波兰政府把中国作为自己发展双边关系的重中之重。而中国也加强了与中东欧国家的交流与联系。波兰和中国都意识到文化交流是双方发展关系的重要途径。两国的文化交流达到一定程度后，双方的关系才能全面发展。仅仅发展经济关系，虽然在短期可以给双方带来一定的利益，但这种单一的、畸形的关系是不可持续的。

二、中国在波兰开展的文化活动

1. 文化周与"文化节"

近年来，在中国驻波兰使馆、文化部和当地华人的发起和组织下，波兰的各个城市举办了各种各样的介绍中国的大型文化活动。为了让波兰各界更加了解中国藏族的文化与现状，2012年11月5~11日，中国驻波兰大使馆与中国国务院新闻办公室及西藏自治区政府联合举办了名为雪域风采展的"西藏文化周"活动。波兰各界人士300余人出席了"雪域风采展"的开幕仪式，1500名观众观看了"魅力西藏"歌舞演出，反响强烈。中国国务院新闻办公室副主任崔玉英、西藏自治区副主席多托、中国驻波兰大使徐坚和波兰前总理奥莱克西、波兰家园主席克里姆查克出席了"雪域风采"图片唐卡展览及"魅力西藏"歌舞演出的开幕仪式并致辞。时任中国全国政协主席贾庆林、国务院新闻办主任王晨为这次活动发来了贺信。❶ 一些波兰学者通过与藏学家和藏医专家的交流，对独特的藏文化和神奇的藏医学产生了浓厚兴趣，纷纷提出就藏医学和藏文化与中国加强合作、深化交流的意愿。精美的"雪域风采"图片、神秘的唐卡艺术、"魅力西藏"歌舞，深深地勾起了波兰民众对西藏的向往。它们带给波兰观众的不仅是视觉冲击，更是心灵碰撞。波兰民族也是能歌善舞、崇尚自然的民族，藏民族浓郁的文化特色一经亮相就抓住了波兰人的心。❶

"欢乐春节—波兰行"在华沙已经成为一个介绍中国文化的品牌。近几年，每逢中国春节之时，在波兰的华人纷纷到位于华沙市中心的科学文化宫观看中国春节晚会，不少华沙市民也前去观看。这已经成为华沙市民了解中国文化的重要方式。演出时一票难求的情况甚至超过了著名欧美歌星。华沙是中国文化部派出的艺术团参加在中东欧国家举办的"欢乐春节"演出活动的第一站，艺术团还在波兰的克拉科夫和奥波莱市奉献两场演出，之后将赴匈牙利、保加利亚参加"欢乐春节"活动。❷

最大型的活动还是 2012 年中国政府有关部门在波兰举办的"首届中国文化季"活动。文化季历时 5 个月，内容包括：中国政府文化代表团、2 个表演艺术团、展览团组、巡展、"西藏文化周"等 10 项文化活动。从中国传统文化到当代文化，从表演艺术到传统手工艺品以及中国少数民族文艺表演，此项活动从各个不同的角度向波兰人民展示了中华文化的独特魅力，吸引了 10996 名波兰民众参与其中。❸

2. 音乐会和各种表演

提起波兰首都华沙就不能不令人想起著名的钢琴家肖邦，中国与波兰的音乐交流无论是在官方层面还是在民间层面都非常活跃。比如北京现代室内乐团一行 26 人于 2012 年 8 月 14 日至 8 月 15 日在华沙举办了两场音乐会，并参加了"克拉科夫老城音乐节"。观看音乐会的波兰市民被来自遥远

---

❶ 华沙观赏雪域风采 [OL]. 2012 – 11 – 06. 人民网. http：//world. people. com. cn/n/2012/1106/c1002 – 19511974. html.

❷ 欢乐春节，波兰行精彩上演 [OL]. 2014 – 01 – 25. 新华网. http：//news. xinhuanet. com/world/2014 –01/25/c_ 119124852. htm.

❸ 中华人民共和国与波兰共和国文化交流简况 [OL] 中国驻波兰大使馆. http：//www. chinaembassy. org. pl/chn/wh/.

中国的演奏家的高超技艺所折服。2011年2月9日至2月12日中国文化部派出的"中国广播艺术团"一行13人在波兰奥波莱和克拉科夫两地举办了四场中国民乐音乐会。奥波莱省副省长科斯图斯和孙玉玺大使及波兰各界人士2600人出席了音乐会。演出结束后,一些波兰市民说,虽然中国与波兰相距遥远,但是,音乐把两个国家深深地连接在了一起。2011年9月,天津音乐学院民乐团一行19人访问波兰,参加中国驻波兰大使馆的国庆招待会和在华沙肖邦公园的演出活动。9月24日,天津音乐学院民乐团在肖邦公园露天剧场为华沙市民奉献了精彩的具有中国民族特色的歌舞音乐,赢得了1500多名观众的阵阵掌声。●

2012年1月19日,由郑州歌舞剧院创编的民乐和歌舞体现了中原文明的博大精深,来自少林功夫之乡的塔沟武术学校的演员们展示的精湛武术技艺更是博得了满堂喝彩。当波兰人耳熟能详的《波兰圆舞曲》的旋律从板胡演奏者的指尖流淌而出时,全场观众不约而同地齐声歌唱这首波兰名曲,把热烈友好的演出气氛推向高潮。

3. 汉语推广项目

波兰的汉学研究悠久而深厚。早在沙皇俄国时期,华沙大学的汉学系就已经和莫斯科大学、圣彼得堡大学的汉学系齐名。在"二战"前和"二战"后,华沙大学和克拉科夫的雅各隆大学分别培养大批汉学家,为中波两国关系的发展作出了重要贡献。目前,波兰有4所孔子学院,分布在历史名城克拉科夫、弗罗兹瓦夫、波兹南和奥博莱。

2007年6月29日,在波兰南部的克拉科夫市文化中心举行了由孔子学院主办的首届中国诗歌吟赏会。"谁家玉笛暗飞声,散入春风满洛城。此夜曲中闻折柳,何人不起故园情。"在优雅的中国古典音乐《梅花三弄》的伴奏下,一名波兰大学生站在讲台上抑扬顿挫地用汉语吟诵唐朝大诗人李白的诗歌《春夜洛城闻笛》,台下100多位波兰诗人、汉学家、中国文化爱好者和中文系学生静静地聆听品味。吟赏会上朗诵了李白、杜甫、白居易等先贤脍炙人口的名篇,还有北岛、席慕蓉等中国现代诗人的佳作。为了使那些中文水平不高而又对中国诗歌感兴趣的普通听众能有所收获,所有诗

● 欢乐春节,波兰行精彩上演 [OL]. 2014 - 01 - 25. 新华网. http://news.xinhuanet.com/world/2014 - 01/25/c_ 119124852.htm.

作都以中文、波兰文两个版本吟诵，译作均出自波兰名家之手。波兰第一所孔子学院的中方院长茅银辉博士对记者说："本次吟赏会是孔子学院在波兰举办的中国文化系列推广活动的一部分。波兰是诗歌的国度，曾涌现出多位获得诺贝尔文学奖的诗人。他们对中国诗歌的喜爱和领悟能力甚至超过了许多深受儒家文化影响的亚洲人。"这次活动期间，主办者还介绍了中国古典诗和现代诗的发展历程及特点，与会者在现场还欣赏到中国书法艺术的展示。波兰公共电视 3 台、波兰《日报》和克拉科夫电台对本次活动提供赞助并进行了报道。❶ 中国驻波兰大使馆作为汉语教育的推动者也在使馆举办波兰汉语界迎新春招待会。波兰学汉语、懂汉语的政府官员、前驻华使节和外交官、汉学学者、中文系师生及曾在华生活工作过的波兰友人等 150 余位来宾参加。徐坚大使在致辞中说，大家通过汉语这一共同桥梁和纽带与中国联系在一起，学习汉语就是为了更好地彼此相知、友好相处、携手前行；在即将过去的 2012 年，两国关系有了长足发展，各领域合作更加密切，两国人民友谊进一步加深；在 2013 年，中波关系面临新的发展机遇，希望大家发挥掌握汉语和了解中国的优势，为中波两国战略伙伴关系的不断深化多作贡献。一些波兰来宾表示，能够在蛇年春节到来之际参加此次活动倍感荣幸和温暖，祝贺中国取得了举世瞩目的成就；非常高兴看到随着中国国力和国际影响力的不断增强，学汉语、懂汉语的人越来越多，两国关系更加密切、两国人民更加贴近；愿继续为促进中波经济、政治和文化等方面的交流与合作而努力。❷

三、波兰在中国开展的文化活动

1. "波兰文化节"

波兰政府于 2013 年 11 月 5～11 日在北京举行了首届"波兰文化节"，给首都观众带来了一场波兰文化盛宴。首届波兰文化节旨在思考人类文化，

---

❶ 波兰孔子学院举办首届中国诗歌吟赏会［OL］. 2007 年 6 月 30 日. 中国网. http：// www. china. com. cn/international/txt/2007－06/30/content_ 8461519. htm.

❷ 中华人民共和国与波兰共和国文化交流简况［OL］. 中国驻波兰大使馆. http：//www. chinaembassy. org. pl/chn/wh/.

尤其波兰文化的根源。欧洲文明中文化的概念源于人类的农耕活动（拉丁文的"文化"二字来自"农耕文化"）。经过千百年的演绎，文化依然保持着它最原始的特征。

活动的内容有波兰著名的小提琴和钢琴演奏家卡塔日娜·伯乐克和卡罗丽娜·篇特科夫斯卡 – 诺维茨卡合奏演出的"无言的浪漫"。还有一场由一支热衷文化的中国年轻人组成的设计团队所设计的名为"波兰·克拉科夫—设计之旅"的展览。❶

2013 年 10 月 30 日，波兰驻华大使塔德乌什·霍米茨基和众多来华参加文化节的波兰艺术家一同出席在北京举行的"第二届波兰文化节"新闻发布会。霍米茨基大使说，艺术和音乐可以阐释一个国家。国家的精髓和面貌都体现在不同的艺术形式中并得以存留在历史长河中。波兰对自己杰出的艺术和音乐无比骄傲。作为波兰共和国驻华大使，他为他们国家拥有一批杰出艺术家作为文化使者参与这次活动而感到自豪。在这些使者的带动下，中波间的文化桥梁会紧密相连。❶

2. 画展

2013 年 11 月 10 日至 2014 年 1 月 6 日，波兰共和国驻华大使馆和 see + gallery 在北京联合举办了卡别耶拉·莫拉维茨首次个人画展。这次展览同时也得到了波兰密茨凯维奇学院的大力支持。艺术家莫拉维茨出生于波兰，毕业于克拉科夫美术学院。她的绘画导师诺沃修斯基是一位知识渊博而且虔诚的东正教信仰者，其学术、审美和宗教意识对莫拉维茨艺术思想的形成有着深刻的影响。对故乡岁月深深的回忆，以及对波兰浪漫文化传统的承袭，贯穿在莫拉维茨不同时期的创作中。如同一位中世纪的炼丹师，莫拉维茨采用现代科技方法结合复杂而古老的化学工艺，以双重影像的三维空间形式构筑遥远的虚幻世界。她不追求使用华美的大尺幅或灯箱手段，或者诱人的颜色，而是以她结构性取景施与主题强大的感觉。莫拉维茨的作品是一个"内心剧院"。戏剧化的故事情节丰富多样而含义深涩。❷ 这次

---

❶ 2013 年波兰文化节概况 ［OL］. 波兰文化中心网. http：//www. bolanwenhua. org/exchangex. asp？ ID = 236.

❷ 北京波兰文化节即将开始"波兰文化新面孔"亮相北京 2013 年 10 月 30 日. 国际在线 http：//gb. cri. cn/42071/2013/10/30/5931s4303563. htm.

画展得到了中国观众的好评。

2013 年 11 月，由波兰驻华大使馆组织的"异度想象"展览会展出了特梅克·波罗夫斯基和帕维尔·斯利文斯基的系列数字画。作品涉及传统的画题有裸体、肖像、静物和风景，还有近几个世纪欧洲艺术创造的传统画作。在数字化的拼图里结合照片、画作、3D 视觉，有浓厚照相效果的向量和区位图。这些作品展现了许多超现实主义的美丽的波兰姑娘形象，还有波兰风景、人物、日用品，具有波兰风俗习惯的波兰味道以及真正的此时此地波兰稀有之物。这些作品的展览在某种意义上是一种尝试，把 20 世纪 20 年代处于领先地位的拼图传统移植到肥沃的数字化技术的土壤里。这种现代性思维的延续胜过现代派绘画呈现出的视觉，有局限性但又不失其个性。❶

2013 年 11 月 8 日，波罗夫斯基和帕维尔·斯利文斯基在清华大学美术学院为中国听众介绍了正在成长的波兰新一代艺术家，知名的波兰艺术机构和波兰艺术品市场。特梅克·波罗夫斯基和帕维尔·斯利文斯基都是波兰名为"为现实所累"的画家中最年轻的成员之一。这批人逃避现实，如同上一辈画家否定统一的世界观，他们创作了独特的绘画世界，在超现实主义思想和想象中抒写自己的诗篇。❷

四、波兰人对中国文化外交的反响

近年来，随着中国对波兰文化外交的开展，波兰媒体对中国的文化交流活动进行了大量的报道。在波兰的主流媒体上经常可以看到关于中国的报道，也经常可以看到关于中波文化交流的消息。从媒体报道来看，波兰社会各界对快速发展的中国抱有极大的兴趣。

2014 年 1 月 24 日晚举行了"欢乐春节—波兰行"演出活动。波兰前总理帕夫拉克、外交部副国务秘书法尔、波兰文化与民族遗产部副部长奥尔布雷赫特、波军总司令马耶夫斯基、波兰国家研发中心主任、国家科学中

---

❶ 2013 年波兰文化节概况［OL］. 波兰文化中心网 . http：//www. bolanwenhua. org/exchangex. asp？ID＝236.

❷ 同上。

心主任等十几位部级官员，波兰外交、经贸、文化、教育等各界人士以及俄罗斯、罗马尼亚等国家驻波兰大使约 3000 人观看了演出。

中国驻波兰大使徐坚和波兰文化部与民族遗产部副部长奥尔布雷赫特分别在开幕式上致辞。波兰文化与民族遗产部副部长奥尔布雷赫特高度评价中波文化合作与交流，他说，波中文化合作是两国战略伙伴关系的重要组成部分。波兰著名音乐大师肖邦生于马年，他的作品享誉世界，在中国备受推崇。奥尔布雷赫特向中国人民致以诚挚的节日问候，并祝愿中国人民马年吉祥、中波友谊历久弥新。❶

波兰主流媒体对郑州歌舞剧院创编的民乐歌舞演出和少林功夫之乡的塔沟武术学校演员们的表演也进行了跟踪报道。

2012 年 4 月 5 日在波兰首都华沙举办的"2012 波兰·中国西藏文化周"活动，得到了波兰媒体的大力报道。在这次活动的开幕式上，前波兰驻华大使舒姆斯基对新华社记者说："文化周的活动非常有意思，可以增进波兰人民对中国的了解。现在中国国力日益强盛，大家对中国都有一些了解，但是我认为这样的认识还不够。我认为这次文化周活动为波兰人民加深对西藏的了解打开了新的窗口。"本次文化周是中国首次在波兰举办以西藏为主题的综合性文化展示活动，通过"雪域风采"图片唐卡展览、"魅力西藏"歌舞表演、"倾听西藏"藏学家藏医专家交流活动等形式展现西藏悠久而丰富的民族文化和独具特色的风土人情，以及西藏经济社会发展和各族人民安居乐业的生动景象。❷

波兰侨民名人俱乐部主席耶日·沃伊切夫斯基盛赞西藏歌舞团的精彩表演，它让观众了解到了真正的西藏艺术，看到了中国政府对西藏传统文化的保护政策以及西藏文化的传承和发扬。他认为，通过高水平的文化演出，有利于波兰观众了解一个真实的西藏，了解西藏文化。他表示，将会把所看到的西藏文化艺术介绍给没有机会观看的亲朋好友。❸

埃拉是一位在华沙语言学校教汉语的老师，她带着她和邻居家的 7 个孩

❶ 2013 年波兰文化交流活动 ［OL］. 波兰文化中心网 . http：//www. bolanwenhua. org/exchangex. asp？ ID = 236.

❷ 同上。

❸ 中国西藏周，2012 年 11 月 6 日，中国新闻网，http：//www. chinanews. com/gn/2012/11 - 06/4303989. shtml.

子一起来观看表演。她对记者说，开始她还担心孩子们看不懂，但没想到，孩子们被台上的歌曲、舞蹈、服装迷住了。埃拉希望记者能帮她问问有没有演出的光盘，她说："我要拿到学校去，给那些没有机会看演出的孩子们看，非常值得普及推广。"

活动举办方之一、波兰最大的报纸《共和报》高度评价这次活动的社会影响力。《共和报》主编罗文斯基说："此次活动充分展现了西藏的自然风光、风土人情、艺术精神和物质生活，加深了波兰人民对这片神奇土地的历史和现状的了解。"

自 2012 年以来，波兰最大的报纸《共和报》每年均全方位跟踪报道了"欢乐春节——波兰行"活动。华沙大学国际关系学院的罗文斯基教授和华沙大学欧洲学院的古拉思科教授在波兰国家电视台 TVP 的谈话节目中就近些年来中国与波兰的外交、文化的合作展开了讨论。他们以自身在外交学院和北京大学的学习经历发表见解，最后一致认为近些年来波兰与中国的文化外交发展势头很好，将来会恢复 20 世纪五六十年代的水平。

波兰的一些地方电视台也对在本地区举办的关于中国的文化活动展开了全面的跟踪报道。比如 2014 年波兰格但斯克大学组织了"中国日"活动，格但斯克地区的电视台做了 3 天的跟踪报道，详细地介绍了从组织到开展活动的所有细节。格但斯克大学东亚研究中心科学委员会副主席布尔德尔斯基在接受记者采访时说，格但斯克大学已经是第九年组织类似的中国新年活动，但不同的是这次加入了 2011 年 10 月刚成立的汉语教研室的师生。他认为，这样的活动展示了中国文化与当代中国风貌，展示了像剪纸和书法这样的中国传统文化，是很好的事情。2012 年的活动很成功，很有意义。❶

虽然波兰的媒体开始报道关于中国文化外交的一些活动，但是无论从数量和重视程度来看都很不足。笔者用波兰语在网上寻找这方面的文献资料，但是能找到的资料寥寥无几，甚至一些地方小媒体的报道都不多。

波兰普通民众有很大一批人对中国在波兰开展文化交流活动有戒心。比如说，在波兰语的一些论坛和网站上，经常有人把中国政府举办的文化

---

❶ 中国西藏周，2012 年 11 月 6 日，中国新闻网，http://www.chinanews.com/gn/2012/11-06/4303989.shtml.

活动视为中国共产党在波兰开展的意识形态宣传。他们觉得，中国政府用这么大的力度宣传自己，无非是为了给当地的老百姓"洗脑"，在当地扩大自己的影响力。

由于波兰特殊的历史，尤其是曾经作为苏联东欧集团的华约成员国遭受过许多苦难和曲折，目前的波兰人无论是官方还是民间都对共产主义和社会主义没有什么好感。而中国作为世界上仅存的几个社会主义国家，经常受到波兰人的猜疑。所以，在中波交往之中，关于道路选择和意识形态的讨论一直都是禁忌。

从波兰人对中国文化外交的反响与评价来看，目前中波文化外交存在一些问题和困难。

首先，中国与波兰都不把对方作为发展对外关系的最重要国家。对中国来说，与美国、欧盟的核心国家、俄罗斯等国家开展文化外交才是首要和重要的目标。而波兰也把融入欧洲，发展与欧洲大国与邻国的关系当成自己的工作重点。中波双方真正的合作是从2008年金融危机以后才开始的。就波兰来说，对中国在国际社会的重要性了解不够，大部分波兰人对中国的印象还停留在改革开放之前。就中国而言，中国人对波兰以及中东欧国家的了解远远比不上对西欧国家的了解。中东欧地区近20年来的变化不小于中国，而年轻一代的中国学者对这个地区的兴趣普遍不高。整个中国学术界没有一个专门研究波兰的专家。在中国高校中，只有两所高校教授波兰语（北京外国语大学、哈尔滨师范大学），而且哈尔滨师范大学是从2011年才开始开设波兰语专业。虽然中波两国政府都发现了这个问题，并且作出了政策调整，但是，人才的培养不是一朝一夕可以完成的。

其次，中波双方都存在不同程度的官僚主义问题。虽然波兰的民主化运动开展得比较成功，但是在机构人事层面上几乎没有作出什么大的改革。原来共产党时期的臃肿低效率的官僚体系基本上被保留了下来。而波兰的工会和选举制度，也人为地增加了改革的难度，使得任何一届波兰政府都不敢碰这块"烫手的山芋"。中国虽然经历了数次行政体制改革和人事制度改革，但是改革的效果也不太理想。总体而言，双方的文化外交效率都不太高，大部分的时间和精力都花在了繁杂的行政事务方面，那些曾经与双方政府部门打过交道的人士对此深有体会。

在地缘政治的层面，波兰与中国的利益其实是存在冲突的。在欧洲经济的整合和规划中，波兰占据了十分重要的位置。在农业领域，波兰和法国得到了欧盟最多的农业补贴和鼓励。波兰利用自己良好的地理位置和土壤质量正在成为欧洲的新"粮仓"。在制造业领域，波兰被欧盟划成了"中低端制造业强国"。重要的是，波兰的制造业和中国的制造业都在争取西欧发达国家的市场，而在金融危机之后，西欧发达国家明显已经决定把自己的市场"大蛋糕"分给欧洲兄弟。所以，中国与波兰在经贸领域有着结构性的矛盾，双方的竞争关系要大于合作关系。

在官方交往的领域，波兰政府对中国的那种大国特有的霸道多有诟病。有一位德高望重的波兰汉学家曾经对笔者说，中国人的自大比起美国人来有过之而无不及。他十分失望地表示，中国官员在海外暴发户似的行为和居高临下的态度令波兰政府十分头疼。公款消费的猖獗和中国官员在海外的大手大脚都令波兰与中东国家政府的陪同人员吃惊不已。波兰的琥珀、捷克的水晶和匈牙利的艺术品都成了中国富人疯狂购买的产品。这种行为不但不会起到正面的效果，反而使波兰人对中国人产生反感和厌恶。

最后，中波双方的文化合作基本停留在官方合作的层面。大部分的文化活动都是由政府主导的，双方的民间交流活动和项目寥寥无几。虽然在华沙活跃着几个华人团体，经常组织各种活动，但是他们的影响力仅限于华人的圈子，而且个人的力量很有限，也很难成气候。

中波双方迄今为止没有成立文化协会，而在波兰的孔子学院的影响力也很有限。在中国，人们基本上听不到来自波兰的消息，只是中国企业在波兰遭到挫折时才有所报道。与德、法、英国相比较，波兰在中国的影响相差甚远。

五、结语

21世纪以来，中国与波兰的文化外交活动逐年增多，活动形式越来越丰富多样，人员交流也日益频繁，中国对波兰开展的文化外交活动受到波兰媒体和民众的好评。中波关系在经贸和文化领域快速发展。

虽然中波双方的文化合作还存在各种各样的问题，但是，双方发展文化交流与合作的意愿都十分强烈。特别是2002年时任中国国家总理温家宝访问波兰后，中国外交部成立了中国—中东欧国家合作秘书处。

所以，在可预见的未来，中国与波兰及整个中东欧地区的文化交流将会更上一个台阶。

波兰政府领导人在 2008 年金融危机后也意识到了新兴国家市场的重要性。他们把发展与新兴市场国家的关系作为自己外交的主要方向。中国作为新兴市场之中最重要的国家无疑受到了波兰政府最大的重视。笔者在华沙大学国际关系研究院三年读书期间，亲身感受到华沙的各大院校、智库、政府部门的人对中国的兴趣越来越浓，了解中国的意愿越来越强。各种关于中国的研讨会、演讲会不断举行，讨论中国的声音不绝于耳。

针对中国对波兰文化外交存在的问题，笔者提出以下建议。

第一，中波双方都应该尊重对方选择的发展道路和模式。中国政府应该加大在中东欧国家文化外交和公共外交的力度来解释中国模式。中东欧国家也应该加大学习中国改革开放经验的力度。只有当双方都充分了解对方时，才会尊重对方根据其本国国情所选择的实现现代化的道路和制度。

第二，中波双方应加大对教育合作的投入。笔者认为，加强高校之间的合作与交流是双方开展文化外交合作的重点。就笔者所在的华沙大学国际关系学院而言，近年来分别与北京大学国际关系学院、清华大学国际关系学系、复旦大学国际关系与公共事务学院、中国人民大学国际关系学院、北京师范大学政治学与国际关系学院、厦门大学国际关系学院、南开大学周恩来政府管理学院签订了合作协议。教师互访和学生交换等各项合作正在有条不紊地进行。2013 学年中国与波兰的这些高校互派了 26 名交换生和访问学者。然而，来自两国政府层面的支持并不大。到今天为止，两国外交部和教育部还没有开展合作项目。如果双方政府部门的积极性都被调动起来，那么今后在中国的大学校园里就可以看到很多来自波兰的学生；同样，在波兰大学的校园也会看到许多来自中国的学生。

第三，笔者认为，中波政府应该大力鼓励民间文化交流，争取以民间文化合作来补充和丰富双方现有的合作形式。在波兰首都华沙有很多华人民间团体，比如波兰华人基督教协会、中波经济文化协会、华沙中文学校等。中波政府和大使馆应该大力支持这些民间团体组织举办文化交流活动。今后中波文化交流活动应该以民间团体组织举办为主，政府的色彩越少越好。政府的过度参与会造成负面效果，由政府部门和官员解读当今中国，容易给外国人造成中国在进行海外宣传和意识形态渗透的感觉，从而引起外国人的反感。所以，开展适合波兰及东欧国家风俗习惯、风土人情和现实国情的文化外交才会更有成效。

（郭凯，波兰华沙大学国际关系学院中国留学生。）

中国与瑞士的文化外交

袁　昊

瑞士是最早承认中华人民共和国的西方国家之一。1950 年 1 月 17 日，瑞士承认中华人民共和国，并于同年 9 月 14 日双方建立外交关系。1996 年 10 月，瑞士联邦主席首次访华。1999 年 3 月，中国国家元首首次访问瑞士。2013 年 7 月 6 日，中瑞两国在北京签署"中国—瑞士自由贸易协定"，正式建立中瑞自贸区。中瑞建交 63 年来，中国与瑞士的关系稳步发展，特别是最近 20 年，两国政治互访频繁，经贸领域的合作不断扩大。在文化等各个领域内的交流与合作也日益密切。

近年来，文化领域的合作成为中瑞双方相互了解，加强沟通，构建民间合作和公共友谊，加强双方的认同和友好的重要工具。双方的芭蕾舞团、交响乐团、戏剧团体等文艺演出团体互访频繁。旅游、绘画、电影等艺术交流展览活动如火如荼。民间交流和学术互动也日趋活跃。1998 年 11 月 25 日，中瑞两国首次联合发行邮票。1999 年 3 月，中瑞两国签署了《中瑞文化合作意向声明》。2005 年 9 月，中国首次作为主宾国参加瑞士日内瓦节。❶ 从此，中瑞双方的文化交流进入一个稳步上升期。

文化外交是中国对外交往中的一个老现象、新名词，近年来有关于文化外交以及国别文化外交的著作也在陆续出版，但是大部分的著作聚焦于文化外交本身含义的辨析和视角的解读。❷ 从中国的角度出发，部分著作探究了在新的视角下，文化外交与中国软实力的关系以及中国文化外交的政

---

❶ 中华人民外交部网站：中国同瑞士关系，http：//www.fmprc.gov.cn/mfa_ chn/gjhdq_ 603914/gj_ 603916/oz_ 606480/1206_ 607328/sbgx_ 607332/.

❷ 李智. 文化外交：一种传播学的解读 [M]. 北京：北京大学出版社，2005.

策、经验、问题等。● 国别研究中，针对美国、法国、德国、俄罗斯、日本、加拿大等国的文化外交政策的研究较多，对于欧盟作为一个整体来进行的研究也有一些但是对于瑞士这样的软实力并不弱小的中等国家文化外交的研究却鲜有著作，而对于中国瑞士之间的文化外交的专门研究文献目前还尚未发现。

20 世纪 90 年代末，中瑞双方的最高领导人实现了互访，并签署了有关文化合作的意向协定。尽管双边之间的文化方面交流从 1980 年开始便已有之，但是真正从 2005 年 9 月开始，中国和瑞士之间的文化交流才进入稳步升温期。本文重点探讨从 2005 年至今的将近 10 年时间里，特别是 2008 年北京奥运会之后的 5 年时间内，中国和瑞士之间的文化外交现状。

本文所要考察的重点是：2005～2013 年中国和瑞士双方互相开展了哪些文化外交项目，这些项目的分类和开展渠道，项目产生了怎样的效果，存在哪些不足，在此基础上，有针对性地提出一些可行性改进建议。希望通过本文的梳理和总结，能够大致厘清最近 10 年来中国瑞士之间文化外交的整体状况、所取得的经验，以及目前存在的问题和不足。

一、中国在瑞士开展的文化交流项目

（一）官方举办的文化交流活动

近年来，中瑞两国的文化交流活动不断增多。其中中国在瑞士开展的文化交流形式包括大型的中国节、文化节，不定期的文艺团体互访演出、博物馆和绘画的展览、电影节和电影推广，以及各式各样小规模的饮食节等活动。

大型的中国节活动是对中国文化进行的一种综合性的展示，往往时间较长，参与的人数和艺术门类较多。例如，2010 年 9～12 月，中国在瑞士城市卢塞恩举办了"瑞士文化风景线艺术节·中国主宾国活动"。此次活动内容涵盖了音乐、戏剧、舞蹈、电影、文学、建筑等多种艺术形式，同时

● 彭新良. 文化外交与中国的软实力：一种全球化的视角 [M]. 北京：外语教学与研究出版社，2008.

也进行了讲座、研讨会、论坛等相关活动的交流。来自国内 13 个省、市、自治区的 400 多位艺术家在瑞士 18 个城市进行了演出和交流，共计 5 万多人次直接观看了本次活动的 62 个项目，近 200 场演出和展览。昆曲、贵州侗族大歌、现代舞、内蒙古打击乐、环县皮影、泉州木偶、二胡音乐会、爵士音乐会、上海交响乐团音乐会、文学与茗茶音乐会、高水平的建筑展都吸引了众多瑞士民众。❶ 2010 年 11～12 月，"感知中国·日内瓦行"大型文化活动在日内瓦举行。这种大规模的艺术交流向瑞士民众集中展示了历史悠久的中国传统文化和丰富多彩的中国当代艺术。

除了大型中国节活动外，不定期的文艺团体演出，包括芭蕾舞团、交响乐团、戏剧、电影等艺术交流也在蓬勃开展。2006 年至今，中国已连续 8 年在瑞士举办卢塞恩中国春节民俗音乐会，在弘扬中国文化的同时，为瑞士民众开启了近距离了解和感知中国的窗口。今年 7 月 23 日，驻瑞士使馆和伯尔尼玛奇利（Marzili）电影协会联合举办的伯尔尼露天电影节中国主题国活动开幕式成功举行，中国主题国活动从 7 月 23 日持续至 7 月 27 日，期间共有 5 部中国电影参展。2012 年 2 月 4 日，由国务院侨务办公室主办的"文化中国·四海同春"春节赴欧艺术团在瑞士首都伯尔尼市中心举行文艺演出，为当地华人华侨和瑞士民众带来了一场中国文化的视听盛宴，将近 1000 名观众观看了演出。❷

博物馆和绘画展览也是中国在瑞士进行文化交流与推广的另一主要形式。2011 年 11 月 15 日，由中国人民大学画院主办的中国传统绘画展在瑞士洛桑奥林匹克博物馆举行，中国人民大学校长纪宝成为画展题写展标"丹青流韵"。此次画展是中国人民大学画院经过精心筹备，在特聘教授及历届毕业生中精挑细选出 52 幅有代表性的作品参加展览。画展内容丰富、形式多样，以山水、花鸟为主，工笔写意并存。据悉，此次画展是奥林匹克博物馆首次举办的中国传统绘画展览。❸ 2013 年 3 月 14 日至 11 月 17 日，

---

❶ 文化的水痕——中国在瑞士最大规模文化交流活动结束，新华网，2010 - 12 - 08，http：//news. xinhuanet. com/world/2010 -12/08/c_ 12860803. htm.

❷ 战严寒斗感冒 "四海同春"演出温暖瑞士侨胞心，人民网，2012 - 2 - 07，http：//world. people. com. cn/GB/157278/17045457. html.

❸ 中国传统绘画亮相瑞士，搜狐网，2011 - 12 - 03，http：//roll. sohu. com/20111203/n327791930. shtml.

伯尔尼历史博物馆举办"兵马俑军队与统一的秦汉王朝——中国陕西出土文物展"。此次活动由陕西省文物局主办、陕西省文物交流中心承办。秦兵马俑及200多件艺术珍品在伯尔尼历史博物馆展出，为瑞士观众提供了一个与中国历史"面对面"直接交流的机会。2013年4月，由中国美术家协会、荣宝斋、瑞士水墨基金会共同主办的"水墨阿尔卑斯——中国当代国画精品展"在瑞士蒙特勒西庸古堡隆重开幕，共展出12位中国当代著名国画家以瑞士风情为表现主题的40余幅精品力作。该次展览，参展美术家用手中的画笔热情描绘了瑞士独特的皑皑白雪、湖光山色、建筑民居和历史文化。

同时，瑞士各地方也不同程度地和中国有关部门进行合作，举办了各式各样小规模的"中国节"、饮食节等形式来了解中国的文化。从2008年开始，在瑞士卢塞恩州的临湖小镇维吉斯，已经连续举办了六届中国文化节。当地的中国文化节是瑞士地方州政府与中国地方省市合办的旨在促进民间了解的活动，来自中国的饮食、摄影、音乐及其他地方特色的文化产品都会在文化节上与瑞士民众见面。从2010年开始，瑞士巴塞尔中秋节活动已经连续举办了三年，民众能够欣赏到中国民族特色的声乐舞蹈、现场学习太极拳和体验书法写作、尝试民乐演奏和品尝特色小吃，还可"划龙舟"，现场学汉语等。巴塞尔州州长莫润说，三年前在巴塞尔几乎没有人知道中秋节，现在中秋节几乎成为巴塞尔的一个重要节日，它为瑞士人了解中国文化搭建了一个很好的平台。❶

（二）教育领域的互动交流

1. 留学生互派与高校教育合作

1999年3月，中瑞签署《中瑞1999—2001高等教育交流合作意向书》。2002年5月，双方确认，该意向书延长至2005年。2006年10月双方再次签署《中瑞2006—2008年高等教育合作备忘录》。根据该备忘录，双方每年互换18名奖学金学生，其中有10名联邦奖学金学生，8名州立奖学金学生；中方每年向瑞方提供18个政府奖学金名额和30个免学费留学名额。2007年双方签署《中瑞2008—2011年科技合作备忘录》。2012年9月，中

---

❶ 旅居瑞士的华侨华人与瑞士当地人共庆中秋，国际在线，2012 – 10 – 01，http：// gb. cri. cn/27824/2012/10/01/5951s3873691. htm.

瑞再次签署《中瑞高等教育合作备忘录》。

中国自 1978 年开始向瑞士派出留学人员。截至 2012 年，在我国驻瑞士使馆教育处登记注册的留学人员约 2000 人。自 1963 年开始中国接受瑞士留学生，截至 2006 年共接收了 601 名瑞士奖学金来华留学生。此外，中瑞高校之间每年互相邀请教授、学者讲学或合作科研。瑞士国际学术交流活动较多，每年举办很多国际学术会议，中方亦有相当数量的代表与会。瑞士共有 12 所大学和 7 所高等专业学院，目前均与我国相关大学和科研机构签署了校际交流协议或科研合作协议❶，详见表 1。

表 1 中瑞高校/科研机构的主要合作

瑞士高校	与中方合作单位	合作领域
苏黎世高等工业大学	东南大学、清华大学、同济大学、国家地震局	建筑学、地震科学
洛桑高等工业大学	西安交通大学、清华大学、四川大学、中国农业大学、长春光机化学所	化学、机械工程、土木工程学
洛桑高等工业大学能源研究所	上海交通大学、同济大学、上海理工大学、沈阳农学院	能源研究
洛桑大学	南开大学、清华大学、中科院上海有机化学所	化学领域
洛桑大学药学院	南京大学医药生物技术实验室	医药生物技术
日内瓦大学	上海外国语大学	法语、德语语言文学
伯尔尼大学	上海外国语大学	法语、德语语言文学
巴塞尔大学	北京理工大学	物理材料科学
日内瓦大学	北京理工大学	物理材料科学
伯尔尼大学	东南大学	医学
伯尔尼大学	河北师范大学	哲学

资料来源：中华人民共和国驻瑞士联邦大使馆网站。

2. 汉语教学与文化推广

2011 年 11 月 8 日，第一座孔子学院在瑞士日内瓦莱芒湖畔的日内瓦大学成立，标志着中瑞两国人文交流进入新阶段。日内瓦大学孔子学院与中

---

❶ 教育交流：中国与瑞士教育合作与交流概况，中华人民共和国驻瑞士联邦大使馆网站，2012－2－10，http：//www.fmprc.gov.cn/ce/cech/chn/jysw/t903788.htm。

国人民大学合作创办，借助于日内瓦的国际化优势，近两年来，其积极与日内瓦的国际组织开展合作，推广传播中国文化，促进中西文化交流。其承担的主要职责包括为瑞士当地提供汉语教学服务，为本土学生开设汉语学习课程，为研究中国问题的学者和机构服务，组织汉语水平考试，推广传播汉语文化的相关展览和竞赛活动等。2013 年 1 月，日内瓦大学孔子学院召开了"四个视角下的所有权"法学研讨会，这是日内瓦孔子学院成立以来最大规模的学术活动，共有来自中国人民大学、悉尼大学、哈佛大学和日内瓦大学的 26 位与会学者进行了 19 次专题发言。❶ 2013 年 6 月 10 ~ 14 日，日内瓦大学孔子学院举行了首次瑞士本土师资培训，吸引了来自瑞士日内瓦、苏黎世、洛桑等地以及法国、德国等国家，共计 42 名一线汉语教师参加。❷ 2013 年 9 月 21 日，瑞士第二所孔子学院在巴塞尔成立，这座孔子学院由华东师范大学和巴塞尔大学合作创立。巴塞尔大学孔子学院的建立将为中瑞人文交流搭建一座友谊之桥。

（三）地方政府之间的文化交流活动

1982 年 2 月，昆明市与瑞士的苏黎世市结为友好城市，开启了中国与瑞士的友好城市合作。截至 2013 年 6 月，中国已经和瑞士的 5 个州 6 个市共 11 个地区结成了友好城市或友好省州（详见表 2）。这些地方政府以友好交流为宗旨，不断推动和深化双方在各领域的务实合作，通过互相参与和支持对方举办的大型活动来进行文化交流，有力地补充了两国之间的文化交流。例如，截至 2013 年，在杭州市政府与卢加诺市政府的支持下，成功地举行了六届学生互访交流活动。2013 年的活动由杭州高级中学、杭州二中和杭州长河高级中学共同承办，迎来了来自卢加诺市的 3 名老师和 15 名学生组成的师生文化交流团，双方学生通过丰富的交流活动亲身感受到了不同国度多元、多样的历史与文化。❸

---

❶ 瑞士日内瓦大学孔子学院召开法学研讨会学术活动，中国新闻网，2013 - 2 - 1，http：//www. chinanews. com/hwjy/2013/02 - 01/4542049. shtml.

❷ 日内瓦孔院首次本土师资培训成功举行，汉办，2013 - 6 - 27，http：//www. chinese. cn/hanban/article/2013 - 06/27/content_ 501836. htm.

❸ 2013 中瑞（杭州—卢加诺）学生文化交流活动在杭高拉开序幕，浙江省杭州高级中学，2013 - 4 - 03，http：//www. hanggao. net/news/index. php？ func = detail&detailid = 3046&catalog = 060102&lan = cn&search.

表2 中瑞友好城市/省州一览

中国城市	瑞士城市	签约时间
昆明市	苏黎世市	1982 - 02 - 17
长沙市	弗里堡市	1994 - 06 - 10
北海市	卢加诺市	2004 - 12 - 18
上海市	巴塞尔州	2007 - 11 - 19
黄山市	因特拉肯市	2008 - 10 - 03
甘肃省	索罗图恩州	2010 - 04 - 02
江苏省	卢塞恩州	2011 - 04 - 26
香格里拉县	阿罗萨市	2012 - 08 - 16
杭州市	卢加诺市	2012 - 10 - 12
山东省	阿尔高州	2013 - 04 - 15
重庆市	苏黎世州	2013 - 04 - 26

资料来源：中国国际友好城市联合会网站。

二、瑞士在中国开展的文化交流项目

(一) 瑞士官方组织的文化交流项目

近年来，瑞士官方组织的文化交流项目也为越来越多的中国民众了解和认识瑞士提供了一扇窗口。瑞士官方的文化外交主要由三个机构负责，分别是瑞士联邦文化委员会、瑞士外交部和瑞士文化基金会。其实前两个是官方机构，第三个属于联邦政府下设的一个半官方非营利机构。瑞士文化基金会于1939年在苏黎世成立，资金来源于瑞士联邦文化委员会的拨款，其主要为在海内外推广瑞士本土当代艺术提供资金，并为世界范围内的瑞士对外艺术文化交流提供契机。❶

2008年11月，瑞士爱瑞文化基金会与中瑞文化机构、高等院校合作，在两国多个城市举办了为期两年的文化推介活动，在中国启动了《中瑞创

---

❶ 瑞士文化基金会向世界推广本土文化，2013 - 05 - 02，http：//news. 99ys. com/20130502/article - 130502 - 127410_ 1. shtml.

新艺术》文化交流项目，以进一步深化两国文化交流。此项目在推动中瑞两国艺术家在视觉艺术、音乐、舞蹈、电影、文学等众多领域的文化交流上取得了很大成功。这些项目活跃于上海世博会、中瑞两国的大学、各大艺术节和博物馆。正是由于项目的顺利开展，瑞士文化基金会最终决定于2010年10月15日在上海设立驻外联络办公室，以进一步支持并推动中瑞艺术文化的长期交流。❶ 上海办公室作为瑞士文化基金会海外分支中最年轻也最具潜力的一个办公室，负责基金会在整个中国大陆和中国香港、澳门的文化活动。从2010年10月成立至今，上海办公室已成功举办过数十个大型项目。

瑞士官方举办的文化交流活动主要包括音乐和戏剧等相关文艺团体的交流演出，摄影、绘画等相关艺术形式的展览，以及其他一些贴近生活的文化宣传活动。2009年瑞士弗里堡岚德威军乐团赴华巡回演出。2010年，瑞士在中国举办了"爱因斯坦展"、"东西合璧的剪纸艺术展"和"幸福60年摄影展"。2012年3月2日至6月17日，来自瑞士的世界最大规模的"爱因斯坦展览"在武汉科技馆展出。同年4月，巴塞尔乐团首次访华，演绎"古乐版"贝多芬。2012年，由瑞士阿尔卑斯水墨艺术基金会和中国美术家协会共同主办的"水墨阿尔卑斯——中国当代国画精品展"在北京荣宝斋美术馆展出，共展出以瑞士阿尔卑斯山风光为主题的39幅国画作品。

此外，瑞士还通过其他多种形式宣传该国文化。2012年4月7日，瑞士红酒代表团来到杭州，在中国茶叶博物馆参加了以"春之邂逅——茶与红酒的对话"为主题的交流活动。在现场，中瑞双方代表分别作了展示，重新定义了茶与酒的文化，更让杭州市民真正亲密接触到了中国名茶和瑞士红酒。❷

2010年上海世博会期间，瑞士馆更是为中国民众了解和认识瑞士进行了一次集中展示。展馆由底层展厅营造的都市空间和馆顶的自然空间组成。观光缆车往返其间，给人以在城市和乡村之间悠游的身临其境的美好感受。整个建筑充分体现了城市和乡村相互依存、互惠共生的关系，强调人类、

---

❶ 瑞士文化基金会在上海设立首个中国办公室，进一步加强中瑞两国的文化交流，2010 - 10 - 13，http：//www. artspy. cn/html/news/3/3707. shtml.

❷ 瑞士文化：茶与酒在杭州邂逅龙井迎来瑞士红酒团，中华人民共和国驻瑞士联邦大使馆网站，2012 - 4 - 9，http：//www. fmprc. gov. cn/ce/cech/chn/errorpath/t921321. htm.

自然与科技的完美平衡。该场馆的造型给人们描述了一幅未来世界的轮廓。瑞士在展馆中向中国民众展示了其节能环保的理念和高科技支撑的城市元素。❶

（二）以旅游项目带动的文化推广

瑞士作为一个山地国家，山清水秀，风光旖旎，森林面积占瑞士国土的三分之一。多种多样的地形地貌、千变万化的自然景观、古老城镇和乡村的文化魅力，冬日滑雪的别样特色，构成了瑞士丰富的旅游资源。旅游已经成为瑞士的一张国家名片。瑞士的旅游业十分发达，是仅次于机械制造、化工医药外的第三大行业。大约有25万瑞士人从事着和旅游相关的产业。2012年，瑞士拥有旅馆4742家，床位24.7万张。2012年游客过夜为3477万人次。主要旅游点是苏黎世、日内瓦、卢塞恩和洛桑等地。

1998年5月，中国国家旅游局在瑞士苏黎世设立旅游办事处。1999年3月，瑞士国家旅游局北京办事处成立。而中国人赴欧洲游一直到2004年才开始解冻。2004年6月，中瑞双方签署《关于中国旅游团队赴瑞士旅游及相关事宜的谅解备忘录（旅游目的地国）》，使中国旅游团赴瑞士旅游迈出了实质性的一步。从2004年9月1日起，全国528家拥有出境权利的组团社可以正式开展中国公民赴欧洲27个国家的团队旅游业务。2013年7月，中瑞签署《自由贸易协定》，瑞士专家和媒体普遍认为，瑞士的旅游业将从与中国的自贸协定中受益。

近年来，中国出境游客数量快速上升。相对于中国出境游总人数，尽管目前大陆游客前往瑞士人数还相对较少，但日益增长的势头却让瑞士旅游业将中国大陆视为重要的战略发展市场。据估计，2011年赴瑞士旅游的中国大陆游客为35~40万人。根据瑞士联邦统计局2012年发布的数字，2011年中国大陆游客在瑞士旅馆过夜为67.72万夜，较2010年增长了41.8%。按照这一标准计算，2011年到瑞士旅游的中国游客数量首次超过日本游客，中国也成为瑞士旅游业在亚洲的最大目标市场。2012年，中国游客在瑞士停留已近84万夜次，同比增长近25%，中国已经成为瑞士旅游海外第六大客源市场。2013年6月，中国大陆赴瑞游客入境达7.1万人次，

---

❶ 2010 上海世博会瑞士馆介绍，http://www.expo2010.cn/c/gj_tpl_1880.htm.

同比增长 32%；过夜数达 9.1 万，同比增长 29%，是全球增加最多的游客群体。中国大陆游客在瑞停留时间平均为 1.3 天。❶

自 2012 年 2 月 12 日起，瑞士国际航空公司新增每日北京至苏黎世直飞航班，以此为契机，瑞士旅游局自 2012 年 2 月 23 日至 3 月 9 日在微博上发起了"瑞士触手可及"全民贴纸活动。在半个月的活动期间，有 11000 人参与此项活动，一共收集到 3000 张有效的参赛图片。此次活动瑞士国家旅游局旨在通过贴近游客的贴酷活动让中国游客了解多元化的瑞士，体验个性丰富的瑞士旅行。通过微博这一互动性和时效性的平台，瑞士旅游局有效地宣传了瑞士的国家文化，得到了良好的反响。❷

为方便中国游客，瑞士国家旅游局正在与瑞士联邦政府签证部门合作，简化签证程序，让更多中国大陆游客有机会来瑞士。瑞士国家旅游局还利用在中国较有影响力的网站，通过微博向中国公众介绍瑞士的方方面面，让他们更好地了解瑞士。目前，中国游客到瑞士以观光、购物为主，在瑞士停留 1~3 天。不过，近几年赴瑞士疗养和进行户外运动的中国游客明显增加，冬季滑雪游热度明显增温。瑞士旅游业界正与中国较有实力的旅行社合作，力争吸引大陆游客将瑞士作为前往欧洲旅游的第一站，希望他们在瑞士停留更长时间，并向他们介绍此前涉足不多的东部和南部一些旅游地区。

（三）借助国际组织推广瑞士文化

瑞士是拥有全世界最多的国际组织总部的所在地。而瑞士的日内瓦是拥有国际组织最多的城市。在日内瓦的国际组织包括联合国欧洲总部、世界卫生组织、国际劳工组织、世界知识产权组织、国际电信联盟、世界气象组织、联合国难民署、国际红十字会、万国邮政联盟和国际劳工组织等国际组织和各种代表机构 160 多个。瑞士国泰民安、环境优美、教育发达、中立的政治地位，吸引了众多的国际组织。而国际组织的到来也让瑞士收获颇丰。除了巨大的经济收益以外，瑞士的国际知名度和美誉度也享誉全

---

❶ 瑞士旅游业复苏——中国赴瑞游客增长最多，环球资讯，2013 - 8 - 8，http：//www. traveldaily. cn/article/73434. html.

❷ "中国赴瑞士旅游人数持续上涨，微博活动激发热情"，中国网，2012 - 4 - 6，http：//travel. china. com. cn/txt/2012 - 04/06/content_ 25077759_ 2. htm.

球。各种关于国际组织的新闻，都让中国民众加深了对瑞士，特别是对日内瓦的认识和了解。

瑞士是一个多元文化的国家，有德语、法语、意大利语和罗曼语四个语区，而众多国际组织的到来更是让瑞士成为全球多元文化交织的重镇。在这样的环境之下，瑞士推广其本国文化就更具有语言上的便利。同时，众多国际组织的落户也意味着国际媒体的大批云集，每一件发生在国际组织内的新闻都可以通过媒体的放大效应使得"瑞士"这一名词不断出现在各国民众的眼前。国际媒体的纷至沓来又让瑞士本国的文化推广，即使不出国门也可名动世界。这样的便利条件也促使了瑞士政府更加欢迎国际组织落地该国，从而为全球媒体报道国际组织的新闻时，给瑞士本国文化以"搭便车"之便。瑞士政府鼓励通过国际组织的存在而对瑞士文化起带动推广作用，并鼓励更多的国际组织落户瑞士。

三、中国与瑞士文化外交的特点与问题

（一）中瑞文化外交的特点

1. 2005 年以后两国文化外交活动逐年上升

从 2005 年之后，两国文化外交持续升温，已经形成了一些持续性的文化交往活动，例如 2006 年开始的卢塞恩中国春节民俗音乐会，2011 年开始的巴塞尔中秋节活动等都在持续进行，并且越来越多地吸引着当地民众。中瑞双方文艺团体的交流互访和博物馆、美术馆的交流布展活动也越来越频繁，展览内容也从中国历史、瑞士风光逐步扩大到两国多方面的情况展示。文化交流正从文艺演出向大规模综合性的文艺节的形式扩展。

近 10 年来，两国持续性的文化交往活动包括：连续 8 年进行的卢塞恩中国春节音乐会；从 2007 年开始，瑞士"中国节"连续六届与瑞士民众见面；连续 3 年举办的巴塞尔中秋节活动。"感知中国"系列活动也在瑞士境内连续举办。从 2005 年沿续至今的瑞士日内瓦艺术节，中国主宾国都成为该艺术节吸引公众眼球的靓点。从 2004 年开办赴欧旅游业务以来，两国间的旅游交流逐年升温，2012 年有超过 60 万中国人来瑞士旅游，超过 1% 的

瑞士公民赴华旅游。2005 年以来，两国友好省州关系增长将近 300%。

2. 双方各有传统文化品牌和名片

在文化交往形式和范围逐步扩大的基础上，双方的文化外交正在逐步形成自身的特色。当提到中国文化时，中国饮食、民族音乐、茶、书法、国画等都构成了瑞士人对中国的印象；而在中国民众的眼中，瑞士的湖光山色、国际化、中立、和平、环保、高科技等也成为瑞士的"国家名片"。在双方更广层面和更深层次的交流中，两国的文化特色也会逐步凸显，并为两国民众所认知。

例如，饮食作为中国文化外交的品牌项目，一直是中国政府举办"感知中国"对外交流的主打项目。2013 年 8 月 27 日，为弘扬中华优秀饮食文化，促进中华饮食文化的交流与融合，中国国务院新闻办公室、中国常驻联合国日内瓦办事处在日内瓦万国宫举办"感知中国"瑞士行欢迎招待会。豫菜名厨世家第五代传人陈伟等四位国宝级的中国烹饪大师应邀远赴瑞士登场献技，将中华饮食文化再一次带到国际舞台上展示。联合国日内瓦办事处主任托卡耶夫、中国常驻联合国日内瓦办事处和瑞士其他国际组织代表团副代表吴海涛大使、世界卫生组织总干事陈冯富珍等 200 多位联合国、中国官员出席招待会。与会人员均对该次活动中的中国美食给予了高度赞扬。

3. 文化外交逐步向多层次公共外交扩散

两国的文化外交正在逐步从政府层面上开展的文艺团体交流，扩展到多层次的公共外交方面。早期的两国文化外交主要是来自政府层面推动的文艺演出、展览参观、高校合作、体育赛事等形式，而目前更多地向更广泛的公共外交层面拓展。民间友好组织、地方合作、高校合作等都成为公共外交的主角。由两国政府支持的双方高校、科研机构的合作为两国年轻人和科技交流搭建了很好的平台。地方友好关系也在 2007 年以来增加了 8 对，共达到了 11 对，友好城市/省州之间的交流也有力地补充和丰富了两国之间的文化交往。以瑞士英特拉肯中学和北京二中结成的友好中学为代表的校级关系也成了高校之外的教育领域合作的补充。2002 年，瑞士少女峰和中国黄山结为友好姊妹峰。在中欧旅游论坛上，拉萨市多次被评为"游客最喜爱旅游城市"，布达拉宫被评为"游客最喜爱旅游景点"。同时，通过旅游文化和中国媒体越来越多地对存在于瑞士的国际组织的报道，使得中国民众接触瑞士文化的渠道更加多元化，受众也急剧增加。

（二）两国文化外交存在的不足

1. 瑞士文化项目在中国直接受众较少

由于两国巨大的人口和领土面积差异，使得在相互的文化交往中难以做到真正对等看待。相对中国来说，瑞士的国家规模和财力较小、精力较少，在中国的文化外交覆盖面很有限，只能发挥"以点带线"的作用。瑞士在中国举办的文化活动主要集中在北京、上海等大城市，少部分在重庆、武汉、杭州等城市，还有一部分在中国高校范围内。所以，瑞士在中国开展的文化交流活动的直接受众比较少，关注瑞士文化的群体主要来自一线城市、社会上层、高校学生等精英人士，对于中下社会阶层的影响力比较小。中国民众接触到的瑞士文化更多的是通过大众媒体的传播。瑞士对华文化外交难以做到大规模覆盖和产生强烈影响力。

据不完全统计，近 10 年来瑞士在华举办的文化交流活动云集北京，仅有极少数安排在上海、广州、重庆、武汉、杭州、西安等城市。两国之间的高校合作主要集中在北京、上海，剩下的零星分布在成都、沈阳、天津、南京、西安和石家庄等个别城市。其他地区就很难覆盖到。此外，大部分文化活动的直接参与人数并不多，仍然是以观影、观展、旅游、学术交流等形式为主，相比较于中国庞大的人口基数，这样的直接受众还是太少。

2. 瑞士对华文化外交独特性不明显

尽管瑞士和其他欧洲国家相比，具有中立性、国际组织众多、政治经济稳定等特点，但是在大多数中国普通民众眼中，人口和领土等基本国家构成要素在欧洲并不显著的瑞士，在两国传统交往中并没有"令人印象深刻"的事件的情况下，仍然与其他欧洲大陆国家区分度不大。在中国民众眼中，瑞士的高国民收入类似于卢森堡、荷兰、比利时等西欧富国，高福利制度近似于挪威、瑞典等北欧国家，山河秀美的环境在奥地利等中欧国家也可以看到，品牌云集和金融中心的概念更是埋没于英、法、德等欧洲大国之中。因此，瑞士的环境优美、政治稳定、注重环保、高福利、现代化、高科技等特点相对其他国家来说差别并不大，难以做到让中国民众对瑞士产生鲜明而独特的感受。

据一份瑞士官方所做的民意调查显示，在中国人眼中，瑞士的形象和符号是：高质量的生活水平、稳定的政治体系、杰出的环保以及完善的教育系统。但是值得注意的是，这些特征并非瑞士本身所独有，中国人评价部分其他欧洲国家时依旧如此。实际上，瑞士与其他欧洲国家的差异还是比较明显的，因此瑞士对华的文化外交需要深入挖掘一下有别于其他欧洲国家的独特之处，并将其展示给中国观众。否则，中国民众难以形成对瑞士"质"的方面的独特认识，更多的只能是相对于其他欧洲国家"量"的比较变化。

3. 中国对瑞士文化外交形式内容多样，但成效单一

中国在瑞士开展的文化外交形式和内容趋于多样，但仍然主要着眼于传统文化的宣传，例如文物展览、京剧等传统艺术形式展演、传统建筑、名胜古迹和特色景点、中国传统美食、独具特色的民族音乐、传统节日和民俗、书法、绘画、茶文化等方面，而对当今中国的风貌展示效果不佳。瑞士民众对中国的印象更多的是"古老的中国"。

近年来，尽管包括芭蕾舞、交响乐、电影、戏剧、绘画等艺术形式也在中瑞两国的交往中如火如荼地展开，但是作为舶来品的这些艺术形式，很多在中国仍然没有形成我们自己的特色，因此难以使得这些艺术形式交往在两国民众心中产生持久影响力。瑞士民众对于这些内容感受不深刻，不如"古老的中国"带来的印象深刻。

此外，虽然也出现了对于当代中国经济建设成就、当代中国艺术等方面的展览和艺术交流，但由于中瑞两国在价值观和意识形态领域的差距，以及目前中国在解决国内问题方面存在的诸多不足，使得当代中国文化的传播反响比较弱。值得注意的是，由于瑞士民众对于中国西藏问题和人权问题的高度关注，使得两国在藏学研究、藏族艺术和西藏地区的教育医疗援助方面的合作交流较为频繁。

4. 双方文化外交投入较少

由于瑞士国土面积和人口均比较少，在欧洲属于中等国家，所以，该国在中国文化外交中并不占据主要位置。中国在与瑞士的文化外交活动中投入的物力、精力和财力并不多，而且官方主办的文艺团体交流审批手续

烦琐。这些也制约了瑞士民众对于中国文化的了解。近 10 年来，中国与欧洲国家先后举办过 2003～2005 年中法互办文化年，2006 年在中国的意大利文化年、俄罗斯国家年，2007 年在中国举办的西班牙年、希腊文化年和在俄罗斯举办的中国国家年等。但是，两国至今没有搞"中国文化年"或"瑞士文化年"。相较于其他同规模的国家，中国在对瑞士的文化外交方面的投入比较小。而瑞士由于政治体制的原因，也难以组织大规模的官方举办的文化交流活动，而是更多地依靠民间组织进行文化交流，相对而言覆盖面和投入就更加小。

中国在全球开设了 300 多所孔子学院，而在世界经济 20 强的瑞士仅有 2 所（第二所于 2013 年 9 月刚刚开办）；目前超过 20 万外国留学生在华学习，而 40 年来瑞士来华留学生总计只有 600 人左右。2013 年上半年，瑞士酒店过夜数为 1.7 亿，平均每月逾 3000 万人，而中国游客只占其中的 0.3% 左右。总体而言，双方在文化外交方面的投入相较于两国的经贸往来而言比例仍然较小。

四、结语

中国和瑞士两国于 1950 年 9 月建立外交关系。1980 年 10 月 1 日，中国珍宝展在苏黎世艺术博物馆展出，开启了新时期两国文化外交的序幕。从 2005 年 8 月，中国作为主宾国参加瑞士日内瓦节开始，两国文化外交逐步升温。两国官方举办的交流包括文艺团体的互访演出，博物馆、美术馆的交流布展，电影推介，文化节形式等。高校合作、友好城市和语言教学也成为文化外交的有机组成部分。瑞士通过自身的旅游资源和国际组织众多的优势有力地宣传了自身文化。近年来，两国文化外交的热度和频率逐年上升，影响逐步增大。文化外交形成了各自的特色，瑞士的湖光山色和中国的饮食等都是"国家名片"。文化外交逐步从国家层面向越来越广泛的多层次的公共外交扩散。双方文化外交的不足之处在于瑞士的文化外交在中国直接受众仍然较少，难以做到大规模覆盖和产生较大影响。相比于欧洲其他国家，中国民众难以做到对瑞士的独特认识。瑞士在中国文化外交中并不占主要地位，中国在瑞士的文化外交方面投入较少，中国的其他文化相对于传统文化宣传方面处于弱势地位。

有鉴于上述情况，针对中瑞两国文化外交的建议主要有如下三点。

1. 由"政府举办"转向"政府主导"

中国对瑞士的文化外交手段应该更加平民化，简化审批手续，由政府牵线搭桥，给予政策支持，鼓励更多的艺术团体进行民间交往。同时，考虑到利用有限的资源鼓励更多的交流活动，应将政府主办的文化活动改为政府主导的文化交往活动，鼓励和支持更加平民化、多样化的文化交流形式，适当减少耗时耗力的大型的官办文化活动。

政府举办国家形象展示活动，往往是很多发展中国家宣传国家形象的主要形式。但这种形式效率较低，比较浪费资源，例如在法国举办的中国艺术节就曾经出现过剧场没有人关注而不得不赔本赚吆喝的情况。目前在一些西方发达国家，企业和民间团体正越来越多地取代国家成为举办文化活动、展示国家形象的重要角色。政府在文化外交中应当起引导的作用，积极引导和支持社会组织和民间团体开展对外文化活动，从而达到更好的"秀"的效果。

作为民间团体开展的对外交往活动，瑞士"班得瑞"的案例就为我们提供了很好的借鉴。"班得瑞"音乐团体是瑞士音乐公司旗下的一个音乐项目。自从 1990 年发行第一张专辑以来，目前已经累计发行了 13 张专辑。作为新纪元音乐的代表，"班得瑞"乐团的作品主要以环境音乐和冥想音乐为主。自 1998 年台湾开始引入"班得瑞"轻音乐的专辑并在华语地区发行后，立即风靡整个华语文化圈。作为拥有大量乐迷的班得瑞音乐也将来自瑞士的优美湖光山色从音乐中传递给中国听众，这对于瑞士旅游资源的潜移默化的宣传功不可没。这种通过文艺团体自身吸引力而进行的文化宣传要远比单纯的官方宣传更有影响。中国目前这样的文艺团体还比较少，做得比较出色的如将流行音乐和中国民乐结合演奏的"女子十二乐坊"。今后，我们应该鼓动更多像"女子十二乐坊"这样的演出团体"走出去"，通过其本身的音乐魅力来打动和感染瑞士民众，使其了解中国。

2. 增强文化外交的持续影响力

中国在对瑞士的文化外交中，更注重文化元素的展示，而往往较为忽略文化交流背后的物质内容。传统文化带给瑞士民众更多的是一种文化符号的眼前一亮，这样的文化交流持久度有限。今后中国在进行文化交流的同时，应该学会更多地利用市场因素，将文化的生产消费同市场连接起来，正如好莱坞电影在文化宣传和商业行为之中的双重属性一样。如果文化产业化能够使得瑞士民众在认可中国文化的基础上刺激文化产业的消费欲望，则能更好地持续文化外交的持久影响力。

中国的对外文化交流活动，更重视的是活动的规格、人数和反应等表面成果，较为忽视其中的经济效益，这样的文化外交很难形成内在的交流动力。而相比较美国"无为而治"的文化政策，尽管其没有官方的文化外交活动，但是由经济作为内在推动力推进的文化产业化使得美国成为全球文化外交最成功的国家。

法国和美国在文化外交中恰好是位于两极的两个案例：法国的文化外交作为一种防御型的文化外交策略，更多地强调了官方主导的、对于其本国文化和法语文化的保护性政策；而美国的文化外交作为一种扩张性的外交策略，更多地依靠了市场的作用，尽管没有政府层面的明确主导，但在市场机制的作用下，在文化外交市场上"攻城掠地"，占领了世界文化话语权。在中国当前的国际环境定位下，需要更多地向美国学习其文化外交的先进经验，使自己的文化魅力不断地扩散，吸引其他国家了解并认同中国文化，从而形成较为持久的影响力。

3. 认真修炼"内功"，大力传播中国传统与当代文化精华

清华大学周庆安教授曾经提出："提高软实力，重点在国内。"任何国家的文化软实力传播都与本国当前的主流文化息息相关。文化传播的基础在于国内政治、经济和社会发展水平，这也是软实力的核心所在。文化传播的形式固然重要，然而文化外交的内容才是关键所在，有架子而无内容必然难以为继。如果没有这些核心竞争力，就必然会出现"巧妇难为无米之炊"的现象，而当前中国核心价值体系的缺失，对于主流文化认同的减弱，也反映了中国在文化外交方面的薄弱之处。

伴随着中国经济的迅猛发展，文化作为中国的软实力，也需要得到全球认可。而开展与其他国家的文化交流来增强软实力，首先则是要有能够支撑对外传播的内部能力。因此，如果希望在对瑞士的文化外交中更好地得到瑞士民众的认可，在两国价值观和意识形态存在差距的情况下，中国则应该注重修炼内功，完善国内的社会建设，提高本国人民素质和政府效

率。把内部问题解决好，才能让人家信服和接受中国文化，才能提高自身的国际影响力。与此同时，大力挖掘中国传统文化精华，将其中的先进价值观与当代世界先进价值观相融合，寻找与瑞士主流价值观的契合点，用喜闻乐见的形式传播出去。让中国的文化外交在形式多样的基础上，内容不断翻新，从而保持中国文化的长久生命力。

（袁昊，清华大学国际关系学系硕士研究生。）

第三部分

中欧高等教育合作项目
对中国学术界的影响

王 亮

中国—欧盟高等教育合作项目是发生在 1997～2001 年的中国—欧盟高等教育合作项目（第一期）与发生在 2004～2008 年的中国—欧盟欧洲研究中心项目（第二期）的总称。这个项目是 1949 年以来，在中国国际问题研究乃至社会科学研究领域的最大的一次外来资助合作项目，对中国的国际问题研究尤其是欧洲问题研究产生了深远的影响。

关于这两期项目，欧盟最初的设想是以高等教育援助的名义和方式执行，但是中方要求必须按照发展合作项目模式来开展，欧方最终采纳了中方的意见。由于该项目是以欧盟为援助方与中国合作开展的，因此在课题选择导向上倾向于选择欧盟整体而不是各个成员国作为研究对象（各个成员国的研究由各国自行与中方合作并资助），因此这两个项目直接关系到中国学术界对欧盟的认知的变化。

中欧高等教育合作项目从性质上看，属于官方发展援助的文化援助，也可以视为欧盟对中国文化外交的一部分，欧盟力图通过对中国知识分子和精英阶层的影响，实现其对华外交的重要利益诉求。作为这种工作的延续，2012 年欧盟推出了欧中人文交流机制。

两期中欧合作项目，可以视为中国的欧洲研究进入新的时期的重要标志❶。对于中国的欧洲研究、中国对欧盟外交政策制定乃至整个中欧关系都产生了重大影响，然而，迄今为止，国内外学术界尚未见到对此重大项目进行深入、系统的学术研究成果。欧盟委员会在第一期项目完成之后，曾

---

❶ 戴炳然. 中国的欧洲研究 [M] // [美] 沈大伟，[德] 艾伯哈特·桑德施耐德，周弘，等. 中欧关系：观念、政策与前景. 北京：社会科学文献出版社，2010：110.

出版了一部项目报告："EU – China higher education cooperation programme ：programme report （1997—2001）"，该报告系统地总结了整个项目执行期间的具体情况，包括人员来访、资金使用、具体项目分配等多个方面。但中方管理部门没有出版、总结这一项目情况的研究报告。

关于第一期中欧高等教育合作项目，中国学者门洪华的文章《关于中国国际关系研究现状的评估报告》❶ 在分析中国国际关系研究中的地区研究中提及；刘文秀的《中国—欧盟"全面伙伴关系"的内涵与定位》❷ 在分析中欧文化关系时提及。关于第二期项目，郭关玉的《中国—欧盟合作研究》❸ 在分析中国与欧盟文化合作中提及；郦莉的《评析欧盟国际合作研究项目的管理体系与理念》❹ 从科研管理的角度分析了第二期项目。中国社会科学院欧洲研究所每年（1997—2012 年）出版的《欧洲蓝皮书》（社会科学文献出版社）/《欧洲发展报告》关于中欧关系的主题报告中有关于第一期项目和第二期项目的相关介绍。已有的关于中欧高等教育合作项目的研究文献大多是介绍性的，基本没有研究这两期项目对中国学术界产生的影响，本文试图从这一角度深入分析中欧高等教育合作在中国学术界产生的实际效果和影响。

一、中欧高等教育合作项目的运作方式

1996 年 5 月，在中国对外经贸部（现为商务部）副部长孙振宇和欧盟委员会副主席布里坦爵士会晤时，他们分别代表中欧双方官方，签署了《中欧高等教育合作项目》财政协议及其行政管理附加议定书。此后由于种种原因，中国执行方转为教育部，由教育部社会科学司和国际合作司具体承担了对该项目的管理和领导责任，并委托中国人民大学欧洲研究中心全面负责项目的启动和实施。该项目的欧方代表为欧盟委员会。中欧高等教

---

❶ 门洪华. 关于中国国际关系研究现状的评估报告 [J]. 欧洲, 2002 (3).

❷ 刘文秀. 中国—欧盟"全面伙伴关系"的内涵与定位 [J]. 山东大学学报：人文社会科学版, 2002 (2).

❸ 郭关玉. 中国—欧盟合作研究 [M]. 北京：世界知识出版社, 2006：128.

❹ 郦莉. 评析欧盟国际合作研究项目的管理体系与理念 [J]. 中国社会科学院研究生院学报, 2009 (1).

育合作项目（第一期项目）斥资 975 万埃居，按照当时汇率计算折合 1 亿元人民币，这在 1949 年以来的中国国际问题研究领域里是非常罕见的。该项目从 1997 年正式运行，一直持续到 2001 年。

2004 年 3 月 15 日，时任欧盟委员会主席的普罗迪，在访华期间与中国政府签订了中国欧盟项目（ESCP）的相关协议文件从而启动了中国—欧盟欧洲研究中心项目，该项目共投资 1107.21 万欧元，其中欧盟援助 1032.81 万欧元，该项目从 2004 年开始一直持续到 2008 年。该项目的目的主要为三个方面：第一，继续支持在中国的高等学校中开展欧洲研究，巩固对欧盟和欧洲国家的了解和熟悉程度。第二，加强中欧高校之间的联系，促进学术交流。第三，持续的学术合作为未来持久而深入的高等教育方面的合作奠定基础。这个项目执行机构为中国社会科学院。在这一为期四年的政府间合作项目支持下，近 400 名从事欧洲研究与教学的中国学者、教师和研究生前往欧洲学习和考察，17 个欧洲研究中心组织了 20 次国际会议和 80 多次学术研讨会，出版专著 50 多部，发表论文 100 多篇。该项目还资助建立了两个欧洲研究学术书库，并对中国欧洲学会网站和数据库建设提供了帮助。

第一期项目最初由对外经贸部（现为商务部）签署协议后，因领域不对口而将其转交教育部负责。教育部委托当时的中国人民大学欧洲问题研究中心承接此项任务，并成立了项目专门办公室。随后以项目办公室的名义，向全国高校进行学术"招投标"工作。欧方代表参与到项目办公室活动中，主要对学术选题和资金使用把关，具体的选题由哪些单位或个人负责主要由中方项目办公室来确定，因此前文所述的选题方面实际上是由中欧双方负责单位共同把关的，人力资源使用方面中方占主导，援助资金方面欧方占主导，中方项目办公室主要是执行者。

第二期项目的基本框架及运作模式与第一期项目大体保持一致，在第一期项目的基础上有了新的改进和调整。例如，为适应中国已经进入互联网时代的大背景，第二期项目的中方承办负责单位——中国社会科学院欧洲研究所，除了在该单位经常办公地点外专门设立项目办的独立办公场所外，为项目还开辟了专门的网站——中欧欧洲研究中心项目官网（http://www.escp.com.cn）。由于第一期项目的主题是高等教育合作，当时的项目办公室既接受单位申请，也接受个人的申请。到了第二期项目，由于项目的主题是欧洲研究中心，因此申请方原则上是各高校和科研单位的欧洲研究中心以及准备建立欧洲研究中心的高校等。

这两期项目的运作方式与中国以往的科研项目（如国家社科基金项目、教育部社科研究项目等）有较大的区别。在项目的构建方面，虽然这两期都是欧盟对外合作研究项目，但是两期项目都具有"本土化"的特点。由中方代表来充当中介，采用统一管理和选拔的方式，而不是由欧盟方面直接选择合作的社团法人和个人。这一点可以从欧盟举办此类项目的目的来理解，中国与欧盟这两期合作项目的目的在当时的欧盟法律以及欧盟委员会报告中均有体现。按照1992年的《欧洲联盟条约》（马斯特里赫特条约）第126条第三项规定："共同体与成员国，特别是欧洲理事会，应该发挥积极作用，应与第三国及相关的国际组织，就教育领域建立合作关系。"1995年欧盟委员会对华政策文件《欧盟中国关系长期政策》中也有这样的表述："欧洲以行动而非宣示性政策来加强与中国的关系。"❶ 值得注意的是，当时的欧盟还以自身的名义在联合国人权会议上发起反华议案，可是这里并未提到对华人权外交标准。在这里欧盟争取的是多种文明之间的理解、交流与合作。"国际合作项目是欧盟研究项目的重要组成部分，旨在加强世界对欧洲的认同和理解，是在尊重不同文化和信仰上的合作"，根据这样的目的，采取"本土化"的方式，有助于"最大化地实现思想层面的沟通和交流"❷。较之于欧盟同期的援助，主要是针对周边地区和发展中国家的经济援助（主要集中在非加太地区）。欧盟对中国的这两次文化援助项目并没有提出民主、人权、法治等此类的附加条件。

在项目选拔最优秀的承办人方面，采用了"标杆比较法"。所谓标杆比较过程一般分为四个部分：建立标杆比较执行团队、收集分析内外部数据、识别绩效差距、调整实施行动计划，最终实现达到或超越最佳实践的目标。❸ 为达到此目的，两次项目执行期间，都曾在全国范围内多次召开圆桌会议，采取竞标择优选拔的方式，在监督方面从项目启动之初就进行了

❶ "China Strategy Paper 2007 – 2013" [OL]. http：//www. eeas. europa. eu/sp/index_ en. htm.

❷ 郦莉. 评析欧盟国际合作研究项目的管理体系与理念 [J]. 中国社会科学院研究生院学报，2009 (1).

❸ Y. K. Shetty, "Aiming High：Competitive Benchmarking for Superior Performance" [J]. Long Range Planning, Vol. 2, 1993：42.

"主动监督"，这是国内类似的科研项目所不具备的。

从项目的操作过程来看，中国与欧盟合作的两期项目在经费使用上采取了严格的管理方法，确保实现投入和产出方面的最大收益。在每个具体项目从选拔到最优秀、最适合完成的团队时，就开始了严格的预算管理。两期中欧项目在申请指南中就严格区分了合理费用和不合理的费用，对固定员工薪酬、作者稿费、汇率波动等支出加以严格规定❶。有亲身经历过两期项目的中国学者曾认为这是"最严格的财务审查"，"细到核对每一张很小的票据"。每次圆桌会议其实也是对财务方面进行的一次审查，财务管理方面也采取了"全程管理"模式，如果实际支出与预算内容不符，同一预算线中的相同支出项目数字不超过 15% 的，可以通过口头方式告知管理办公室；如果超过预算线调整幅度的 15%，则需以书面方式向管理办公室提出申请，等待管理办公室报请学术委员会（AB）和指导委员会（CD）审批反馈后才能执行。如此严格的预算管理体现了欧洲在科研管理方面所具有的巨大优势的严谨性，确保了科学化管理，当然也在一定程度上增加了项目完成的时间、影响项目的效率。❷

除了以上所述外，在项目管理方面，两期中欧教育合作项目还采用了"生命循环"的思路，即将整个项目分为规划、论证、成文、执行和评审五个环节，并由此循环往复，既确保项目执行效果可以达到预期目标，也为未来的项目建立积累经验。

二、中欧高等教育合作项目对中国学术界的影响

中欧高等教育合作项目在中国产生了广泛的影响，尤其是对中方主办单位和参加单位产生了广泛的影响。两次中欧高等教育合作项目的开展对中国学术界关于欧盟的认知和欧洲一体化的认识产生了很大的影响。主要体现在以下几个方面。

---

❶ European Commission, "Guidelines for Grant Applications for Existing Centrals for European Studies Responding to the Call for Proposals for 2005 （ESCP/G003）" ［G］. *Budget line*：BGUE – B2005 – 19. 100200 – C8 – AIDCO, Feb. 6, 2006：10.

❷ 郦莉. 评析欧盟国际合作研究项目的管理体系与理念 ［J］. 中国社会科学院研究生院学报, 2009 （1）.

（一） 中国高校和研究机构开展欧盟研究的变化

在第一个项目运作期间，中国的欧洲问题研究取得飞跃式的发展，是欧洲研究成果最为集中的时期。从 1997 年 10 月第一个申请轮次启动到 2000 年 4 月最后一个申请轮次完成，第一期项目向 452 位中方学者提供访问欧洲的资助，批准了 142 个合作研究项目和 36 个课程开发项目。中国共有 14 个欧洲问题研究中心接受了项目资助，全面改善了技术装备和图书资料。在项目资助下，中国欧洲研究领域开始建立地区性和全国性的研究网络，召开了 36 次国际或全国性的学术会议，同时也扩大了与欧洲学者的经常性联系。据不完全统计，截至 2001 年 12 月项目宣布结束之际，参加项目活动的中国学者，已经完成和发表了 70 多部学术专著和 400 多篇高水平的学术论文，以及各种类型的研究报告和课题成果。在中国—欧盟高教合作项目的推动和支持下，中国的欧洲问题研究的规模实现了迅猛扩张，其成果的质量实现了大幅度的提升。

第二期项目结束后，全国高校普遍开设了欧盟或欧洲研究课程。以往开设欧盟研究方面课程的高校只有北京大学（国际关系研究综合性强）、复旦大学（国际关系研究以欧洲和美国问题研究为主）、外交学院（专业的国际问题研究高校）等几家。两次项目之后，全国几十所高校开设了欧盟或欧洲研究课程，为此还特意召开了欧洲研究地区统筹会议。此前中国学术界发表的欧盟研究的学术论文、专著和论文集较少。在两次项目期间，各高校和科研院所纷纷出版欧盟和欧洲研究方面的丛书，如中国社会科学院翻译的《欧洲一体化译丛》等，欧盟方面学术论文占全部论文的比例下文也有具体介绍；在人员培养和学术交流方面也取得了长足的进展，仅以在第一期中欧高等教育合作项目期间的南开大学为例，以欧洲问题研究中心为依托，组织了国际经济系、人口研究所、社会学系、历史系、国际经济法研究所、法政学院（现在的周恩来政府管理学院）、经济系、金融系、营销系、英语系、保险系、经济研究所等单位的师生，对欧洲尤其是欧盟进行了不同角度的研究。共有 6 人获得一个月访问学者资格，14 人获得六个月访问学者资格，5 人获得一年学生奖学金，6 人获得合作研究的机会，2 门课成为课程开发成果，开办了 3 个讲习班。由此可见，参与该项目的中国知识精英在科研工作中会受到广泛的影响，进而影响其个人和小群体对欧盟的认识。

　　有的单位虽然没有获得项目的资助，但是受项目研究成果的带动，即使没有得到资助，也在持续开展欧洲问题研究，除了现代国际关系研究院和中国国际问题研究所（此两机构由于隶属政府未能获得两次项目的资助）之外，还有清华大学国际问题研究所的中欧关系研究中心。由于种种原因，清华大学当时未参加这两个项目，但是清华大学国际问题研究所依然受到了学术界兴起的欧盟研究热潮的影响，2001 年成立了欧洲研究中心；2011年 9 月清华大学与荷兰格罗宁根大学签署《中欧关系研究合作协议》，之后将欧洲研究中心更名为中欧关系研究中心，开展欧洲、欧盟和中欧关系的研究工作持续至今。

（二）项目开展期间中国学者对欧盟认知的变化

　　从 1993 年欧盟正式成立到中欧高等教育合作项目开展之前的时间里，中国学者对欧盟的研究相对较少，往往是从世界的多极化趋势中的欧洲和欧盟等角度来研究问题，即使是专门从事欧洲问题研究的学者也是如此，从欧盟内部的运作机制和欧盟一体化角度开展研究的很少。

　　从专门研究欧洲地区问题的《欧洲》杂志来看，1996 年共发表 91 篇文章，如果去掉每年都必须有的欧洲政治经济年度总结，共有 9 篇是研究欧洲和欧盟整体情况的，仅为 10%，远低于欧洲国别研究成果的比例。即使是这 9 篇文章，也还有相当一部分是研究世界秩序中的欧洲和欧洲秩序的（这部分成果里面会包含一些美国和俄罗斯与欧洲关系的内容），关注欧洲内部、欧盟自身的研究文献仅为 6 篇，这部分内容集中研究欧盟的经济一体化和经济货币政策。这种结果一方面与当时欧盟的发展现状，经济一体化深入发展而政治一体化滞后的现状有密切的关系，同时也显示出当时的中国学者关注欧洲的视野还不够开阔，研究欧洲的专家学者相对较少，无法进行较细的分工。

　　1996 年的《世界经济与政治》共有文章 374 篇，关于欧洲的仅有 20篇，去掉一些新闻性质的时事追踪报道后，属于学术研究成果的只有 17 篇，其中 6 篇是研究欧盟整体的，而且围绕中欧关系、美欧关系这些传统的外交领域。关于欧盟经济一体化的研究文章只有 1 篇。

　　1996 年的《国际政治研究》共有文章 87 篇，研究欧洲问题有 6 篇，关于欧盟整体研究的为 3 篇，涉及欧盟一体化的只有 1 篇，而且是谈欧盟与东盟一体化的比较。

1996 年的《外交学院学报》共有 82 篇文章，其中关于欧洲问题研究的为 8 篇，欧盟整体的仅有 1 篇，主要研究欧盟对外经贸关系。

1996 年的《现代国际关系》共有 143 篇文章，关于欧洲地区研究的有 15 篇，关于欧洲和欧盟整体研究的为 8 篇，大部分是在研究欧盟与世界主要大国的关系。冯仲平的《如何看待当前的欧洲一体化》文章反复提到"用一个声音说话的目标"、"走向联合"、"统一欧洲的目标"❶，在当时是难得的全面研究欧盟一体化的文章。

1996 年的《国际问题研究》共有 63 篇文章，其中研究欧洲地区问题的有 6 篇，这里面只有 1 篇是关于欧洲整体研究的，关注的领域是当年比较热的亚欧会议和亚欧关系。

经过 1997～2001 年的中欧高等教育合作项目和 2004～2008 年的中欧欧洲研究中心合作项目的大力推广，到两期项目结束时（当然其资助的成果完全发表需要一个周期，本文只是截取 2008 年各学术期刊的成果作为分析的材料），中国学者对欧洲和欧盟的研究已经取得了重大进展，关于欧盟性质的认知也比以前更加丰富和深刻了。受项目资助时选题导向的影响，中国学者开始关注欧洲一体化这一以往很少涉及的领域。研究成果的数量和参加研究的人数也有了突飞猛进的发展。

2008 年的《欧洲研究》共有 71 篇文章，其中关于欧盟和欧洲整体研究的共有 28 篇，如果去掉杂志上的一些新闻性质的文章，这个比例还要高些，而且这些文章已经开始涉及政治、经济、文化、社会、法律、外交与国际关系等多个方面。关于"欧洲认同"、"欧洲观念"、"欧洲模式"的研究在这里也有了较多的体现，例如伍贻康的《关于欧洲模式的探索和思辨》、李明明的《"欧洲化"概念探析》、埃德加·莫兰等的《反思欧洲认同：历史、现状与未来》。从研究领域上看，即使过去关注较少的环境机制一体化和法律一体化，也有学者开展研究。总地来说，无论是对欧盟整体研究还是深度研究都取得了重大的突破。

2008 年的《世界经济与政治》共有 141 篇文章，其中关于欧洲地区研

---

❶ 冯仲平. 如何看待当前欧洲一体化建设 [J]. 现代国际关系，1996 (2).

究的有 6 篇，欧洲地区研究占全部文章的比例与以往相比变化不大，但是其内部结构却发生了巨大的变化：6 篇文章中有 5 篇是关于欧盟整体研究的，关注的是"欧洲认同"、"欧盟软力量"和"欧盟治理"等话题。

2008 年的《国际政治研究》共有 52 篇文章，其中关于欧洲地区研究的有 5 篇，这 5 篇当中有 4 篇是在研究欧盟整体的，其领域为"一体化理论"和"欧盟治理"等。

2008 年的《外交评论》共有 90 篇文章，其中关于欧洲地区研究的为 6 篇，都是关注于欧洲与欧盟整体的。

2008 年的《现代国际关系》共有文章 160 篇，其中关于欧洲地区研究的有 7 篇，关注欧盟整体的为 6 篇。2008 年的《国际问题研究》共有文章 72 篇，其中欧洲地区研究为 3 篇，这样的比例甚至低于 1996 年。但是其内部构成中依然有 2 篇是关注欧盟整体，更有 1 篇是直接研究欧盟治理的。这两个杂志中关于研究成果内部结构的组成，与其他刊物的大趋势是一致的。但值得思考的是由于两次合作项目要求完全非官方的科研机构参与合作，因此以官方性质为主的这两个单位并未参与到中欧高等教育合作项目中，因此其期刊内容就与其他刊物有所区别。例如在没有获得项目资助参与到项目中来的人员中，对欧盟的观点比较之前的成果变化不大，如张健的《欧洲一体化的问题、前景与欧盟国际地位》。与其他刊物欧盟研究成果侧重点和观点相接近的成果则来自参与合作项目的单位，如赵嵘的《欧盟司法与内务合作：进展、问题与走向》。由此可以看出，中欧高等教育合作项目对研究导向乃至最后的观点形成是产生了影响的。

（三）项目结束之后中国学者对欧盟认知的变化

为了考察两次合作项目之后的中国学术界的态度，本文作者选取 2012 年的上述学术期刊，采取相同或者相似的研究方法再次进行考察。

2012 年两次合作项目和来自欧盟方面的资助都停止了，但是两次项目带来的中国学术界欧洲问题研究热的影响依然存在。从 2012 年的《欧洲研究》上可以看到明显的印记，全年共有学术论文 53 篇发表，其中研究欧洲整体和欧洲一体化的达到了 36 篇，关于国别的有 14 篇，另外有 3 篇是关于国际关系理论方面的。这样的特点与两次合作项目是一致的，延续了之前研究主题选择上的惯性。特别是 2012 年的第 1、3、4、5、6 期都设有（可以视为长期开设)"欧洲一体化研究"的栏目。在相关文章的选题上，基本保留了将欧盟作为一体化程度最高的"超国家组织"的认知，例如张福昌的《欧洲政治一体化的发展与前瞻》、贾文华的《欧盟公共政策的规则性解析——理论述评与实证考察》。但是也要注意，《欧洲研究》并没有偏废对欧洲各个国家的研究，在重视欧洲一体化研究成果同时，在第2期开设了"欧洲民族国家专题研究"的栏目，分别研究了法国、德国、西班牙和瑞士四国。建立在民族国家的认识基础上，对欧洲联盟的认识不可避免地带上了"国家间组织"的色彩。

其他综合类杂志中关于欧洲地区研究的成果数量不是那么可观。2012年的《世界经济与政治》只有5篇关于欧洲问题研究的文章，其话题仍然集中在传统的"治理"等，与当年时事结合的是关于"干预主义"和金融体制改革的研究。5篇中只有1篇是关于国别研究的，为德国的金融体制研究，其余的还是欧盟整体研究。《国际政治研究》与欧洲问题研究有关的只有2篇，关注欧盟的国际人格和中美欧治理问题比较。《外交评论》全年只有3篇是关于欧洲问题的研究成果，1篇是传统的中欧关系研究中的中国的"欧盟观"，2篇国别研究分别是英欧关系和关于捷克的，其中欧盟的中东欧新成员国国别研究较少见到。《现代国际关系》全年共有7篇文章是关于欧洲问题研究的，其中6篇是关于欧盟整体的，另外1篇国别研究是关于中东欧国家的。《国际问题研究》全年只有1篇是关于欧洲地区研究的，关于欧债危机下欧盟力量的研究，也就是关于欧盟整体的研究。与之前的欧洲研究受资助的高峰期相比，这时期无论是学术成果上还是科研人员数量上都大打折扣。

（四）中欧高等教育合作项目对中国学术界欧盟研究的导向

根据笔者对参加两次合作项目的当事人的访谈，当时在设立这两个合作项目时，欧盟方面主要是要求集中资助欧洲一体化与欧盟整体有关的科研选题，而关于各个成员国的研究，交由各成员国自行与中方联系并提供资助。所以，这两个项目重视欧盟整体研究和一体化研究，对国别研究资助较少。

以中国社会科学院在第一期项目中的情况为例，从研究领域上看，关注欧洲整体研究的较多，仅有10人在研究领域中提到了国别研究，占全部学者人数的 13%。而且国别研究中，只有一人提到了较小的欧洲国家，即北欧研究。其他人的国别研究是英、法、德、意四个大国的研究。这样看来，除去四个大国和北欧（主要是斯堪的纳维亚国家）之外，没有专门研究其他小国（当时还没有欧盟 2004 年和 2007 年的两次扩大，这里的研究对象主要是指南欧国家，也包括奥地利）的专家。中国式教育中从小就强调抓住主要矛盾的观念，在研究欧洲问题中主要抓住几个大国是完全应该的，但是对小国的忽略却是需要弥补的，尤其是现在《里斯本条约》生效后，对于小国在欧盟整个运行机制以及在欧洲的地位还是需要重新认识的。欧洲语言文化都呈现出多元性，这既使得欧洲研究丰富多彩，又因为语言关难过而增加了研究的难度（现在欧盟有 28 个成员国竟然有 26 种官方语言，欧盟外的欧洲国家还有其他语言）。另外，在两次项目结束之后，国别研究中的亮点是出现了对中东欧国家加入欧盟后的研究，及时地弥补了这一地区从以往的东欧中亚研究到现在的欧洲研究中的相应空白。

从 1993 年《马斯特里赫特条约》生效到 2009 年欧债危机的爆发，这一段时间可以说是欧盟迅速发展、一体化深入推进的时期，从欧元到欧盟宪法等一系列重大事件集中于这一时期。现实的快速发展有必要得到理论上的诠释和支持，加之这段时间的中欧关系除了一些小波折外，到 2008 年之前基本没有大的结构性矛盾显现出来。与时事密切结合的国际问题研究在这一时期重点在欧洲一体化方面，是很正常的现象。

这段时期发生的欧盟宪法被否决和欧债危机等重大事件对欧洲一体化提出了严峻挑战。其中欧债危机是对一体化的最大挑战。在中欧高等教育合作项目期间举办的学术讨论会上，"挺欧派"和"疑欧派"都发表了各自的观点。奇怪的是，在正式发表的学术论文中，"挺欧派"的观点表达比较明确，其主要代表为中国社会科学院欧洲研究所的相关成果，"疑欧派"的观点却鲜见于正式的学术期刊，这也可以视为研究欧盟一体化以及对一体化持积极态度的延续吧。

三、结语

就"对外援助"这一概念而言，可以将其理解为援助国（或集团）出于本国（或集团）的利益考虑，将实物、资金、技术等提供给受援国，以达到影响受援国的行为模式，进而取得符合援助国期望和利益的行为的目的。外援可以存在于传统"高级政治"领域中，如安全和政治等，也可以在"低级政治"中发挥作用，如经济、贸易甚至是文化和教育。这样的对外援助是以很少的政府支出造成较大的国际影响。❶ 具体就中欧高等教育合作项目而言，是可以符合前文关于对外援助的界定的，再具体划分的话可以将其归入人力资源开发项目中❷。就这一案例放在理论视角下进行分析之后，可以得出包括以下结论。

第一，对外援助的形式越来越多样化，需要适应并采取具有创新性的方式，例如文化援助。欧盟委员会在 1998 年提出的对华政策文件《与中国建立全面伙伴关系》（Building a Comprehensive Partnership With China）【Com（1998）181 final】❸ 中提出与中国建立伙伴关系需要加强更多方面的合作，并且应该深化对华资助和提高援助效率。在其后续文件——关于 1998 年文件的实施报告【Com（2000）552 final】中强调援助资金要投放于能产生显著作用和有后续价值的项目。从这样的政策目的出发，就可以更好地理解欧盟对华的文化援助活动。文化领域虽然短期难以取得直接效益，但是在影响力上却是深远持久的。这样的援助，同时又借着"发展合作"的名义开展，对中国的知识精英关于欧盟的认知起到潜移默化的影响。这种文化援助方式更容易被接受，显然比在人权问题上直接施压要高明得多，也比那些简单的经济援助能更持久地发挥作用。

第二，对外文化援助要讲究效率和效益，注重实施过程控制。欧盟对华文化援助，不是简单地给钱，而是对所提供资金开展了严格的财务监督，避免资金被滥用和浪费。对比以往中国的一些对外文化援助项目，因为担

---

❶ 周弘. 对外援助与国际关系［M］. 北京：中国社会科学出版社，2002：12.
❷ 周弘. 对外援助与国际关系［M］. 北京：中国社会科学出版社，2002：541.
❸ "Building a Comprehensive Partnership With China"［OL］. http：//ec. europa. eu/external_ relations/china/policy_ en. htm.

心背上"干涉内政"的恶名（或者有当地的"文化入侵"指责），而不重视援助过程中的控制，造成了很多援助最后难以产生预期的影响，也就失去了这一外交政策手段的意义。

第三，对外文化援助要把援助国的目的和受援国当地实际充分结合。这两方面不可偏废，不考虑援助国的政策目标，容易导致"为了援助而援助"，从而偏离了政策指定的初衷。在当前世界范围还存在"中国威胁论"的市场，对中国的和平发展还有很多顾虑，对中国文化有诸多误解时，尤其需要通过对外开展文化援助活动，引导受援国逐步重视中国，并改变对中国的诸多偏见。但是在注重这一方面的时候，应该避免脱离受援国实际，采取单纯说教和急功近利的倾向。如果脱离了受援国的实际情况，这样的文化援助是难以在受援国长期发展的。两次欧盟对华文化援助——高等教育合作，在实施期间就充分考虑到中国的情况，采取合办的方式，并且鼓励长线的理论性选题，为我们提供了重要的可借鉴的经验。当然，在两次合作项目之后，由于种种原因导致没有新的援助项目，这与中国学术界的欧洲研究后来转向低落也是有一定关系的，这方面的问题也值得认真总结。

通过上述考察分析，可以发现，中欧高等教育合作项目有效地引导了中国学术界开展欧盟及欧洲问题的研究，促进了中国大陆欧洲研究中心的建立，为一大批中国学者到欧洲国家访学交流提供了资助，深化了中国学者对欧洲一体化的认识以及对欧盟的认知，参与项目的一些知名专家学者是中国政府的智囊人士，学者们的观点通过各种途径直接或间接地影响了中国政府的对欧政策。所以，该项目是欧盟对中国文化外交的一个成功案例。

在中国大力开展文化外交的今天，应当注意借鉴欧盟开展的中欧高等教育合作项目的经验，有意识地引导受援助国科研课题导向，使受援国的相关研究向有利于两国关系和我国国家影响力的方向发展，从而增强我国的文化软实力。在项目运作方面，欧盟采取严格的财务管理制度，避免了援助经费被滥用和挪用，确保了费用使用得当，这一机制值得借鉴。严格管理下的科研项目有助于吸引更多的国家接受中国对外文化援助。

（王亮，清华大学国际关系学系博士研究生。）

孔子学院与歌德学院
在德中两国发展的经验

韩一元

  孔子学院和歌德学院都是旨在推广本国语言和文化的文化学院。近些年来，孔子学院在德国、歌德学院在中国都得到了较快的发展，在两国社会中也引发了很大范围的讨论。在中国，德国被视为严谨、规则、效率的代名词，青年人学习德语的热情不断提高，歌德学院也被视为学习德语最官方的机构，其寓教于乐、注重应用的教学方法也得到了德语学习者和德语工作者的认可。歌德学院所举办的各种类型的文化活动也在中国媒体和社会得到了较好的反响，其较为稳定健康的发展模式可以为孔子学院在海外的发展提供不少经验和借鉴。

  孔子学院在德国的建立从 2006 年开始，近些年来发展迅速，在进行汉语言和文化的推广与传播方面取得了十分显著的成效，德国青年学习汉语的热情不断提升。但孔子学院在德国也同样遭遇了在其他西方国家相似的批评和困境，主要是由于孔子学院在全球的快速建立和开展活动被认为是一种"文化侵略"。我国学术界对这种情况也进行了广泛的讨论和深刻的反思。客观来说，包括德国在内的西方国家的一些人士戴着有色眼镜、以冷战思维评价孔子学院和中国的文化外交活动。他们表面上批判孔子学院的文化活动，实质上是对经济迅速崛起的中国的恐惧。孔子学院在德国怎样健康地发展，与当地民众和社会形成良性的互动，是需要我们深入研究的。

  本文将以 2006 年中国在德国建立第一所孔子学院为起点，比较分析 2006 年到 2012 年歌德学院与孔子学院开展文化外交的情况，寻找两者的共同点和不同点，总结归纳其在目标国发展的成效和问题，并借鉴歌德学院的成功发展经验，为孔子学院的进一步发展提出参考性的建议。

一、孔子学院在德国的发展

中国孔子学院分布于世界各地，致力于在海外传播汉语语言和中国文化。自 2004 年首家孔子学院在韩国首尔成立，截至 2010 年年底，孔子学院已在 96 个国家和地区建立了 322 所孔子学院和 369 个孔子课堂。●

2006 年 4 月，中国在德国柏林建立了第一个孔子学院。根据国家汉办的官网数据，至今，德国境内已建成 15 个孔子学院，3 个孔子课堂，详见表 1。这些孔子学院都依托大学或学术机构、基金会，由中方具体单位与德国当地大学或机构共同建设和管理。

表 1　孔子学院和孔子课堂在德国的分布❷

	成立年份	名称	中方单位
孔子学院	2006	柏林自由大学孔子学院	北京大学
	2006	纽伦堡—埃尔兰根孔子学院	北京外国语大学
	2006	杜塞尔多夫孔子学院	北京外国语大学
	2007	汉诺威孔子学院	同济大学
	2007	汉堡大学孔子学院	复旦大学
	2007	法兰克福大学孔子学院	复旦大学
	2007	特里尔大学孔子学院	厦门大学
	2008	莱比锡大学孔子学院	中国人民大学
	2009	杜伊斯堡大学孔子学院	武汉大学
	2009	弗莱堡大学孔子学院	南京大学
	2009	慕尼黑孔子学院	北京外国语大学
	2010	海德堡大学孔子学院	上海交通大学
	2011	埃尔福特应用科技大学孔子学院	浙江科技学院
	2013	不来梅孔子学院	首都师范大学
	2013	哥廷根大学孔子学院	北京外国语大学
孔子课堂	2010	浮士德文理高级中学孔子课堂	华中师大附属一中
	2010	G. E 中学孔子课堂	重庆八中
	2011	图林根州萨尔兹曼外国语学校孔子课堂	中国人民大学

●　国家汉办暨孔子学院总部 2010 年度报告，http：//www. hanban. edu. cn/report/pdf/2010_final. pdf，第 12 页。

❷　国家汉办网，http：//www. hanban. edu. cn/confuciousinstitutes/node_ 10961. htm.

孔子学院在德国为汉语学习者提供了不同级别的汉语语言课程，也为中国文化爱好者提供了书法、茶艺、戏曲、国画等兴趣班，并举办关于中国人文、国情方面的讲座、讨论会等多种活动。

以法兰克福孔子学院为例，在语言培训方面，除了传统德语和英语授课的汉语课程，法兰克福孔子学院还开设了各类有针对性的专门课程，包括为计划去中国工作的德国人提供的实用性预备课程、为各个专业的大学生提供的课外进修课程，以及为中国文化爱好者开设的中文入门课等。可以说，这些有针对性的课程补充了普通课程的空缺，使得这一地区的各类中文学习者都能找到适合自己的课程。与此同时，法兰克福孔子学院也在积极举办各类文化活动和项目，以 2012 年为例，该学院共举办了 34 项文化活动，涉及电影、哲学、戏剧、法律、文学、环境、教育等领域。❶ 这些丰富多彩的文化活动涉及中国社会与文化的方方面面，为德国人展示了一个现代、开放、多样的中国。值得注意的是，在这些活动中，有很多是特别具有现实意义的。例如，关于申请汉办留学奖学金赴中国留学的经验分享会，这样的活动充分考虑了当地学习汉语的青年及大学生的需求，取得了非常好的效果。

二、孔子学院在德国的反响

在德国，各方对孔子学院的评价并不一致。德国歌德学院主席雷曼就曾评价说，孔子学院仅用 8 年的时间，就走完了英、法、德、西等国语言推广机构几十年甚至上百年的路，这同中国经济发展一样堪称奇迹。❷ 德国汉学家、经济学家 Carsten Herrmann – Pillath 也指出，德国人必须转变观念，认识到中德两国之间的文化差异，而不再一味地坚持西方单方面的标准。他指出，"谁懂汉语，去中国看看、听听中国人在讨论的，就绝不会再认为

---

❶ 孔子学院法兰克福学院 2012 年精彩活动回顾，http：//www. konfuzius – institut – frank-furt. de/% E4% B8% AD% E6% 96% 87/% E5% AD% A6% E9% 99% A2% E5% A4% A7% E4% BA% 8B% E8% AE% B0/2012/.

❷ 新华社社文专线评出 2012 年国际文化十大新闻，人民网，2012 年 12 月 28 日，http：//cci. people. com. cn/n/2012/1228/c222945 – 20043026 – 2. html.

中国跟西方有多么大的区别。"❶

但是,孔子学院在德国也遭遇了与在其他西方国家相似的批评和质疑,归纳起来有以下几种观点。

第一,与中方合办孔子学院的德国大学的独立性会受到威胁。由于孔子学院采取与当地大学合办的模式,一些德国人担心德国大学汉学研究的独立性受到侵蚀,一位德国专家质疑孔子学院真正的目标和意图,《法兰克福汇报》驻京记者 Mark Siemons 曾撰文指出,孔子学院的快速发展给东西方都带来了疑虑。在西方,人们担心来自中国政府的拨款将会"收买"国外的汉学研究,或者"贿赂"国外汉学研究的审查制度。而在中国,人们则担心政府投入这么多资金用于海外文化项目,最终却没有取得人们期望中的收益,并没有超越西方主导的语言和文化交流。❷

第二,孔子学院的运作不透明。德国路德维希港应用科技大学东亚研究所讲师 Jörg – Meinhard Rudolph 在接受德国广播电台的采访时说,孔子学院与歌德学院是不同类型的机构,其根本区别就在于歌德学院是一个公共机构,由外交部提供财政支持,花费的是纳税人的钱,而纳税人也有权利知悉和质疑歌德学院的财政和运行状况。而由于中国的政治体制不同于西方,普通老百姓根本无法了解和质疑孔子学院的状况。❸

第三,孔子学院是中国大陆对外进行文化控制的组织。一些德国人认为,孔子学院是中国政府的宣传机构,有进行文化控制之嫌。有德国人将孔子学院称为中国政府进行的"思想运动"(ideologische Feldzug)。例如,2010 年中国的持不同政见者刘晓波获得诺贝尔和平奖时,德国的孔子学院都采取了"有意识的"沉默态度,孔子学院在中国西藏、台湾等问题上也同样保持缄默,不为各方交流提供机会和平台。❹

❶ Kai Strittmatter, Das Schweigen der China – Kenner, Süddeutsche Zeitung, 10. 12. 2010, http://www. sueddeutsche. de/politik/friedensnobelpreis – sinologie – in – deutschland – das – schweigen – der – china – kenner – 1. 1034531.

❷ Mark Siemons, Zeit zum Teemachen ist für China sinnlos, Frankfurter Allgemeiner, 05. 12. 2012, http://www. faz. net/aktuell/feuilleton/pekinger – kulturpolitik – zeit – zum – teemachen – ist – fuer – china – sinnlos – 11981839. html.

❸ Sinologe kritisiert Kooperation deutscher Forscher mit Konfuzius – Instituten, Deutschlandradio Kultur, 06. 02. 2012, http://www. dradio. de/dkultur/sendungen/fazit/1670601/.

❹ Erich Follath und Wieland Wagner, Die Weisen und die Welteroberer, Der Spiegel, 29. 10. 2012, http://www. spiegel. de/spiegel/print/d – 89343560. html.

第四，孔子学院在德国举办的活动成效甚微。汉堡大学亚非学院教授汉斯·施通普菲尔德（Hans Stumpfeldt）曾撰文指出，近年来中国的不同组织者在德国发起了不少文化政治或文化外交活动。例如"2012 中国文化年"这样的国家级活动，在石勒苏益格—荷尔斯泰因州举办的中国主题音乐节等地区性活动，还有每两年在汉堡举办的"中国时代"以及在各个城市组织的活动。这些活动旨在引起人们对中国文化的关注，也聚焦了大量的媒体报道。尽管中国投入了大量的人力物力，最终却并没有达到预期的效果。施通普菲尔德教授认为，造成这种局面的原因，一是在节目安排方面过于迎合大众口味，没有找到真正精通两种文化的交流使者，参与活动的人自己都很难说清什么是中国文化，什么是中国传统文化和现代文化。第二个原因是这些活动都试图将文化与政治一分为二，避开德国人对中国在政治和经济方面的负面认知。活动承办方对于预期目标和受众群体似乎并没有深思熟虑，只是一味地在重复徒劳的自我表达。❶

孔子学院为什么在德国遭受颇多非议？有人认为，孔子学院的官方色彩过于浓重。事实上，以歌德学院为代表的西方文化机构也多是官方或半官方性质，此类文化教育机构得到官方一定程度的支持能够更好地促进文化活动的开展，并保证其质量和效果，只要避免官方色彩过于浓重的情况即可。孔子学院在海外遇到的困境主要是由于中方竭力追求巨大的市场、庞大的数量的"硬实力"，而没有真正追求软实力的效果。

一些德国人指责孔子学院是中国政府进行政治宣传的工具，是中国政府试图改善自身形象的组织。笔者认为，孔子学院作为推广汉语语言和文化的机构，将改善中国形象作为目标之一是无可厚非的。歌德学院在推广德语语言和文化的同时，也在国际社会竭力宣传德国形象，力求改善"二战"时德国作为法西斯策源地的侵略国与战败国形象。孔子学院在德国遭到非议，从德国方面来说，主要是一些德国人仍以冷战思维思考问题，用以前固有的"中国印象"来评价中国的行为；从中国方面来讲，主要是孔子学院的发展速度过快，以填鸭的方式建立，没有充分考虑当地的实际需求，举办的活动也多是一味地自我表达，没有很好地完成中德两国文化的

---

❶ 汉斯·施通普菲尔德. 中德之间的文化外交可行吗，中德文化网，2012 年 12 月，http: // www. goethe. de/ins/cn/lp/kul/mag/dis/cult/zh10246760. htm.

对接。

我们应当客观理性地看到，德国人对孔子学院的批评主要是针对孔子学院背后的中国政治体制，而不是孔子学院本身，更不是以孔子为代表的中国传统思想与文化。事实上，一方面，德国媒体专门针对孔子学院的报道不是很多。笔者以"孔子学院"（Konfuzius Institut）为关键词搜索2006～2012年的报道，在《法兰克福汇报》（电子版）中得到了7篇相关文章，❶《世界报》（电子版）有10篇，❷《明镜周刊》（电子版）也只有12篇相关文章。❸ 由此可以看出，德国人对孔子学院的"批评"并不是主流，现有的一些质疑主要是植根于对中国政治大环境的疑虑。另一方面，德国人对以儒家学说为代表的中国传统文化是颇感兴趣的。在以上三家媒体关于孔子学院的近30篇报道中，有一篇题为《孔子：道德老师》的文章专门介绍了孔子"仁"的思想及其对中国人的深远影响。❹ 近年来，德国哲学界兴起了一股"老子热"，不少大学的哲学系开设了老子《道德经》研读课程，书店售卖各种翻译版本的《道德经》。一些德国人对中国传统文化非常感兴趣，不远万里来中国学习中华传统文化经典。

三、歌德学院在中国的发展

歌德学院是德意志联邦共和国在世界范围内积极从事文化活动的文化学院，其工作是促进国外的德语语言教学并从事国际文化合作。除此之外，通过介绍有关德国文化、社会以及政治生活等方面的信息，展现一个丰富多彩的德国形象。目前有149所歌德学院分布在全世界92个国家，还有10个相关机构负责传播德国的文化、语言和信息。

冷战时期，歌德学院就已在中国香港地区和台北分别设立了相关分支机构。20世纪70年代中期德国政府推行"新东方政策"后，歌德学院开始与中国大陆接触。1985年，德国总理科尔首次访问中国时，向中方提出设

---

❶ 法兰克福汇报电子版，http：//www. faz. net.

❷ 世界报电子版，http：//www. welt. de.

❸ 明镜周刊电子版，http：//www. spiegel. de.

❹ Konfuzius，der Morallehrer，Die Welt，14. 01. 2011，http：//www. welt. de/kultur/article12157221/Konfuzius – der – Morallehrer. html.

立歌德学院北京分院的提议。1988 年 3 月 25 日，中国国家教委与联邦德国外交部就在中国建立歌德学院一事正式签署了协定书。同年 11 月 1 日，歌德学院北京分院正式成立，成为新中国成立以来批准的第一家西方国家在华教育机构。❶ 截至 2013 年年底，歌德学院在北京、上海、香港、台北建立了分院，在天津、南京、重庆、西安建有歌德语言中心。

歌德学院在中国的工作主要集中在以下几个方面。

第一，举办和赞助范围广泛的文化活动，一方面提供关于德国文化、社会和政治生活等方面的最新信息，另一方面也促进中德两国间文化交流。

第二，根据实际情况开办各种类型、各个级别的德语课程，大多数课程由母语为德语者担任教师，而学生在歌德学院通过考试获得的各种资历可以得到世界各地的承认。

第三，与中国德语工作者和单位进行各种各样的合作，以促进在中国的德语教学，包括为讲授德语的中国老师提供各种各样的培训和服务，与中国各地的图书馆合作等。

在中国的语言教学是歌德学院的首项业务工作。近年来，在中国参加歌德学院各个级别、各种类型语言班的中国人每年达到一万人次左右。歌德学院讲授德语的方法与中国传统的语言教学方法有很大不同。在德语母语老师的指导下，学生们在课堂上通过各种游戏、练习来掌握德语，而不是传统的语法灌输式教育。

除了语言教学，歌德学院近年来在中国也开展了许多卓有成效的大型文化活动。大型文化活动可以改变旧观念、旧印象，唤起或加强两国人民对彼此的兴趣，有助于两国在政治及经济层面的合作。近年来，德中之间最高级别的文化交流项目是歌德学院（中国）管理的"德中同行"项目，这是一个在中国人口超过百万的六个城市举办的长达三年的系列活动。这个项目举办的一系列活动旨在巩固德国在中国的正面形象，并成为两国长期、稳定的合作伙伴关系的基础。

通过跨学科的方法，歌德学院从不同的角度选择主题，对中国社会问题提出改进建议。例如，针对中国面临的城市化挑战，歌德学院提出了怎样在巨大的资源和能源需求面前有效地组织大城市的交通和基础设施？德

---

❶ 陈刚华. 从文化传播角度看孔子学院的意义 [J]. 学术论坛，2008 (7)：164.

国有哪些相关的技术和经验值得中国借鉴？城市化不仅仅是技术或组织形式，更是社会变革和文化变革。正在变革中的中国怎样重新定义"文化遗产"、"文化真实性"这些概念？"德中同行"系列活动虽然不能对这些问题给出一个确切的答案，但其为公共话语的表达和交流提供了一个非常好的平台。

"德中同行"每半年左右在中国的一个区域大都市举办活动，三年的时间内在南京、重庆、广州、沈阳、武汉举办了活动，并在 2010 年上海世博会中达到高潮。上海世博会的口号是"城市，让生活更美好"，这个主题恰好与"德中同行"的主题交相辉映。"德中同行"共有大约 180 万参与者，是德国在国外举办的规模最大的系列活动。● "德中同行"每站的核心活动是为期九天设在主办城市中心广场的"德中大道"，主要展示德国企业、科研机构、政治部门、各州及直辖市针对城市化问题的技术和解决方案，以及关于绿色城市、环境友好型城市的想法，为中国公民提供了一个独特的交流论坛和文化平台。同时，该项目也举办流行音乐节之类的活动。2008 年春天在重庆举办的德国—中国慈善音乐会在几个小时内就募捐到了约 1000 万欧元的捐款，用于支援汶川地震灾区重建事业，给人们留下了深刻的印象。

可以说，歌德学院已经充分认识到，中国不仅在经济和政治上确立了自己的世界大国地位，在文化上也日益显现出与西方不同的身份与认同。因此，与中国的合作与对话需要相互理解和特别的跨文化背景，这是歌德学院的中心任务。歌德学院的网站不仅在中国发布关于德国的信息，也开始越来越多地报道中国的信息。

四、歌德学院在中国的反响

中国媒体对歌德学院的报道主要集中在两方面。一方面是报道歌德学院在中国举办的活动，特别是一些大型的活动，例如"德中同行"活动；另一方面是分析歌德学院的发展模式和经验，为中国文化外交和公共外交的开展提出建议。在人民网、中新社等媒体中，近年来关于歌德学院活动

● Information, Diskurs, Kulturelle, Deutschland und China, Goethe Institut Jahrbuch 2010/2011.

的报道相当多，但基本找不到对其的批评。有相当数量的报道都在讨论如何借鉴歌德学院及其他国家语言文化推广机构的经验，解决孔子学院"成长的烦恼"。

在中国公开发表的期刊中，可以找到很多研究歌德学院发展模式、对歌德学院和孔子学院进行比较的文章，有的从文化传播的角度，有的从教育的角度进行对比分析。这些文章基本上都认为歌德学院长期在中国从事语言和文化交流活动，已经逐渐形成了自己的特色，其丰富的发展经验对孔子学院的发展是颇有借鉴意义的。

那些亲身参与歌德学院的语言学习和文化活动的中国人也对歌德学院有着比较高的评价，其认为，歌德学院是在中国学习德语最权威的机构，其教学方式新颖、趣味性强。一些教育工作者专门探讨过歌德学院的教学方法对中国德语教学的启发，认为歌德学院使用活泼生动、贴近现实的教材，使用语音、视频等多方面的辅助材料，在教学过程中采用分组练习等方式，注重培养学生在学习过程中的合作精神、交际能力，能够有效地激发学生的学习兴趣，中国的德语教学也应向这方面发展，用"以学生为中心"的思想来指导德语教学。❶

在中国媒体中，歌德学院还被冠以"北京城里的德语之花"的名号，对其语言和文化交流活动作了充分的肯定。❷2010 年 6 月 10 日，歌德学院中国总院时任院长米歇尔·康·阿克曼做客人民网，谈论中德经济关系以及"德中同行"项目等内容，受到了人民网总裁的接见，与中国网友进行了在线交流。❸ 甚至在 2012 年下半年中国的公务员联考题目中都出现了"请结合给定资料，对德国歌德学院的成功做法进行归纳，并说说对孔子学院的建立和发展有哪些启示"这样的题目。中国孔子学院总部聘任歌德学院中国分院前院长阿克曼作为孔子学院的特聘专家，希望他为孔子学院的发展提出有益的建议，可见中方对歌德学院在中国发展的肯定。

---

❶ 关一旋. 谈歌德语言学院教学法对我院德语教学的启发 [J]. 天津外国语学院学报，1998 (4)：25–27.

❷ 刘增辉，万象. 北京城里的德语之花——歌德学院（中国）文化传播纪事 [J]. 教育与职业，2007 (4)：49.

❸ 歌德学院中国总院院长阿克曼做客，人民网，2010 年 6 月 10 日，http://2010. people. com. cn/GB/164733/164736/193585/index. html.

五、孔子学院与歌德学院发展对比

在某种程度上可以说，孔子学院与歌德学院是有不少相似点的。首先，性质相似。两者都是带有官方或半官方性质的语言、文化推广机构，主要靠国家财政和公共基金支持。其次，任务相似。两个学院都肩负着消除误解、重建本国国家形象的任务。歌德学院建立于"二战"结束后的 1951年，那时德国正经历着从物质到精神的全面溃败，民族信心被彻底摧毁，歌德学院的成立肩负着重振民族文化与形象的使命。● 歌德学院中国分院前院长阿克曼也曾在接受《南方周末》的专访时表示，建立歌德学院的一个重要目的是让其他欧洲人明白，除了希特勒的德国，还存在一个歌德、贝多芬、康德的德国。❷ 而孔子学院尽管是在中国国力已经发展到一定程度时建立的，但也旨在让国际社会了解一个真实的、丰富多彩的中国。更重要的是，在当今世界英语流行世界的背景下，两者都承担着保护本民族语言、推广本国文化的任务。再次，歌德学院与孔子学院的办学形式都比较灵活。歌德学院在国外推行了歌德学院、歌德语言中心、图书馆等多层次发展的模式；孔子学院在海外既有孔子学院、孔子课堂，也有网络孔子学院、商务孔子学院、中医孔子学院、汉语中心等。❸ 这些经验都是可以互相借鉴的。最后，从结果来看，两个机构现在都已成为各自国家文化推广的品牌，也是两国社会和民众获得对方信息、进行文化交流的重要媒介，继续发展的潜力巨大。

孔子学院与歌德学院也有一些不同之处。

第一，歌德学院在中国的发展比较循序渐进，自 1988 年成立至 2013 年的 26 年来，只建立了四个正式的学院；而孔子学院仅用 7 年时间就在德国成立了 10 余所。考虑到两国国土面积和人口数量的差异，孔子学院显得有些"贪多求快"。

● 董璐. 孔子学院与歌德学院：不同理念下的跨文化传播［J］. 国际关系学院学报，2011（4）：103.

❷ 石岩. 歌德学院是做什么的？［N］. 南方周末，2007 年 5 月 3 日，第 B14 版.

❸ 陈觉万，吴端阳. 海外孔子学院发展历程、动因及特点评析［J］. 国家教育行政学院学报，2009（4）：26.

第二，歌德学院与孔子学院的办学模式有很大的区别。歌德学院的建立和开展活动是由联邦德国外交部直接指导的，而孔子学院主要采取的是国际合作办学模式，即在"国家汉办"的指导下，由中国大学与国外高校或文化教育机构合作办学，从"国家汉办"申请经费，在国外大学内部建设一个实体学院。这种"大学对大学"的办学模式使得孔子学院成为各地现有大学体系的一部分，有助于缓解资金和场地的不足，充分发挥各主办单位资源优势，形成各具特色的办学模式。但也带来了管理分散、缺乏统筹的问题。

由于缺乏统筹，出现了没有对当地实际情况进行充分调查就盲目建立孔子学院的情况。由于孔子学院由国内各大学具体承办，而国内高校的资质容易被忽视，抢办孔子学院甚至成为国内一些机构和大学的"政绩工程"。在孔子学院建立过程中，如果中方与外方关系处理不当或在合作过程中出现分歧，孔子学院就很难按照中方的意愿独立发展，而歌德学院就很少存在这样的问题。孔子学院应当借鉴歌德学院的经验，建立职业化的队伍，保证教学的稳定性与连续性，满足外国民众日益增长的汉语学习需求。

第三，经费来源不同。歌德学院的预算大部分直接来自德国外交部和联邦新闻局的拨款，其他来自语言教学收入和合作伙伴的支持。而《孔子学院章程（试行）》规定，对新设置的孔子学院，中方需投入一定数额的启动经费。年度项目经费由外方承办单位和中方共同筹措，双方承担比例一般为1:1。由于孔子学院合作办学、合作承担经费的性质，也带来中国和目标国共同的担心。一些德国人担心孔子学院这种合作式的办学模式使中国政府的拨款进入了德国大学，或使德国大学的汉学研究失去独立性，干扰审查规则。而一些中国人则认为中国政府在国外投入了大量金钱，却不能独立自主地进行管理，也不能超越已有的西方语言和文化的交流活动，得不偿失。

第四，运行机制不同。歌德学院在德国国内也有13个分院，分别位于柏林、波恩、不莱梅、德累斯顿、杜塞尔多夫、法兰克福、弗莱堡、哥廷根、汉堡、曼海姆/海德堡、慕尼黑、施韦比施哈尔、魏玛，主要承担语言教学的工作。与设立在国外的歌德学院相比，设在其本国的歌德学院能够为德语学习者提供更加亲切的文化背景和更加本土化的学习设施，学员能够置身于德语语言环境中，也有更多与德语母语者交流的机会。而且，除了成人语言班外，开设在德国国内的歌德学院还开办了许多儿童及青少年课程，为全世界的儿童和青少年提供许多来到德国体验德国文化、融入德国社会的机会。然而，从孔子学院开办至今，除了建立起孔子学院总部负责统筹全球孔子学院的建立、管理工作，国内并没有负责进行语言教学、文化传播的分院，这不得不说是孔子学院发展的一个软肋。孔子学院从一开始就定位为在国际传播汉语语言和文化，急于在国外展开工作，而忽视了本国语言文化精华传播的大本营。

第五，发展战略不同。歌德学院之所以能够在中国乃至全球取得成功，很重要的一点在于其针对不同地区采取不同的发展战略。经过多年的发展，歌德学院在中国举办的文化外交活动已经不再单纯是传播推广德国文化的形式，而是注重观察当下的中国文化与社会，在中国文化与社会中找到切入点，巧妙地完成德中两国文化与社会的对接。目前歌德学院每年举办的文化项目中，有80%是德中文化交流合作项目，只有约20%是单纯介绍德国文化的项目。❶ 以"德中同行"系列活动为例，歌德学院提出的城市化挑战正是中国目前面临的问题，因此这一平台既满足了德国推广该国技术、传播该国文化的要求，又符合中国社会的现实需要，双方是互利共赢的。但孔子学院在德国举办的活动仍然停留在单纯地宣传中国文化的层面，没有充分考虑到目标国的需求，仅仅把对德国的活动作为在西方国家甚至全球开展活动的一部分，也就没有足够的能力完成中德两国社会与文化的对接。

随着孔子学院的发展，中方也逐渐认识到这一"软肋"，并积极开展能够真正对接两国文化与社会的活动。以慕尼黑孔子学院为例，中方认识到代表中国文化的不仅仅是儒家学说，德国学术界和企业家越来越信奉《孙子兵法》中的智慧与谋略，而慕尼黑又是德国众多跨国公司的总部，因此，慕尼黑孔子学院打算从2013年起在"文化沙龙"中开设《孙子兵法》课程，邀请中国和德国的孙子研究学者授课。❷ 中方能够认识到尽管以"孔子"冠名，但孔子学院的工作在于结合当地实际需求来推广中国丰富多彩

---

❶ 吉颖新. 歌德学院向中国输出什么？[J]. 中国企业家：2009（8）：130.

❷ 孙子兵法全球行：德国孔子学院致力弘扬中国兵家文化，中国新闻网，2013年3月12日，http：//www.chinanews.com/mil/2013/03－12/4634971.shtml.

的文化，这是孔子学院的一项进步。同时，德国已有的三所孔子课堂均开设在中学，也体现了孔子学院传播中国语言与文化的长远考虑，符合"一切都从孩子抓起"的理念。

最后需要注意的是，孔子学院的主办机构汉办隶属教育部，但仅仅依靠教育部是很难科学统筹文化推广工作的。歌德学院尽管是一个非政府机构，但与联邦德国外交部有着紧密的协议。孔子学院的建立和推广如何得到外交部、文化部等多个中央机构的安排，也是非常值得思考的问题。❶

六、结语

孔子学院和歌德学院是中德两国各自推广本国语言文化的机构，也是代表两国文化的品牌。歌德学院的成功发展模式和经验给我们这样一些启示：孔子学院的建设规模和举办活动，都应当从注重数量的扩张转变到注重质量的提高。首先，要对自身准确定位，既要保证其官方或半官方性质，由政府提供资助，由专门的政府部门统筹管理，保证文化不沦为经济的牺牲品，又要避免官方色彩过于浓重的情况，应当借鉴歌德学院"国家支持、民间运作"的成熟经验。其次，孔子学院的建设要对中外合作单位的资质提出更高的要求，既要充分发挥各自的特色资源优势，又要遵守总部的统筹规划。在将来的发展过程中，也可以借鉴歌德学院的模式，进行一些中方单独负责的试点。最后，孔子学院开展的语言教学和文化活动应当因地制宜，与目标国的风土人情、风俗习惯、实际需求紧密结合，避免一味地自我表达，要与目标国受众进行充分的交流和互动。

孔子学院能够在这么短的时间内打造出本国的品牌，充分显示了中国逐渐强大的吸引力和文化软实力，但孔子学院乃至中国文化外交的可持续发展需要的是耐心与策略，孔子学院在德国的发展更需要对德国社会、国情的了解，需要开展高质量、双方都能获益的文化活动，逐渐使孔子学院在德国成为代表中国文化的品牌。

总之，歌德学院在全世界都有了比较成熟的发展经验，而孔子学院的发展还处于"摸着石头过河"的阶段。但是我们也应看到，尽管歌德学院

---

❶ 吴瑛. 对孔子学院中国文化传播战略的反思 [J]. 学术论坛，2009（7）：143.

在中国取得了较为稳定健康的发展，但其在中国的影响力也仍然主要局限在德语学习与工作者、艺术家等群体中，很难在整个社会获得广泛的关注。歌德学院在中国发展 20 余年来，仅建立了四所分院，与其循序渐进的发展战略有关，但也不能忽视德语作为小语种的局限性。与之相比，汉语是世界上使用人数最多的语言，中国近些年不断提升的经济实力和国际地位则使更多的人将目光投向中国，汉语学习和使用的兴趣及需要都大大提高，并且有相当大的发展空间。歌德学院只能在规模相对稳定的需求中发展，而孔子学院的潜力却是不可估量的。

（韩一元，清华大学国际关系学系硕士研究生。）

孔子学院在英国的运作与反响

师文涛

自从 2004 年孔子学院项目正式启动以来，孔子学院在全球得到了迅速的发展，截至 2013 年 8 月底，中国已经在世界 116 个国家和地区成立了 430 多所孔子学院和 650 多所中小学孔子课堂❶。此外，还有 54 个国家的 160 多所大学排队申请开办孔子学院。仅 2011 年，就开设各种层次汉语课程 2.4 万班次、注册学员达 50 万人，逾 700 万人参加上万场次的文化交流活动。预计到 2015 年，孔子学院将达 500 所。❷ 孔子学院项目的迅速开展带动了全世界近几年来不断升温的"汉语热"，世界各国学习汉语的人数迅速增加。

伴随着耀眼的成就，孔子学院的发展所受的限制也不断显现。2012 年 5 月 17 日至 5 月 25 日，由于签证有效性的问题，在美国的孔子学院工作的中国籍教师和志愿者的生活骤起波澜，也引发了国内外社会各界对于孔子学院的空前关注。美国政府和孔子学院的"交锋"凸显了孔子学院面临发展过程中的困难和挑战。

类似的情形不仅出现在美国，在欧洲的孔子学院近年来也不断遭受非议，"文化侵略"、"价值观输出"等批评不断见诸报端，成为近年来"中国威胁论"的重要内容之一。本文着重研究孔子学院在英国的发展与反响。选取在英国设立的孔子学院作为研究对象的原因基于两点：其一，英国是欧洲最早成立孔子学院的国家之一，发展的历程也最完备；其二，英语作为世界使用最广的语言，其成功的语言推广经验也最有借鉴意义。

本文首先介绍孔子学院在英国的发展状况和运行情况，然后选取法国

---

❶ 中新社. 中国在 116 个国家建立 430 多个孔子学院，2013 年 9 月 5 日 http：//www. hanban. org/article/2013 –09/05/content_ 508960. htm.

❷ 吴兢. 为不同国家、不同肤色的人们提供交流、互鉴、合作新平台——孔子学院：中国文化拥抱世界，人民日报（2012 年 08 月 10 日 01 版）.

的孔子学院项目作为参照，进行简要的对比分析。其次，从英国社会反响的角度研究对孔子学院项目取得的成就和存在的问题，穿插对于法国孔子学院的情况，评估英国的孔子学院项目的影响。最后，对英国的孔子学院进一步发展的主观性限制性因素和客观性限制性因素进行分析，就此提出改进性建议。

一、孔子学院在英国的发展

孔子学院，作为国家汉办在世界各地设立的推广汉语、传播中国文化的机构，与英国文化委员会、法国的法语联盟、德国的歌德学院一样，都是政府资助的传播本国语言和文化的非营利机构。孔子学院的宗旨是"增进世界人民对中国语言和文化的了解，发展中国与外国的友好关系，促进世界多元文化发展，为构建和谐世界贡献力量"❶。孔子学院的蓬勃发展无疑对增强中国"文化的感染力"和软实力有着积极的作用。国家汉办主任许琳表示："海外透过汉语学习中国文化、了解当代中国的需求十分迫切。'孔子学院'已成为体现中国'软实力'的最亮品牌。"❷

2004 年 11 月 21 日，全球第一所孔子学院在韩国首尔揭牌，开启了孔子学院的发展历程。

2005 年，中国国家汉语国际推广领导小组办公室（国家汉办）与伦敦大学亚非学院（SOAS）签署合作协议，在英国成立了第一所孔子学院，此后，孔子学院在英国的数量不断增长。2012 年 4 月 13 日，中国国务委员刘延东到访英国北爱尔兰，为第 19 所孔子学院——北爱尔兰孔子学院揭牌。截至 2013 年 8 月底，英国境内孔子学院有 24 所，分布在首都伦敦及英格兰、苏格兰和威尔士等地区的主要城市曼彻斯特、格拉斯哥、爱丁堡、卡迪夫、谢菲尔德、利兹、兰开斯特等。如今，英国的孔子学院数量在欧洲位居各国之首。

自从开设孔子学院以来，英国的汉语教学呈现加速增长趋势。从 2005

---

❶ 孔子学院章程（试行），http：//www. hanban. edu. cn/hb/node_ 7446. htm.

❷ 新华社. 孔子学院成为中国"软实力"的最亮品牌，2006. http：//news. xinhuanet. com/overseas/2007 – 01/01/content_ 5556842. htm.

年第一所孔子学院揭牌，截止 2010 年 12 月底，五年间开设孔子学院 13 所；随后孔子学院发展进入快车道，于 2013 年 8 月底就达到了 24 所之多，增长率为 81.6%，发展速度大为加快。同期，世界范围内的孔子学院数量由 2010 年底的 322 所（分布在 91 个国家）发展为 430 多所（116 个国家），增长率为 34.1%。欧洲范围内同期则由 105 所增加到 137 所，增长率为 30.5%。由此可见，孔子学院在英国的发展速度远远超过了其在世界范围内和欧洲范围内的平均水平。需要注意的是，同期法国的孔子学院数量仅从 14 所上升到 15 所；德国仅从 11 所上升到 13 所，增长幅度分别仅为 7% 和 18%，与英国相比显得微不足道。俄罗斯的孔子学院在 2010 年底之后则出现了零增长。近几年来，英国已经成为了孔子学院项目的主要增长国（见表 1）。

表 1 欧洲主要国家孔子学院数量变化（2010—2013）

国家	2010 年	2012 年	增长率
世界	322	430	34.1%
欧洲	105	137	30.5%
英国	13	24	81.6%
法国	14	15	7%
德国	11	13	18%
俄罗斯	17	17	0%

由上述对比数据可以看出，近年来英国孔子学院在数量方面的发展是非常迅速而且成功的。孔子学院在英国的影响范围迅速扩展，影响力也随之不断上升。

在教学质量上，英国的孔子学院也成绩斐然。孔子学院均采用中外合作的模式，每一所学院都由至少一所中国知名高校担任承办单位，与英国知名大学合作办学，这种模式使得孔子学院的教学直接接触并参与到英国汉语教育的第一线，并根据所在学校的要求，提供汉语教学、汉语教师、教材、文化推广和咨询等服务，补充和支持了所在学校的汉语教育，同时客观上促进了英国汉语教育的发展。根据国家汉办资料，仅 2008 年，在英国就有 3099 人参加了孔子学院设立的 74 个汉语教学课程或项目，共有

114244 人次参加了各孔子学院组织的 111 个汉语推广和文化交流活动。❶

很多孔子学院根据自己特色和所在大学的实际情况，因地制宜地向大学提供各种学位课程教育。2007 年，国家汉办与英国伦敦南岸大学签署协议，在南岸大学建设世界第一所中医孔子学院，由我国黑龙江中医药大学和哈尔滨师范大学联合承办。❷ 学院于 2008 年 9 月正式开学，课程向英国和海外申请者开放，采取中英双语教学，学生既学习汉语，又学习中医。学院提供全日制的本硕连读针灸课程，目前已有在读学生 19 人。在进行大学学位教育的同时，孔子学院还通过派遣教师进行汉语教学、参与设计课程和教学模式、上尝试课、举行"中国日"、课后俱乐部等方式向所在城市和周边地区中小学的汉语教学提供支持。爱丁堡苏格兰孔子学院与当地孔子课堂及苏格兰汉语学习和教学中心合作，为中小学开发教学模式，其成果被归入苏格兰学习和教学中心开发的创新项目，使得苏格兰所有中小学都可以使用。卡迪夫孔子学院正在申报"威尔士中小学汉语教学"项目，拟分两个阶段向威尔士全境的中小学推广汉语教学。曼彻斯特孔子学院主办了英国教育部 2008 年春令营和夏令营，组织来自全英数百所院校的 450 多名大学生赴中国体验中国文化与考察经济，是迄今为止中英交流史上规模最大的英国学生访问团。这次考察归来后，有 85% 的学生说这次经历改变了自己对中国的看法，70% 以上的学生选择学习与中国有关的科目或者来中国工作。❸

二、孔子学院在英国的反响

日益增加的孔子学院、愈来愈热的汉语热潮、丰富多彩的中国文化，以及在这些背后若隐若现的正在崛起的东方大国，英国民众越来越关注中国。从英国民众对孔子学院的反响来看，孔子学院在英国的快速发展既有积极的成果，也有问题和困难。

孔子学院推广汉语教学和中华文化所引起的回应可以从英国当地接受

---

❶ 杨蓉蓉. 海外在校汉语教育发展趋势初探——以英国为例［M］. 全球教育展望，2009（10）.

❷ 人民日报，2007 年 8 月 16 日，第 003 版.

❸ 国家汉办. 第三届孔子学院大会交流材料，孔子学院大会，北京，2008 年.

汉语教育的学校数量和有兴趣从事与汉语有关工作的人数进行判断。

根据英国语言信息中心的统计，2003 年英格兰提供汉语课程的学校只有 70 余所，到 2008 年，这个数字已达 500 余所❶。2011 年的调查显示，开设汉语课程的公立学校为 14%，私立学校达 36%❷，估计学校数目在 750 余所。推动汉语教育在英国普及的趋势，与孔子学院在英国启动和发展高度吻合，可见孔子学院在其中发挥了自身不可忽视的影响。

表 2 显示了英国2001 年到2011 年报名参加 JCQ（Joint Council for Qualifications）考试的人数变化。由图可见，作为传统外语大户的法语和德语，报名人数十年来出现了显著下降；汉语、西班牙语考试的报名人数则出现了大幅增加。汉语作为非邻近国家的语言大受欢迎，孔子学院的贡献是不可磨灭的。

表 2　英国报名参加 JCQ 语言考试的人数变化（2001—2011）❸

	2001	2002	2003	2004	2005	2006	2007	2008	2009	2010	2011
法语	18407	16053	15335	14864	14248	14381	14340	14998	14452	13907	13196
西班牙语	5743	5550	5748	5861	6173	6414	6906	7102	7385	7671	7610
德语	8575	7139	6876	6306	5834	6153	6255	6288	5810	5562	5166
汉语	1439	1736	1914	2119	2055	2447	2441	2781	3151	2372	3237
意大利语	945	857	839	795	790	874	816	836	860	877	895
俄语	531	493	569	545	651	632	748	793	847	816	871

资料来源：英国资格认证联合委员会报名，2011 年数据是暂定的。

任何事物都不是完美的。孔子学院在英国的迅速发展，不可避免地带来了英国一些人士的批评。英国《星期日泰晤士报》刊登伦敦经济政治学院教授兼中国问题专家克里斯托弗·休斯的文章，称孔子学院是中国的"宣传工具和武器"。❶ 休斯在文中引述了李长春的发言，认为，孔子学院的经费来源于中国政府，英国高校接受共产党政权的经费是"丑闻"。

另外，支持的声音同样存在。威尔士大学兰彼得分校副校长罗伯特并

---

❶　www. bacsuk. org. uk/BACS_ CHINESEINSCHOOLS. php.

❷　www. cilt. org. uk – Language learning in secondary schools in England 2011 Language Trend survey.

❸　http：//www. cilt. org. uk/search_ results. aspx? q = survey + 2012

❹　The Sunday Times, 2012 年 5 月 20 日, http：//www. thesundaytimes. co. uk/sto/news/uk _news/Education/article1042500. ece.

不同意上述观点，他说："我们没有看到任何有关于中国政府利用孔子学院做宣传工具的迹象。兰彼得是一个相对与世隔绝的城镇。我们始终相信人们需要通过接受教育而扩大国际、国内的声誉。我们的未来取决于子孙们与中国之间的交流往来，倘若现在我们无法建立这种联系，英国的未来也可能一片黯淡。"

英国驻华大使吴思田认为，孔子学院并不是一种中国对国外的文化宣传和入侵，作为大使，他很乐意看到更多英国人学习中国语言和文化，因为中国在国际经济上的地位越来越重要，熟悉和了解中文和中国文化对双边贸易交往是有帮助的。吴思田欢迎孔子学院在英国进行这种文化交流，同时也尊重理解孔子学院的做法。❶

下面通过对英国两大主要媒体对孔子学院报道的分析，考察 2005 ～ 2012 年英国公众关于孔子学院的舆论。考虑到研究的客观性和全面性，本文选取了堪称英国严肃性报刊翘楚的《泰晤士报》和闻名于世的英国广播公司（BBC）作为研究对象；选取相关报道的数量和其中对孔子学院作正面评价的报道数量作为指标，找出其变化趋势。

表3 《泰晤士报》相关报道数量

年份	2005	2006	2007	2008	2009	2010	2011	2012
报道数量	2	3	2	3	2	1	1	2
正面报道数量	0	1	1	1	1	1	1	1
正面报道比例	0	33%	50%	33%	50%	100%	100%	50%

表4 BBC 相关报道数量

年份	2005	2006	2007	2008	2009	2010	2011	2012
报道数量	0	1	4	1	2	2	2	7
正面报道数量	0	0	3	1	1	1	1	5
正面报道比例	0	0%	75%	100%	50%	50%	50%	71%

从表3、表4的统计数据可以看到一个趋势，就是在孔子学院英国的发展过程中，《泰晤士报》和BBC对此的报道并不是很多。

《泰晤士报》是英国主流的严肃性报刊的代表，该报在这8年间对孔子

---

❶ 21 世纪经济报道，2012 年 6 月 25 日，第 004 版.

学院的关注程度并未和英国孔子学院的数量增长呈现明显的正相关关系。可见孔子学院并未得到英国媒体的充分关注。但是，在《泰晤士报》关于孔子学院的相关报道中，正面报道的比例呈现稳定上升趋势，说明英国严肃性媒体对于孔子学院的认识逐渐转向客观和正面，从一个角度反映了孔子学院在英国取得了一定成就。

BBC 在 2004～2012 年对于孔子学院的报道数量也不太多，但其中出现了两次较为显著的增长——2007 年和 2012 年，与英国孔子学院数量增加的时间节点相吻合，可见孔子学院数量的增加在一定程度上引起了英国媒体的关注。正面报道占比方面，BBC 相关报道也处于稳定上升，在这一点上为此前就《泰晤士报》所作的判断进行了佐证；值得特别注意的是 2012 年，报道数量和正面报道数量以及占比三项数据都显著提升，对比 2010～2012 年孔子学院在英国数量的大幅增加，孔子学院出现了"量、质齐升"的良好局面。

为了论据的可靠性和客观性，笔者关注了英国另外两家主要报纸——《金融时报》和《每日电讯报》，并进行了报道数量的统计。《金融时报》和《每日电讯报》的总体情况与《泰晤士报》和英国广播公司（BBC）类似，但是这两家媒体对于英国境内的孔子学院开始关注的时间更晚且关注度更低。例如，2005～2012 年，《金融时报》关于孔子学院的报道数量为 3 篇，几乎可以忽略；《每日电讯报》关于孔子学院的报道数量总计也未超过 5 篇，因此，本文未予列表显示。

三、孔子学院在英国发展的限制性因素

21 世纪以来，世界各国对于文化影响力的关注度越来越高。各国在提升自身对外文化交流能力的同时，对于他国的类似行为的敏感度也在不断上升，警觉性增强。中国作为一个快速发展的大国，难免引起一些国家的警惕。由于中国和西方之间存在制度差异、发展阶段差异和价值观差异，部分英国人对孔子学院的快速成长感到担忧，也是正常的心理反应。2012 年发生的美国孔子学院老师的签证问题更是加重了一些英国人的担忧。

此外，英国签证也制约了孔子学院师资力量的提高。英国的孔子学院教师均由中国国家汉办统一外派，一般为两年，应该拿到两年的英国工作

签证。但是，一些孔子课堂的教师仅拿到英国的一年工作签证。签证的限制一直是中国向英国派遣汉语教师的"瓶颈"。

尽管近年来英国在校汉语教育得到了很大的发展，但汉语教育总体上还处于起步阶段。英国学校汉语教育暴露出了一些问题。如合格的汉语教师比较匮乏，限制了招生数量的扩大和教学质量的提高，制约了学校汉语教育的发展。2010年的一个统计数据表明，英国具有教师资格的汉语教师仅为百余人。虽然近几年无论是获得教师资格的途径还是全职汉语老师的数量都有所增加，但学校汉语教师队伍的基本构成并没有发生根本性的改变。❶

审视孔子学院自身，作为国家汉办在世界各地设立的推广汉语、传播中国文化的交流机构。孔子学院与英国文化委员会、法语联盟、歌德学院一样，都是本国政府资助的对外传播和教育非营利机构，其宗旨都是讲授本民族语言，传播本民族文化，提升国家形象。但是，孔子学院在机构性质、经费来源等方面还有一些自身的特点。

（1）机构性质。孔子学院总院是国家汉办。国家汉办是中国教育部直属事业单位。事业单位属于具有中国特色的单位类别，虽然不便与其他国家的类似机构进行对比，但是从其定义可知其与政府机关的关系。❷ 这一特点注定了中国孔子学院的官方色彩非常浓重，与英国文化协会、法语联盟和歌德学院相比，在实际运作过程中，孔子学院无疑能够更加直接地反映中国政府的官方意志。这里举一个典型的事例。2007年4月24日，中共中央政治局常委李长春前往孔子学院总部调研，强调"要加强领导，统筹规划，扎实推进孔子学院建设"。李长春指出，建设孔子学院，加强汉语国际推广工作，是"中国大外宣格局的重要组成部分"。❸ 这些话语成为克里斯托弗·休斯尖锐批评孔子学院的主要依据之一。

（2）经费来源。海外孔子学院可采用总部直接投资、总部与国外机构

---

❶ 张新生. 英国中小学汉语教师培训的本土化，汉语国际教育人才培养现状及对策，第一届国际汉语教师培养论坛，2011年8月12日。

❷ 事业单位是指国家以社会公益为目的，由国家机关举办或者其他组织利用国有资产举办，从事教育、科技、文化、卫生等活动的社会服务组织。事业单位包括一些有公务员工作的单位，是国家机构的分支。国家汉办即属于此类。

❸ 李长春要求大力发展网络孔子学院弘扬中华文化，见新华网 http://news.xinhuanet.com/overseas/2007－04/25/content_6025148.htm。

合作、总部授权特许经营三种形式设立。● 其中，第二类合作设立的孔子学院是这几年国家汉办大力发展的主要类型。根据《合作设立孔子学院的协议》规定，"总部提供必要的启动经费，并根据需要每年提供一定数额的项目经费"，外方"为学院提供固定的办公场地"并且"每年提供一定数额的项目经费，其金额应不低于总部提供的项目经费"。合办双方承担经费的比例为1:1。● 合办孔子学院成立之初，国家汉办提供三年的启动经费，正是由于这一点，孔子学院的发展非常迅速。但是三年的启动期结束之后，为数众多的孔子学院进入自行筹措日常经费时期，很容易遭遇经费不足的困难。目前大多数英国孔子学院正在逐渐走出三年的启动期，能否持续发展面临关键节点。经费问题无疑是英国孔子学院下一阶段的主要制约因素。

四、结语

英国是孔子学院项目在欧洲的"领头羊"，孔子学院在英国成功与否对于其在欧洲的发展有着指向标的作用。如果孔子学院能够在英语的母国取得成功，那么可以说是最有说服力的证明。英国的孔子学院需要在改进完善自身方面作出不断的努力，逐步发展成为现代化的中立性的文化交流和教育机构。同时，也需要坚持自身特点，保持积极融入英国社会的耐心，了解当地的风土人情、风俗习惯和宗教信仰，有针对性地开展汉语教育，传播中华文化精华，增进中英人民的相互了解。

针对孔子学院在英国遇到的问题，笔者提出一些参考性的建议。

第一，以诚待人，有针对性地开展教学。由于制度的差异和东西方多年的隔阂，一部分英国人对中国缺乏了解，对中国抱有成见，这是很正常的。孔子学院的中方教师应当保持冷静、宽厚的态度，在教学过程中介绍中华传统文化精华，如和谐思想、道法自然、仁、义、礼、智、信、忠、孝等价值观，积极与英国受众对话讨论，化解猜疑与隔阂。

第二，完善孔子学院的管理机制。实现管理制度和风格的本土化，借鉴英国高校的管理机制和运作方式，使自身更有亲和力。孔子学院应尽可

● 吴应辉. 孔子学院经营模式类型与可持续发展［J］. 中国高教研究，2010（2）：31.
● 聂映玉. 孔子学院概述［J］. 上海教育科研，2008（3）：37.

能地增加自身透明度，把握好自身活动的合理限度。摒弃官僚作风，用科学、民主、法治的理念管理和运作。在三年启动资金结束后，孔子学院应当将社会效益与经济效益相挂钩，建立一套可持续发展的运营机制，赢得当地民众的欢迎和支持，增强自身生存扎根的能力。

第三，合理控制规模，保证办学质量。不要盲目追求大规模、多数量和高速度。应当在培养优秀的教师队伍、提高教学质量等方面下功夫。

第四，进行教师本土化建设。逐步增加本土汉语教师的比例，在英国人当中培养汉语教师。这样不仅能够增强教师的连续性，还能降低运营成本，增加孔子学院在当地的亲和力。本土教师逐步成熟的同时，将有助于教材本土化的实现，提高汉语教材的水平，实现孔子学院教学工作的良性循环。

第五，与中国驻英官方机构保持一定的距离。虽然孔子学院的现行模式能够以最快的速度最大限度地实现孔子学院的成功开设，但是这一模式官方色彩过于浓厚。在英国这一典型的西方国家，自由主义思想占据主导地位，许多英国人对中国的政治制度有着强烈的抵触情绪，对中国输出意识形态有很强的警惕性。为了减少这种顾虑，应当减弱孔子学院浓重的官方色彩，这样也许会有效地避免因政府过度干预而被外国人误读为"文化侵略"。当然，英国的孔子学院应该在保持自身长处的同时作出改变，以更符合英国本地主流价值观的形象融入英国社会。

（师文涛，清华大学国际关系学系硕士。）

法中合作项目——清华中法
研究中心运作与管理

［法］ 欧海洋（BOUCHERAurelien）

　　2002 年，一个名为"中法研究中心"（以下简称"中法中心"）的机构在清华大学社会科学学院（2012 年之前为人文社会科学学院）建立。该中心以促进中法两国学者的学术交流为宗旨，并一直实行双重领导机制，即由一位法国驻中国大使馆（以下简称"法国驻华使馆"）文化处在欧洲籍的大学学者中选拔的外方主任主管和一位清华大学社会科学学院委派的中方主任配合。

　　2002～2013 年，先后有三位来自不同学科领域（第一位来自政治学、第二位来自社会学、第三位来自历史学）的法方学者担任中法中心主任，有五名法方助手在该中心工作，他们组织了许多学术演讲会，向中国学者介绍法国社会科学研究的最新成果，帮助对中国感兴趣的法国学者了解中国学界最重要、最具创新性的研究成果。中法中心的发展与曾经在这里工作过的知名学者的学术敏感性密切相关，也跟法国外交部的预算方向选择有关，该预算虽然有时比较充裕，但是大多不够充足，难以满足学者开展研究工作的需求。因此，专门梳理中法中心在人员往来与经费预算方面的情况比较困难，也比较片面，甚至比较敏感。本文意在用另外一种方法了解中法中心的运作及其在中法高等教育合作中的作用。

　　从法国政府方面来看，创立中法中心的宗旨是在中国推广法国高等教育的优秀成果。法国驻华使馆文化处组织创建了这个中心，该机构负责登记、监管和协调中法两国大学间所有的学术合作。

　　本文将介绍 2012 年 1 月至 2013 年 9 月中法中心组织的各类主要活动。这段时间正值笔者担任中法中心主任助理。在此文中，我们难以呈现中法中心组织过的所有活动（接待年轻的法国学者与中国学者以及欧洲其他国家的年轻学者，组织青年学者学术会议，举办有关"旧制度与大革命"的研讨会等），而是主要聚焦于"历史与记忆"和"启蒙哲学"两个系列研讨会，它们占用了中法中心大部分的经费。研讨会主题的选择是跟中国历史学家共同商讨决定的，同时也回应了中国人特别想参与学术辩论的意愿。作者想说的是，这些主题的选择折射出，在面对新自由主义的主流用"经济"与"外交"的标准来评判科学时，中法中心的学者具有一种强烈的自治思想。

从这一角度出发，我们可以看到，对新自由主义主张为外交与经济服务的学术思想的拒绝并不是所有与中国开展合作的欧洲或北美的机构所认同的。通过比较中法中心与其他中心的活动，如清华—卡内基全球政策研究中心（以下称"卡内基中心"）、中国人民大学芝加哥北京中心（以下简称"芝加哥中心"），笔者想说的是，欧美国家在中国开展的各类高等教育活动的多样性并没有发源于所谓的"西方文化"的根源。

一、法国驻华使馆文化处组织结构及其与中法中心的关系

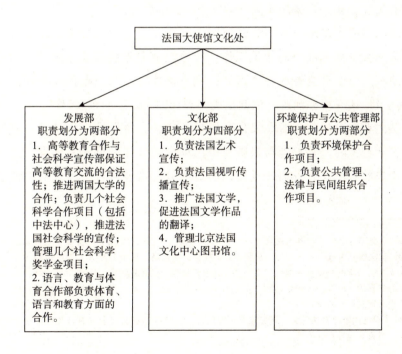

（一）法国驻华使馆文化处和驻中国各地领馆文化部门的关系

法国驻华使馆在中国开展的人文社会科学与高等教育合作项目由文化处负责管理。后者由下列三部分组成。

文化处的职能划分为文化领域（艺术与视听）、高等教育合作、人文社会科学（历史学、社会学、人类学、考古学等），遵循的是韦伯意义上的官僚体制理性化的这样一种特殊逻辑❶。文化处划分职责领域一方面是为了让管理工作更加有效，另一方面是想通过向负责相关领域工作的特定人员的问询，使其自身可以随时对某个项目的进展进行监控。这一逐层分级的管理体制同样折射了法国文化的一种特殊性，一方面是高度的官僚体制专业化，另一方面是在人文科学（艺术、视听、文学）与社会科学（社会学、历史学、考古学❷）方面的区分较美国甚至也包括中国，是不一样的。

这一等级化的体制在中国境内开展人文社会科学推广工作中还伴随着一种特殊的空间性合理化改革的特色，文化处在其中主要拥有统筹决定权与仲裁权。实际上，驻中国的法国领事馆（成都、上海、沈阳、广州、武汉）在文化工作中也采用了同样的官僚体制的划分。

换句话说，在每一个领事管辖区内都有一个专门人员负责高等教育合作与人文社会科学推广的相关工作。这种机制主要是保证法国驻华使馆文化处所有的指令都能够在各个区域得到贯彻执行，并根据各地不同的情况力所能及地拓展相关项目，也就是说"确保国家政策的延续"❸。

法国在中国开展的高等教育合作与人文社会科学推广活动是与其他的活动密切相关的，后者既与法国在中国境内的合作网络相互协调，又跟由法国中央政府监管的各类任务使命明显区分。这种来自中央政府的监管源

---

❶　马克斯·韦伯. 经济与社会［M］. 上海：上海人民出版社，2010：291.

❷　在法国，大量学者认为历史学属于人文社会科学范畴，而不分离人文与社会科学。这个想法和人文社会科学的场域有明显的关系。从社会学开端到当代，哲学家、历史学家、社会学家和人类学家有丰富的交流及共同理论话题。在中国，改革开放以后，不少大学包括清华大学，使用美国模式分离人文和社会科学。

❸　"确保国家政策的延续"的意义是国家的行政政策必须在时间上具有持久性，在各个地区不中断，具有普及性和统一性。

于法国的雅各宾传统❶，虽然拥有多种优势，却也带有一些弊病。国家对高等教育合作的监管可以保证很好地界定高等教育或学术合作的框架，明确合作双方的义务，同时也能够保证在中国推广的法国高等教育的质量，确保有意愿到法国继续深造的中国学生的能力。从其存在的弊病的视角来说，这一体制要求所有的高等教育或学术合作都受制于冗长的行政手续，有可能延缓各项工作的具体落实。

（二）中法中心与法国驻华使馆文化处的横向关系与垂直关系

中法中心是一个由法国驻华使馆直接管理和监管的"项目"，其组织管理机制要求该项目的合作与活动安排必须得到法国使馆的高等教育合作与社会科学部主任甚至使馆文化处负责人的批准。按其等级次序，这些负责人有权否决由清华大学中法中心管理的一些合作项目，包括研究计划与奖学金发放等。不过，在实践中，中法中心法方主任提议的各类学术安排从未受到过置疑。文化处负责人的开放精神，以及其他负责人本身也出身于学术界的事实，使得中法中心享有相对的自治权力。在这一点上，我们也能够看到法国体制的一种例外，即作为韦伯所推崇的伦理道德（"学术"与"政治"必须泾渭分明）的捍卫者❷，法国的学者在面对社会需求时，能够获得一种巨大的"自治"能力。

另外，中法中心也能够按照其意愿与分布在中国各省的负责人文社会科学推广的专员和中方合作伙伴发展一种横向的合作关系。在这一点上，它切实得到了其上级单位的鼓励，以便更好地推广"法国的荣光"❸。比如说，当中法中心邀请法国专家来北京做学术讲座时，它同样会建议这些专家到各地的领事区域访问。法方专家到这些地方的访问费用由各地负责人文社会科学推广的机构负责，后者会组织其他的学术讲座，安排法方专家会见中国学者。这样一来，法方专家的学术研究将会更好地在中国范围内

---

❶　法国大革命时期，雅各宾派推荐官僚制度发展。因为他们希望法国人民用同样的语言和接受同样的人权，雅各宾派建立了中央集权的政治及行政制度。雅各宾派法国大革命后的改革深入影响着法国当代管理制度。

❷　马克斯·韦伯. 学术与政治 [M]. 桂林：广西师范大学出版社，2004.

❸　"法国的荣光"是法国官方概念。官方认为法国影响力像太阳一样光芒闪耀。为了推进法国影响力，官方希望法国专家访问中国各地，但是学者却希望跟有共同话题的中国学者探讨。

得以传播，法国在中国境内开展的人文社会科学推广工作也得以优化。在欧债危机的背景下，尽管经费支持越来越受到限制，在一些横向合作伙伴的共同努力下，法国驻中国设立的各人文社会科学推广机构仍旧组织了大量的活动。

二、中法中心的主要活动与特色

在法国设在中国境内的人文社会科学推广机构中，中法中心是一个受制于等级化的权力体制并由法国驻华使馆提供经费资助的机构，但在其实践中却非常自治。这种相对于"政治"而言的"学术"自治突出表现在中法中心的活动安排上。

（一）"启蒙哲学"和"历史与记忆"系列讲座

中法中心的主要影响力在于它组织的"历史与记忆"和"启蒙哲学"两个系列讲座，这项活动的开展既需要邀请法国学者来中国，也需要支付很高的翻译费用。因此，中法中心大部分的经费主要用于组织学术论坛，以讨论、理解和重构那些有助于深入理解法国历史的要素，同时还致力于阐释启蒙哲学是如何启发法国人文社会科学领域的学者产生批判意识的。换句话说，这两大系列讲座的主题意在回应两个问题：一是"人文社会科学学者如何在历史要素的基础上开展研究工作"，二是"面对各类传统权力形式，批判精神是如何在欧洲兴起的"。

中法中心的学术讲座总会伴随着很多热烈的学术讨论，它们也涉及历史学家们的研究方法问题，将启发他们反思各自撰写的作品及其在社会中的角色。因此，这些活动拥有特别纯粹的学术特色，除了推进学界对独立于经济逻辑的观念的共识外，没有其他的目标。借用布迪厄有关"艺术的法则"的研究来说❶，中法中心的学术活动是在一种"为了学术而学术"的逻辑指导下进行的。这些活动的组织远非是在那种意在对某个法国或中国机构充当特别顾问或经济问题顾问的逻辑下开展的。中法中心不会对任何机构的战略决策提供任何帮助，它也没有推广法国的完美形象的使命，相

---

❶ 布迪厄. 艺术的法则：文学场的生成和结构 [M]. 北京：中央编译出版社，2001：56.

反，却毫不犹豫地讨论一些诸如法国殖民史的议题。

中法中心的学者也公开用批判性视角分析自己国家的历史。2012 年 10 月，中法中心邀请了陆碧娜（Seloua Luste Boulbina）教授来谈"法国启蒙与欧洲以外的世界"。讲座中，法国学者讨论启蒙思想家对殖民地和奴隶的不同意见。中法中心帮助南方周末记者采访陆碧娜教授及了解法国殖民地与法国人权运动的矛盾。2012 年 6 月，中法中心邀请了石妮歌（Lapierre）教授。她的讲座着重分析了为什么欧洲人很久才意识到对犹太人大捕杀的事实。她的讲座不但介绍了犹太人不愿意提及欧洲反犹这段悲惨历史的原因，而且还着重分析了为什么欧洲人很久才意识到对犹太人大屠杀事实的原因，讨论了当时整个欧洲社会面对这个事实的困难之处。

中法中心主任邀请 Gobille 教授于 2013 年 11 月来华进行 1968 年法国学生运动、政府暴力和学生运动记忆争论的讲座。

从以上的讲座内容来看，"历史与记忆"系列讲座主要是介绍法国学者如何研究、分析和介绍他们国家的敏感时期的社会问题，分析社会成员是如何面对历史的。

因此，中法中心在中国大学和学者中的印象是，除了学术争论外，它对其他议题毫无兴趣，它只为希望就学术知识与研究方法进行交流的中法两国学者提供服务。中法中心的主任与中国学者合作选择其活动的地点、组织方式与讨论的议题。从经济学的角度来看，中法中心并没有从中国知识分子与学者对其研讨会和圆桌会议的参与中获利，而是一直秉持"为了学术而学术"的观念，中国学者和其他国家学者的参与从未获得过经济补助。虽然中法中心在研讨会后安排一些宴会或法国食品品尝会，但那是面向大多数的参与者，以显好客之道。尽管中法中心强调的是辩论的学术水准，这一点儿也没有妨碍其活动对各个学科、各个地域的中国学者的吸引力。大多数的学术研讨会平均有 70 人左右的参与者，其中包括来自四川、上海甚至是香港等地的学者或学生。

（二）推进中法新一代学者交流

除了组织"历史与记忆"和"启蒙哲学"两个系列讲座外，中法中心还积极促进中法学者之间的交流，它尤其致力于帮助两个国家的年轻学者，而不论其来自哪个学校。中法中心帮助那些希望访问法国的年轻的中国学者与法方学者或机构取得联系，同时也支持和帮助想在中国开展实地调查的年轻的法国学者与其所属学科领域内最好的中国学者面谈。

促进中法学者交流这一工作同样是在与其他机构合作并在学术论坛组织过程中实现的。比如说，2012 年 11 月 17 日，中法中心围绕"80 后一代"的主题组织了一场人文社会科学领域内的中法学者研讨会；2012 年 7 月，中法中心与中国香港的法国现代中国研究中心合作组织了一场"研究中国问题的欧洲年轻学者"的研讨会，有 100 余人参加。中法中心还积极参与由欧盟委员会学术组织（EURAXESS）举办的每一次会议，以便宣传其学术活动，并与人文社会科学领域内的其他欧洲学者进行交流。

中法中心所有的活动都旨在加强中法青年学者之间的学术交流。中心也期望法国的青年学者能够更好地考虑中国社会的转型，尤其要革新他们在人文社会科学领域的研究方法。

三、与美国同类项目的比较

中法中心机构具有以下几个特点：

行政管理的序列从属于法国驻华使馆；它已融入中国境内广泛存在的一个网络组织之中；它为了知识而进行知识生产，并远远地回应着"社会需求"；它不给参加其活动的学者带来任何经济实惠，它特别关注中法两国年轻一代的学者。

下面将中法中心与美国卡内基和平基金会与清华大学社会科学学院合作成立的清华—卡内基全球政策中心和中国人民大学芝加哥北京中心加以比较，进一步分析中法中心的特点。

（一）中法中心、芝加哥中心与卡内基中心的宗旨与组织体制

中法中心与其他两个美国机构在财政经费方面的差异是比较大的。中法中心只拥有几千欧元的年度预算和一间由清华大学社会科学学院免费提供的办公室，而芝加哥北京中心和清华—卡内基中心均坐落在大学围墙之外，拥有崭新华丽的办公场所和众多的工作人员。从其会议室的数量来看，清华—卡内基中心拥有比中法中心多 10 倍的办公场所。另外，该中心还拥

有 9 名全职员工，而中法中心仅有两人。从其英文网站来看，卡内基中心为 23 名"专家"服务，为其提供经费，这是中法中心做不到的，而且它也拒绝向其学术研讨会的参加者提供费用。

对于上述经济层面的明显差异，只有考察一下自 20 世纪 30 年代以来在法国和美国逐步形成的人文社会科学领域内高等教育与科学研究的机制才能够明白。美国拥有历史悠久的私立基金会的传统，它们为学术研究提供资助，而法国仅有四个"高等研究院"和几个"人文之家"，而且都是私立的。换言之，法国的研究机构只能用国家的补贴，而美国的基金会和大学可以获得国家与社会的经济支持。像卡内基国际和平基金会这样的美国基金会更多地受到其所处的社会背景的影响，在美国，为科学、艺术、体育等事业提供经费支持的做法相当普遍，而在法国，大多数资本家视社会科学为"无用"。他们认为大学教授属于左派，不能接受资本家的意见而调整他们的研究。事实上，法国社会科学学者和法国资本家的利益、政治思想、需求明显分离，在各方面没有合作习惯。

在很早的时候，美国的资本家就求教于社会学家，尤其是在芝加哥，他们希望能够更好地了解（以便管理）其移民而来的劳工❶。对于这些企业家来说，向基金会投资是其为社会作贡献的一种方式，也是他们积淀声望的手段。因此，与法国人不同的是，美国的基金会并不需要努力筹集资金以便在中国建立研究机构。这些美国基金会不但能容易得到社会与个人的资金，而且也能收到希望更好地理解影响中国高校学者或知识分子的观念的美国政府机构的资金。因此，虽然美国基金会是"私立"的，他们也可以直接为美国政府提供调整外交政策的咨询。因为美国政府机构的工作人员容易变成私立智库的负责人，美国政府机构和研究基金会的密切关系与利益格局会比较直观❷。

除了基金会之外，像芝加哥大学这样的美国高校同样受益于其所处的

---

❶ 约翰·范·奥弗特瓦尔德. 芝加哥学派 [M]. 北京：中国社会科学出版社，2010.

❷ 为了介绍状况，美国学者用《Revolving doors》（"旋转门"）的比喻。例如，Bush 总统时期，大数 Monsanto（农产饲料和农产食品公司）干部去了食品安全部工作，再回 Monsanto。目前，一些美国外交研究基金会领导以前是 Bush 行政的高层官员。按照美国模式，他们以后有机会能为官方工作。

查看《孟山都公司眼中的世界》：ROBIN M – M. Le monde selon Monsanto [M]. Paris：La découverte，2008.

经济背景以及有利于在海外投资的行政管理规定。在美国，大学有权决定高额的学费，并按照"自由市场"的原则运作。像芝加哥大学这样有声望的高校也可能通过开发适应学生需求的学校项目而获利，然后拿这些利润用以其在海外的拓展。而法国在人文社会科学领域，除了巴黎政治学院以外，大学没有权力自由地确定它所提供的教育内容的费用，当然不包括那些国家不承认学历的教育培训项目（比如继续教育、学校自行颁发的学历等）。国家的这一政策旨在施行"共和主义平等"原则，即确保每一个人，不管其家庭背景与经济状况如何，能够拥有社会上升的机会和用其个人的能力为共和国作出贡献的机会。一方面，这样的政策能够使得出身于平民阶层的年轻人接受高等教育，另一方面它还能够限制大学进行经济投资的能力。

由于指望不上来自国家的经费资助，也不能从学生缴纳的费用中抽出经费，法国大学很少会在中国及世界各地投资建立研究中心。即便是法国大学有能力在各地招收能够支付起高额学费的学生，使之经费能力不受限制，它们同样也没有兴趣在世界推广其形象。因此，像创建中法中心这样的推广法国人文社会科学的一些创意在大多数情况下受制于国家拨付经费的影响。

（二）与芝加哥中心和卡内基中心开展活动比较

这三个机构的差异并非仅存在于各自拥有的经费层面上，它们所组织的活动的性质也有很大的差异。

作为一个归属于美国高校的机构，芝加哥中心主要致力于开展教育培训活动。它跟中国人民大学合作，为本科阶段的学生提供学习项目。每个季节，它都会提供不同学科领域的教育培训，如社会科学（春季）、东亚文明（秋季）、中文与中国文化（夏季）等。该中心还接受学生在那里实习。芝加哥中心与中法中心和卡内基中心的不同之处在于，它更多地是开展培训活动。但是，清华—卡内基中心和芝加哥中心也有共同点，它们都会资助中国学者组织举办研讨会、专题报告会等活动。卡内基中心为清华大学国际问题研究所的驻会研究员提供研究经费，组织有关中国对外政策的研讨活动，而芝加哥中心的中国人民大学和芝加哥大学的教授们每年都会组织一个政治学论坛，活动的经费由芝加哥中心支付。尽管在一些中国专家的眼中，这两个机构的归属性质不同，但它们使用的都是同样的战略，即用经济资本作为交换获得中国专家的支持。

就其研讨会或其他活动中所探讨的议题来看，中法中心和芝加哥中心又跟卡内基中心有所不同，中法中心所涉及的领域和主题丰富多样，而卡内基中心所组织的研讨会总是针对中国的对外政策和国际关系。中法中心的研讨会更多地涉及 18 世纪的欧洲，同时又涵盖对当代中国社会的研究。这表明，中法中心和芝加哥中心更关心的是实地调查、知识生产方式、跨学科研究等比较研究的学术方法，而卡内基中心则多是致力于收集专家学者的有关政策的观点和看法。

四、结语

对中法中心的活动、组织情况以及它所依赖的经费来源等进行详细分析之后，笔者认为，中法中心如同其他在中国推广人文社会科学的外国机构一样，应当首先考察其面对的所在国的经济与社会限制，考虑法国学术发展史、"市场"逻辑或"有用的知识"的限制，在中心的运作过程中要获得充分的自治。

可以看出，无论是从其属性还是宗旨来看，这些外国机构，不管它们来自哪个国家，都是非常多样的。卡内基中心和芝加哥中心之间的差异同样表明，即便是在同一个国家之内，这些机构的经费来源与行动思路也是不一样的。

从上述三个机构的比较分析中可以看出，并不存在所谓的在中国推广美国人文社会科学的"美国方式"，更不存在一种同质化的将社会科学视作"软实力"的"西方"样式。

本文的研究意在倡导将在文化外交领域内开展的学术研究引向更加微观的分析。实际上，更加有益的研究可能是将这三个机构（中法中心、卡内基中心和芝加哥中心）的成员作为研究对象，了解每个人的成长历程和所开展的学术活动，以便更好地了解这类机构的作用和效果。

（欧海洋，中山大学中法核工程与技术学院南特社会科学研究中心法方办公室主任。

翻译：张金岭，中国社会科学院政治学研究所助理研究员。）

后 记

　　本书是我承担并主持的清华大学文化传承创新基金项目"中国与欧盟关系发展态势及其影响"（项目号：551706004）的研究成果。

　　2013年5月我承担这个项目以后，便开始组织项目组成员开展研究工作。项目组成员大多是清华大学国际关系学系的博士研究生和硕士研究生，还邀请了几位校外学者和一位法国学者撰稿或提供文章。

　　中国人民大学国际关系学院的房乐宪教授为本书提供了一篇他以前发表过的论文《欧盟文化外交战略与政策》修改稿，其余文章都是本项目组成员通过研究撰写的文稿。其中有一位法国人欧海洋，他曾经在清华中法研究中心工作过几年，他以自己的亲身经历和所获得的第一手资料撰写了《法中合作项目——清华中法研究中心运作与管理》一文。日本筑波大学博士毕业生乔宇撰写了《欧盟规范性力量与对华人权外交》一文。波兰华沙大学国际关系学院的中国留学生郭凯利用自己在华沙读书的机会搜集了一些波兰媒体的资料，撰写了《中国对波兰的文化外交》一文。北京大学国际关系学院博士生陈晓径和北京航空航天大学中法工程师学院助理研究员王乐梅合作撰写了《中国对法国文化外交及其反响》一文。

　　另外，为本书撰稿的有清华大学国际关系学系的博士研究生王亮、王垦、刘若楠，硕士研究生韩一元、荣启涵、师文涛、袁昊和本科生李艳方，还有一位清华大学哲学系的本科生王勤硕。

　　撰稿作者在研究过程中本着严谨、求实的科学精神深入探讨，各自利用自己熟练掌握英语、法语、德语、波兰语的优势搜集了大量第一手资料，有的作者在法国、德国学习期间还访谈了一些相关的欧洲人士。各位作者根据主编提出的修改意见反复修改补充了自己的文稿，表现出了认真、扎实的学风，在此向本书的全体作者表示由衷的感谢！

　　副主编王亮对本书作者撰写的初稿做了格式统一的编纂工作，并提出

228

了修改意见。主编对每一篇文稿提出了细致的修改意见，并修订、加工了所有撰稿，最后对全书进行了统编定稿。

本书虽然搜集了大的量新资料和数据，进行了科学研究。但是，由于理论水平所限，本书的研究深度还不够，研究结论也有待检验。恳请读者批评指正。

在本书编辑出版过程中，知识产权出版社的贺小霞编辑给予了大力的支持和帮助，她的扎实就业精神令人感动，在此对她表示深切的谢意和敬意！同时对知识产权出版社的领导和相关工作人员表示衷心的感谢！

张利华

2014 年 3 月于清华园